인생을 레벨업하는 감각 스위치를 켜라

BETTER IN EVERY SENSE

: How the New Science of Sensation Can Help You Reclaim Your Life

by Norman Farb, Zindel Segal

최신 과학이 밝혀낸 새로운 가능성을 여는 힘

인생을 레벨업하는 감각 스위치를 켜 라

노만 파브·진델 시걸 **지음** | 이윤정 **옮김**

ᎢORNADO
토네이도

일러두기

1. 이 책에 등장하는 주요 인명, 지명, 기관명은 국립국어원 외래어표기법을 따랐다.
2. 단행본은 『　』, 신문과 잡지는 《　》, 영화나 노래는 〈　〉로 표기했다.
3. 본문에서 미주는 아라비아 숫자로, 각주는 *로 표시했다. 미주는 저자 주이며, 각주는 옮긴이 주, 편집자 주이다.

두려움이 아닌
희망을 선택한 이들에게

답답했던 삶이
다시 두근거리기 시작했다

마야는 편안한 삶을 살았다. 안정된 직장에 다니면서 가끔 콘서트를 관람하고, 타코를 먹고, 요가를 하며, 친구들을 만나고, 취미 생활을 하며 시간을 보냈다. 위대한 소설 속 주인공들과는 달리 이혼이나 중독, 파산 등의 파국적인 경험을 한 적도 없었다. 그녀는 부침을 거듭하는 파란만장한 인생사가 아니라 평탄한 길을 걸어왔다. 그런데도 그녀는 매일 아침 불안과 불만이 가득한 채로 깨어났다. '삶이 나아질 것'이라고 생각했으나 그렇지 않았다. 늘 어딘가에 갇혀 있는 기분이었다.

직장에서 문제 해결사 역할을 했던 그녀는 자기 계발을 통해 개인적인 성장을 꾀해왔다. 보다 나은 삶을 보장한다며 행동을 강조하는 베스트셀러들의 자기 계발 지침도 따랐다. 끈기를 발휘하고, 승리를 자축하며, 부정적인 생각을 삼가고, 감사를 표현하고, 순간에 집중하며, 목표를 시각화하라는 조언을 따랐다. 도움이 되는 것은 취하고 그렇지 않은 것은 버리되, 주기적으로 '제대로' 하고 있는지 점검까지 했다.

하지만 아무런 소용이 없었다. 여러 권의 자기 계발서를 읽어도 여전히 답답했다. 직장에서 승진해도 삶의 만족도는 올라가지 않았다. 그녀는 조용히 앉아 어떻게 할지 고민했다. 최고의 자리에 오른 이들의 조언을 따랐지만, 여전히 불안했고 불만족스러웠다. 벗어날 길이 보이지 않는 실존적 난제에 빠져 있는데, 어떻게 '나아질 수 있단' 말인가? 아무리 노력을 해도 앞길이 막막해 보이고 삶에 압도되는 느낌이 드는데 '나아진다는' 생각이 말이나 되는가? '나아진다'는 도대체 무슨 뜻인가?

그런데 해결책이 전혀 예상치 못한 곳에서 나왔다. 그녀는 이모를 따라 동네 뜨개질 모임에 갔다. 처음에는 이모의 청에 못 이겨 별다른 기대 없이 나섰다. 그런데 놀랍게도 손에 쥔 플라스틱 바늘과 바늘이 서로 부딪힐 때 나는 둔탁한 소리, 손가락 사이로 미끄러지는 실 등 뜨개질이라는 촉각적 경험에 뭔가 특별한 것이 있었고, 그녀는 손재주가 요구되는 뜨개질의 매력에

푹 빠져들었다. 실타래가 더 크고 완전한 무언가로 변하는 모습을 보면서 그녀는 엄청난 쾌감을 느꼈다.

왜인지 알 수는 없었지만, 뜨개질 수업이 끝날 때면 몸은 한층 가벼워졌고, 자유롭고 창의적인 생각들이 떠올랐으며 고민은 저 멀리 사라졌다. 중요한 것은 뜨개질에 탐닉하는 순간만큼은 갇힌 기분이 들지 않는다는 점이었다. 그녀는 왜 뜨개질을 할 때만 그러한지 알고 싶었지만, 이 경험을 어떻게 활용하면 좋을지 몰랐다.

바로 여기가 우리가 개입하는 지점이다. 갇혀 있는 듯 답답함을 느끼는 이유와 답답함을 해소하는 방법에는 숨겨진 과학이 있다. 대개 답답한 기분을 느끼는 것은 문제를 해결하는 능력이 부족하기 때문이 아니다. 따라서 문제 해결 능력을 키워준다는 책을 읽는 것은 엉뚱한 곳에서 답을 찾아 헤매는 것이다. 사실 어딘가 갇혀 있는 느낌이 들기 시작하는 것은 같은 문제를 반복해서 해결해야 할 때이다. 하지만 많은 경우 악순환의 고리를 끊을 방법을 모른 채 문제 해결책을 찾는 것에만 매달리게 된다.

한 세기가 넘는 연구 결과가 뒷받침하듯, 어딘가 갇힌 느낌은 쇠퇴로 이어질 위험을 수반한다. '내가 옳다'는 생각에 사로잡힌 사람은 논쟁에서 이길 수 있지만 관계는 잃고 만다. '돈 벌기'에 집착하는 사람은 부를 축적하지만 행복을 쌓지는 못한다. '안전'에 집착하는 사람은 위험을 차단할 수 있지만 놀랍고 멋진 경험을 할 기회를 잃는다. 현상을 유지하기 위해 어렵게 쌓아 올린 습관이 문제의 주된 원인이라면 어떻게 해야 할까? 우리는 이에 대한 해결책을 쥐고 있다. 하지만 당신이 예상하는 해결책은 아닐 것이다.

우리는 이 책을 통해 당신에게 습관적인 행동을 고치고, 막힌 곳을 뚫고 나갈 잠재력을 되찾으며, 삶에 대한 적극적인 태도를 회복하는 방법을 알려주고자 한다. 역설적이지만 당신이 문제를 해결할 방법을 모른다는 사실을 인정하면, 당신은 우리가 알려주는 기술로 당신의 커리어, 인간관계, 창의적인 프로젝트를 개선하게 될 것이다. 세상은 뜻밖의 일로 가득하다. 하지만 우리는 세상이 예측 가능한 것처럼 행동하는 데 익숙하다. x와 y를 더하면 z가 되고, z는 행복을 가져다줄 것이라고 생각한다. 열심히 노력하면 돈을 벌고 인정을 받으며 만족하게 될 것이라고 배웠다. 그렇지 않은가?

물론 이 공식을 믿으라고 하는 문화적 압력도 있지만, 이러한 믿음이 문화에서만 비롯된 것은 아니다. 우리의 뇌는 실제로 패턴을 찾고 그것에 적응하도록 설계되어 있으며, 세상을 예측하고 예측 가능한 방식으로 대응한다. 이러한 패턴은 대부분 유용하다. 하지만 문제는 이러한 인식의 패턴과 그에 따른 습관이 현실 혹은 당신이 진심으로 원하는 것과 일치하지 않을 때 발생한다.

우리는 수십 년간 패턴을 찾고 따르는 뇌 네트워크를 연구해 왔다. 우리는 이 네트워크를 '습관의 집House of Habit'이라고 부르지만, 공식적으로는 '디폴트 모드 네트워크DMN'로 더 잘 알려져 있다. DMN은 우리가 생각하는 것보다 훨씬 더 많은 일을 결정하며, 다른 어떤 방법보다 훨씬 더 쉽게 삶을 영위할 수 있게 해준다. 그러나 문제는 이 습관의 집이 잘못 작동할 때가 더러 있다는 것이다.

앞으로 자세히 알아보겠지만, 우리는 연구를 통해 패턴을 따르는 이 습관의 집에서 벗어나 실제로 일어나고 있는 일을 감지하고, 사전 프로그래밍된 행동을 따르지 않는 방법을 발견했다. 이는 놀라울 정도로 우리를 자유롭게 해준다. 습관의 집에서 잘 걸어 나온다면 우리는 삶에서 합당한 것과 바꿔야 하는 것, 인내할 것과 즐길 것, 감사할 것을 스스로 찾아낼 수 있을 것이다.

주변을 둘러보면, 자신의 삶에 만족하지 못하는 사람은 마야뿐만이 아니다. 각계각층에 있는 수백만의 사람들이 '갇혀 있는 상태'에서 벗어나기를 간절히 바라고 있다. 온 세계가 그 어느 때보다 더 도움을 필요로 하고 있다. 코로나19의 예상치 못한 부작용 중 하나는 '대퇴사Great Resignation'로 청소부부터 CEO에 이르는 수백만 명의 근로자가 현재의 안정적인 직장이 자신에게 맞지 않다는 사실을 깨닫고 그만두었다는 사실이다. 불안감을 느낀 사람들은 자신이 원하는 것이 무엇인지 확신하지 못하면서도 현재의 직장이 자신과 맞지 않는다는 사실은 알고 있었다.

1950년대에는 이런 불안을 '중년의 위기'라고 불렀다. 최근에는 젊은이들이 '청년의 위기'를 경험하기 시작했는데, 낙담한 청년들은 집으로 돌아가 부모님 집의 지하실에서 살고 있다. 이러한 위기는 자신이 망상적 세계관에 사로잡혀 있었다는 사실을 알아차리거나 더 나은 세계관을 찾지 못할 때 닥친다. 깨어 있는 삶이 DMN에 의해 지배당할 때, 문제는 다양한 형태로 나타난다. 글을 쓰지 못하거나, 번아웃을 겪거나, 공감하는 데 피로를 느끼거나, 혹은 이런저런 말로도 표현하기 어려운 기분 등으로 말이다.

원하는 방향으로 흘러가지 않는 인생을 반추한다고 곤경에서 벗어날 수는 없다. 이런저런 이유로 죄책감만 쌓일 뿐이다. 현재를 원망하는 마음에 사로잡혀 있을 때는 새로운 방식으로 삶을 살아야 한다. 지금까지 쌓아온 업무 습관이나 마음가짐은 소용없다. 사실, 세상을 이해하기 위해 열심히 했던 모든 것들이 거미줄처럼 당신을 옭아맬 걸지도 모른다.

답답함을 해소해주고 행복한 삶을 보장한다는 프로그램들은 혼란스러운 상태에서 확실한 상태로 전환하는 방법을 제시하고, 특정한 방식으로 행동하거나 느낄 수 있도록 안내한다. 짐작했겠지만, 우리는 그 반대로 할 것이다. 기존의 예측 가능하고 적절한 행동 범위, 즉 DMN이 강요하는 습관을 억제하고, 세상과 소통하는 새로운 방식을 찾도록 도울 것이다. 이는 지각과 행동의 규칙적이고 엄격한 패턴을 넘어서고, 대신 불확실성을 탐색하며, 도약하기 전에 효과적으로 감각하는 법을 배우는 것을 의미한다.

그렇다고 아쉬람*에 가서 행복을 찾으라거나, 이성적 사고를 뒤집으라거나, 세상으로부터 멀어지라고 하지는 않을 것이다. 우리는 당신이 지금, 여기에서 번영하길 바란다. 그러기 위해서는 효과적인 습관을 유지하면서 전보다 나은 삶의 방식을 찾아야 한다. 습관의 집에서 벗어나게 되면 두 가지 중요한 역량을 최대로 활용할 수 있다. 자신이 알고 있는 것을 사용하면서 동시에 모르는 것도 자유롭게 탐구할 수 있게 된다. 그러면 활력 넘치는 행복한 삶을 살아갈 수 있다.

모든 감각이 향상되고 삶은 전보다 나아질 것이다.

---

* 힌두교도가 거주하며 수행하는 수도원.

차례

Chapter 1

어딘가에
갇혀 있는
기분

———

평생 똑같은 일들이다.

방 청소하기, 똑바로 서 있기, 힘차게 걷기,

여동생에게 잘해주기, 맥주와 와인 섞어 마시지 않기 …

아, 맞다, 철로에서 운전하지 않기.

〈그라운드호그 데이〉

———

샤니스는 대형 펫스마트 매장 관리직이라는 안정된 직업을 포기하고 창업에 도전했다. 한 건의 주문도 없는 상태에서 안정적인 연봉을 포기하고 그동안 모은 돈으로 12개월짜리 사무실 임대계약을 하는 일이 얼마나 위험한지 그녀도 잘 알았다. 하지만 관리자로 일하면서 구축한 공급업체와 수의사 네트워크는 맞춤형으로 디자인된 반려동물 장난감과 의류, GPS 목걸이 라인을 판매하기에 더없이 좋은 출발점이었다. 여기에 그녀의 열정과 부지런함, 꾸준한 노력이 더해지면서 그녀의 사업은 번창했다.

그녀는 몇 달 동안 채용, 전략 회의, 제조업체와 미팅 등 필요한 모든 일을 도맡아 했다. 그렇게 1년이 지나자 아드레날린과 커피에 의존하며 하루 대부분의 시간을 사무실에서 보내게 되었다. 그러다 점점 정신을 놓기 시작했다. 집중력은 떨어졌고, 짜증이 늘었으며, 주문 실수가 잦아지다가 어느 날 모든 것이 무너져 내리기 시작했다. 무슨 일이 벌어지고 있는지, 어떻게 대처하면 좋을지 몰랐던 그녀는 계단에 앉아 울음을 터뜨렸다. 그녀는 흐느끼며 말했다. "녹초가 된 기분이야. 완전 바닥났다고."

샤니스의 이야기가 낯설지 않은 이유는 그녀 혼자만 이렇게 고군분투하는 게 아니기 때문이다. 설문조사에 따르면 창업자의 28퍼센트가 번아웃을 경험한다.[1] 창업자들은 자신을 성공으로 이끌었던 바로 그 습관 때문에 몰락하기도 한다. 그리고 안타깝게도 벽에 부딪친 샤니스 역시 계속 벽에 머리를 부딪치는 것 말고는 다른 선택지가 없다고 생각했다. 뇌의 관점에서 보면 그랬다. 피로의 징후가 뚜렷한데도 그녀의 뇌는 밀어붙이는 데 익숙했고 진로를 변경할 가능성은 고려하지 않았다.

번아웃은 창업자뿐만 아니라 예술가, 교사, 의사, 엔지니어 등 일에 몰두하는 사람이면 누구에게나 나타난다. 팬데믹 이전에는 미국 성인 근로자의 약 3분의 1이 업무 관련 피로감을 느낀다고 답했고[2] 현재는 50퍼센트 이상이 자신을 번아웃 상태라고 표현한다.[3] 최근에는 세계적인 운동선수들도 예외가 아니라는 사실이 확인되었다.[4] 그럼에도 역경을 극복하는 법은 고전적인 방식인 밀고 나가는 것이며, 휴식을 취하는 것은 실패를 자초하는 일처럼 보인다.

안전해 보이는 현재가 지속되는 일은 대개 없다. 이것은 우리 시대에만 해당되는 이야기는 아니다. 14세기에 쓰인 어느 위대한 작품은 이렇게 시작한다.

인생의 중간 지점에서 나는

숲속에서 길을 잃었다는 사실을 깨달았다.

앞이 너무 어두워 보이지 않았다.

단테는 『신곡』에 이런 쓸쓸한 말을 남겼고, 그로부터 500년 뒤 덴마크의 철학자 쇠렌 키에르케고르는 특정한 것에 대한 두려움이 아닌 막연한 두려움이나 초조함을 '불안angst'이라는 단어로 묘사하며, 불안은 인간의 조건이라고 했다. 19세기 말에는 산업 사회에 만연한 불안을 묘사하는 데 '앙뉘ennui'라는 프랑스어 단어가 쓰였다. 독일인들은 '벨트슈메르츠Weltschmerz', 음악가이자 싱어송라이터인 마크 크노플러는 '산업병'이라고 했다.

어떤 용어를 사용했든 노동과 안전, 어느 정도의 보안이 때로는 만족감, 성취감, 평안함이 아니라 깊은 불안감을 초래한다는 것이 공통된 생각이다. 요동치는 앙뉘, 벨트슈메르츠, 불안, 공포, 초조함은 우리가 무엇을 얻고 경험하든지 간에 그것이 우리가 바랐던 것과 다르다는 사실을 암시한다.

더 깊은 의미와 번영으로 향하는 사다리는 우리의 손이 닿지 않는 곳으로 계속 올라가고 있는 것 같다. 기본적인 욕구는 충족시켰지만 의미를 찾을 것이라고 기대했던 곳에서 공허를 발견한다. 요컨대, 우리는 행복하지 않다는 말이다.

만족스럽지 않은 삶

1940년대 초에 미국의 심리학자 에이브러햄 매슬로는 지금까지도 심리학의 기본으로 간주되는 개념을 창안했다. 그는 인간의 욕구를 피라미드 형태로 시각화하고, 음식, 거주지, 난방 등은 기본적인 욕구로 생명을 유지하는 데에 필요한 것이며, 만족스러운 삶을 살기 위해서는 이것만으로는 충분하지 않다고 했다.

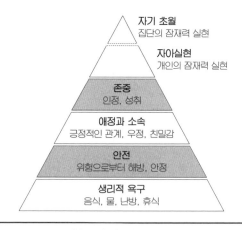

자기 초월
집단의 잠재력 실현

자아실현
개인의 잠재력 실현

존중
인정, 성취

애정과 소속
긍정적인 관계, 우정, 친밀감

안전
위험으로부터 해방, 안정

생리적 욕구
음식, 물, 난방, 휴식

매슬로의 인간 욕구 5단계

매슬로는 자아실현이나 자기 초월을 달성하는 것이 드문 일이며, 선행 욕구를 충족하는 데 실패하는 것이 유리 천장으로 작용한다는 사실을 인정했다. 앞서 설명한 번아웃 데이터를 보완하는 최근 여론조사에 따르면 미국인 5명 중 2명만이 자신이 피라미드 꼭대기 가까운 위치에 있다고 답했다.[5] 그러나 매슬로는 부유한 특권층에 있는 많은 사람들이 여전히 하위 단계에 머물러 있는 현실을 상상하지 못했을 것이다. 놀랍게도 미국인 5명 중 1명에 해당하는 6,000만 명이 번영과 정반대인 쇠퇴를 경험하고 있다고 답했는데, 특히 무기력하고 불안한 상태에 있는 청년들이 많았다.

한 종種으로서 먼 길을 온 인류가 어째서 개인적으로 쇠약해지고 있는 걸까? 물론 불안정한 독재자, 신종 바이러스, 경제적 또는 인종적 불평등, 홍수와 기근, 테러 위협, 군사적 침략 등 세계는 여전히 많은 문제를 안고 있다. 세계적으로 가장 부유한 편에 속하는 선진국들 내에서도 균열이 발생하고 있다. 그래도 대부분의 선진국 국민들은 상당히 살기 좋은 시대에 살고 있다. 지난 한 세기 동안 의학과 공중보건의 발전으로 영아 사망률은 낮아졌고, 평균 수명은 팬데믹의 영향을 감안해도 인류 역사상 그 어느 때보다 훨씬 높아졌다. 우리는 어느 곳이든 여행할 수 있고, 타문화나 종교를 가진 사람들과도 어울릴 수 있으며, 부모님이 반대해도 마음 가는 상대와 데이트하고 결혼할 수 있다. 매슬로의 욕구 단계에서 1단계에 해당하는 기본적인 생리 욕구가 충족되는 사람이 이렇게 많았던 시대는 없다.

그렇다면 소위 '제1세계 문제'는 현실 문제 따위에 시달리지 않는 특권층만의 문제일까? 갇히고, 좌절하고, 가로막히고, 한계점에 다다랐다고 느끼는 사람들은 자신이 얼마나 좋은 능력을 갖추고 있는지 모르는 사람들일까?

그렇지 않다. 1940년대 내분비학자 한스 셀리에는 흔히 스트레스 반응으로 알려진 '일반 적응 증후군'을 세상에 소개했다. 그의 연구를 통해 실제로 무슨 일이 벌어지고 있는지 알 수 있다. 셀리에는 삶의 요구를 충족시키는 데 필요한 자원이 불확실한 상태일 때 살아남기 위해 우리가 어떻게 진화해왔는지를 설명했다. 불확실할 때 도전은 흥미를 불러일으킬 수도 있지만, 우리를 통제 불능 상태에 빠뜨릴 수도 있다. 훈련 막바지에 앞으로 한 바퀴가 남았다는 말과 열 바퀴가 남았다는 말을 들었다고 생각해보자. 결승선이 너무나 멀어 보일 때 흥분과 결의는 금세 걱정과 비관으로 바뀔 것이다.

몸은 기록한다

셀리에는 우리가 왜, 어떻게 쇠약해지는지 설명했다. 그는 수십 년에 걸친 연구 끝에 우리 몸이 스트레스에 예측 가능한 세 단계로 반응한다는 사실을 밝혀냈다.

1단계인 경고 단계에서는 스트레스를 인식하고 행동할 동기를 부여받는다. 2단계인 저항 또는 적응 단계에서는 스트레스 요인과 공존하려 노력한다. 그래도 스트레스가 해소되지 않으면 마지막 단계인 탈진에 이르는데, 이는 생물학적으로 치명적이며 유기체의 죽음으로 이어지기도 한다.

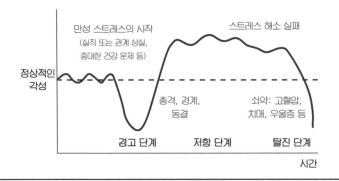

만성 스트레스의 시작
(실직 또는 관계 상실,
중대한 건강 문제 등)

스트레스 해소 실패

정상적인
각성

충격, 경계,
동결

쇠약: 고혈압,
치매, 우울증 등

경고 단계　　　저항 단계　　　탈진 단계

시간

일반 적응 증후군

셀리에의 연구가 우리의 논의와 관련 있는 이유는 산업 혁명 이후 기술과 문화가 극적으로 변화했고 정보 혁명을 거치며 변화의 속도는 급격히 빨라진 반면, 우리 몸의 하드웨어는 최소 10만 년 동안 크게 변하지 않았기 때문이다. 스트레스가 해소되지 않아 한계점에 이른 우리의 몸을 우리는 '쇠약해졌다'고 한다.

그런데 왜 안전한 곳에서 잘 먹고 안정된 생활을 하는 많은 사람들이 자신을 쇠약하게 하는 만성적 스트레스에 시달릴까? 우선 21세기 자본주의는 마음 약한 사람들을 위한 것이 아니다. 오늘날의 세상에서는 인플레이션, 지구 온난화, 24시간 대기해야 하는 직장 문화는 물론, 자녀 양육과 연로하신 부모님을 돌보는 것, 건강, 경력, 은퇴 계획, 27가지 휴대전화 서비스 옵션 등 모든 것을 개인이 감당해야 한다. 그래서 사람들의 스트레스 수준이 종종 11단계까지 올라가는 것이다. 당장 생명이나 신체에 가해지는 위협은 없더라도 고용 불안이나 안전에 대한 위협, 미래에 대한 불안감으로 언제, 어디서 위험에 노출될지 모른다는 긴장감에 시달린다.

모호한 미래에 대한 지속되는 불안감은 세상의 모든 문제를 보도하는 미디어에 의해 증폭된다. 저 멀리서 벌어지는 교내 총격 사건이나 내전, 토네이도는 우리에게 물리적인 영향을 미치지는 않지만, 소셜 미디어와 24시간 뉴스를 통해 우리의 신경 내분비계에 영향을 미친다.

또한 우리를 다른 많은 삶과 연결하는 네트워크와 플랫폼은 중립적으로 현실을 대변하지 않는다. 트위터와 페이스북은 충격과 분노를 유발하고 우리의 안전과 보안을 위협해 참여를 유도하는 비즈니스 모델로 비난을 받아왔다. 또한 이들은 필요하지도 않은 물건을 사도록 사람들의 감각을 약화시키고 있다.[6] 인스타그램에서 유출된 내부 문서에 따르면, 인스타그램은 자사의 소셜 미디어가 10대 소녀들의 정신 건강에 미치는 부정적인 영향을 알면서도 그들이 플랫폼에서 보내는 시간을 연장할 방법만 고민했다.[7] 알고리즘이 사용자들의 마음속에 교묘하게 밀어 넣는 비현실적인 이미지에 대한 우려는 없었다.

정치학자 허버트 A. 사이먼이 '주의력 경제attention economy'라고 표현한 우리의 정신 공간은 전쟁터와도 같은 곳이다. 다른 사람의 주의를 끄는 가장 확실한 방법은 무엇일까? 바로 임박한 위험을 암시하는 것이다. 셀리에의 연구에 따르면, 우리의 신경 내분비계는 위험을 인식했을 때 경계와 감시, 즉 관심을 집중하는 반응을 보인다. 분노, 전염병, 자신의 견해와 맞지 않는 정치적 극단주의에 관한 보도가 이어지면 위험 신호는 지속되고 경계심은 높아진다. 밤에 집으로 걸어가고 있는데 누군가 자신을 따라오고 있다는 생각이 들면 나뭇가지가 부러지는 소리에도 공포가 밀려오는 것처럼, 뉴스피드에 올라온 게시글이나 폭로는 우리의 신경계를 자극한다.

그렇다면 우리는 어떻게 해야 할까? 수십만 년 전, 인류의 수렵과 채집에 맞춰 진화한 우리의 신경 하드웨어는 업데이트할 수 없지만, 소프트웨어는 업데이트가 가능하다. 그렇기에 우리의 경험을 정리하고 일상생활을 수행하는 '내부 프로그래밍'을 수정해야 한다. 습관을 개선하는 게 아니라 습관을 넘어서야 하는 것이다.

나는 충분한가

1970년대부터 의학계와 심리학계에서는 끊임없는 스트레스, 번아웃, 무기력증, 우울증에 대처하기 위한 방법으로 명상, 요가 등을 제시해 왔다. 일부 접근법은 마음의 스위치를 끄는 빼기를 강조하지만, 우리는 더하기의 강력한 효과를 발견했다. 이는 주로 문제적 사고를 직면하고 제거해야 할 침입자로 취급하던 서구 심리학의 패러다임에 큰 변화를 가져왔다. 새롭게 등장한 마음챙김 운동은 이러한 생각이 문제가 아니라 이러한 생각을 특별하게 취급하는 것이 문제라고 주장하며 기존의 틀을 뒤엎었다. 마음챙김은 부정적인 생각을 그저 지나가는 생각으로 취급함으로써 그 생각의 중요성을 박탈했다. 다른 방법들도 대개 동양의 전통을 신비화하면서 과학적인 설명을 회피하는 식이다.

이 책의 공동 저자인 심리학자 진델 시걸은 정신 건강을 증진하는 데 가장 널리 사용하는 훈련 프로그램 중 하나인 마음챙김 기반 인지 요법을 개발하는 데 기여했다. 2004년 봄, 그는 이 책의 공동 저자이자 마음챙김 훈련이 뇌를 어떻게 변화시키는지에 대해 최초로 신경영상 연구를 진행한 노만 파브를 만났다. 둘은 마음챙김 훈련을 통해 뇌가 쇠퇴에서 번영으로 전환하는 과정을 이해하는 데 필요한 지식을 서로 가지고 있다는 사실을 깨달았다.

우리는 학습을 통해 뇌가 스스로를 재구성하는 신경가소성이라는 개념에 큰 관심을 가지고 있었다. 당시에는 심리치료, 운동, 명상, 요가 등이 신경가소성 효과가 있다고 알려졌지만, 이를 뒷받침할 만한 증거는 거의 없었다. 우리는 변화를 일으키고자 했다.

사라 라자르, 리처드 데이비슨, 그리고 다른 과학 선구자들의 연구에 따르면 평생 명상을 하면 뇌의 노화를 늦추고 뇌파를 동기화할 수 있다고 한다. 하지만 우리는 폭넓은 훈련을 받은 운좋은 사람들을 대상으로 하는 연구를 하고 싶지 않았다. 그래서 '작은 실마리'에 집중해 평범한 사람들의 감정 관리에 명상이 어떻게 도움이 되는지에 대해 연구했다.

우리는 임상 논문에서 타인의 말이나 몸짓, 행동이 자신을 향한 것으로 받아들이는 사람일수록 심리적인 어려움을 겪는다는 단서를 찾았다. 명상은 어떠한 정보나 상황을 자신과 관련지어 생각하는 '자기 참조self-reference'를 줄여주는 효과가 있었다. 고전적인 명상법은 '비자아'나 '무아' 또는 싱어송라이터인 조지 해리슨이 말한 것처럼 '나는, 나에게, 나의 것'을 버리라고 가르친다. 마음챙김과 명상의 기반이 되는 불교는 자아가 정신적 조작에 지나지 않으며, 자아의 렌즈를 통해 사물을 보는 것이 고통과 분열의 원인이라고 가르친다. 불교적 관점에서 번영은 자아와 관련된 기대를 버리는 '초심자의 마음'을 가질 때 시작된다. 하지만 어떻게 자기중심적인 정도를 측정할 수 있을까? 다행히 30년 동안 진행된 연구의 결과를 활용할 수 있었다.

1970년대 초 토론토대학교의 퍼거스 크레이크와 동료들은 정보를 기억하는 데 있어 자기 참조가 어떤 역할을 하는지 입증했다.[8] 연구 결과, 단어가 대문자인지 소문자인지 등 일반적인 질문을 받은 피험자보다 해당 단어가 개인에게 적용되는지 등의 개인적인 질문을 받은 피험자가 단어를 더 잘 기억한 것으로 나타났다. 뇌가 다른 유형의 사고보다 자기 성찰을 우선시한다는 발견은 사람들이 부정적인 자기 평가에 갇히는 이유를 설명하는 데 도움이 되었다. 자기 판단이 뇌에서 우선시되는 과정이라면, 저항 단계에 갇혀 있다가 번아웃으로 간다는 셀리에의 설명을 이해할 수 있다. 저항은 '내가 이 일을 감당할 수 있을지 모르겠다'는 자기 판단에서 시작되는데, 이때 뇌는 자기 판단을 우선시하고 다른 선택지를 배제하는 것이다.

2005년에 우리는 유사한 임상시험 계획서를 가지고 최초로 신경 영상 연구를 수행했다.[9] 우리는 연구 참가자들에게 특정 단어를 제시하고 이것이 자신을 묘사하는 단어인지 판단해보라고 요청했다. 통제된 실험실에서 '나는 충분한가'에 대한 판단을 내리도록 유도한 것으로 이는 스트레스 반응을 유발한다. 이전 연구에서 자기 참조를 관장하는 뇌의 부위는 정중선, 구체적으로 말하면 내측 전전두엽 피질로 밝혀졌기 때문에[10] 요청을 받은 참가자들의 정중선에 불이 들어온 것은 놀라운 일이 아니었다. 최근 연구에서는 자기 판단에 우선순위를 부여하는 뇌 구조를 디폴트 모드 네트워크DMN라고 명명했다.[11] DMN은 뇌가 쉬고 있을 때도 우리의 정신을 지배하고 감각 영역의 자원을 빼돌린다.

그다음 테스트가 중요했다. 우리는 참가자들에게 특정 단어를 읽은 다음 단어에 대한 반응으로 느껴지는 신체 감각이나 감정, 떠오르는 생각을 말해달라고 했다. 우리는 감각이 이성적인 자아를 억제하고 자기 판단의 영향을 제한할 것이라는 가설을 세웠다. 자아를 제거하면 자존감이나 죄책감, 절망감도 사라지지 않을까?

우리는 자기 참조에 대한 편견에서 벗어날 수 있다는 것을 입증하기 위해 8주 과정으로 명상을 통해 '자아를 초월하는 법'을 배울 사람들을 모집했다. 이 중에서 무작위로 선별한 절반을 대상으로 과정을 마친 후에 자기공명영상MRI을 스캔했다. 나머지 절반은 교육을 받지 않은 상태에서 대기하게 했는데, 우리는 이를 '대기자 통제'라고 부른다.

2006년에 우리는 세계 최초의 마음챙김 훈련에 관한 신경 영상 연구를 마쳤고, 자기 평가를 할 때 DMN이 활성화된다는 데이터를 얻었다. 우리는 마음챙김 훈련 프로그램을 검증하고, 뇌

영상을 촬영하는 최첨단 방법을 개발했으며, 임상과 신경과학 경험이 풍부한 훌륭한 연구팀을 구성했다. 마음챙김 훈련 프로그램을 이수한 사람들이 그렇지 않은 대조군보다 기분 좋은 상태를 보였기 때문에 훈련의 효과도 검증할 수 있었다. 그러나 가장 중요한 질문이 남아 있었다. 명상이 자기 평가를 하라는 DMN의 집요한 압박을 물리쳐서 스트레스를 완화했다는 것을 입증할 수 있을까?

감각 스위치가 켜지다

우리는 명상을 수행하면 자기 판단을 하는 경향이 낮아진다는 구체적인 증거를 찾기 위해 기능적 자기공명영상fMRI 데이터를 면밀히 분석했다. 우리의 가설은 부분적으로 맞았다. 명상을 한 그룹과 하지 않은 그룹 모두 감각에 집중할 때 자기 판단을 관장하는 뇌 영역의 활동이 감소했다.

그러나 마음챙김 훈련을 받은 집단이 자기 판단을 더 잘 억제한다는 증거는 찾을 수 없었다. 우리는 명상이 자기 판단을 억제하는 효과가 있는지 알아내기 위해 1년 동안 이 책에 기술한 모든 방법을 동원해 데이터를 다시 분석했다. 우리는 회의를 거듭하며 뇌의 '자기 판단을 관장하는 영역'이 활동을 멈추지 않왔고, 마음챙김 훈련이 우리의 이론을 뒷받침하지 않는다며 한 탄했다. 그러면서 뇌의 다른 부위에서 훈련 효과의 증거가 있다는 사실을 계속 무시했다. 효과가 나타난 곳이 예상하지 못했던 부위였기 때문이다. 우리가 찾던 자기 참조 억제 효과는 아니었다. 대신 관련이 없어 보였던 신체 감각에 관여하는 부위에서 더 많은 활동이 관찰됐다.

그때 우리는 깨닫게 되었다. 마음챙김 명상의 이점은 자아를 없애는 것이 아니었다. 연구 데이터는 감각이 입력되는 즉시 자아가 확장되는 것을 보여주고 있었다. 부정적인 자기 판단은 판단하고 싶은 충동을 억제할 때가 아니라 새로운 것이나 갈등, 파괴 등의 창의적인 경험으로 자아가 풍부해질 때 약화되었다. 감각 훈련을 받은 사람들은 자기 판단을 관장하는 뇌 부위의 스위치를 끈 게 아니라 감각을 담당하는 뇌 부위의 스위치를 켠 것이었다. 결론적으로 마음챙김 훈련을 받은 집단은 대조군과 똑같이 스트레스가 많았고, 불안해했고, 우울해했지만 훈련을 받은 뒤에는 기분이 나아졌다.

감각을 풍부하게 사용하면 기분이 좋아진다는 사실은 누구나 직감적으로 안다. 생각하는 것과 애써 노력하는 것을 멈추고 한 걸음 물러서서 해질녘 바다의 부서지는 파도를 바라보고 라일락 향기를 맡는 등 감각에 몸을 맡기면 순간적으로 스트레스는 완화되고 정신이 맑아진다.

우리가 인식하지 못하는 것은 이렇게 자연스러운 반응이 평생에 걸친 역프로그래밍에 의해 억압되어 왔다는 사실이다. 어릴 적 우리는 "게으름 부리지 말고 집중하라"는 말을 들었고, 청소년기에는 "책임감을 갖고 학업에 집중하라"는 말을, 성인이 되어서는 "성공할 때까지 시간을 투자하고 노력하라"는 말을 들었다. 모두 좋은 의도에서 나온 훈계지만, 유용하게 쓰이지 않는 감각은 시간 낭비라는 일관된 메시지를 담고 있다. 우리가 자랄 때 감각이 스트레스를 받으면 약화되는 능력이라는 사실을 말해주는 사람은 아무도 없었다. 그러나 감각을 방치하면 정신 건강에 해로울 뿐만 아니라 우리가 필요할 때 감각 인식이 주는 이점을 누릴 수 없게 된다.

⬤ 스위치 ON
감각 만나기

빅서 인근 절벽에서 태평양 너머로 지는 해를 바라보거나 흔들리는 야자수 아래에서 열대성 폭풍우의 냄새를 맡는 것도 감각에 몰입하는 방법이지만, 감각 몰입이 반드시 그렇게 장엄할 필요는 없다.

우리의 연구에 참가한 사람들은 자신이 있는 곳에서 일상적으로 감각을 느꼈다. 하지만 우리는 감각에 익숙한 나머지 감각을 당연하게 여기는 경향이 있기 때문에 이를 느끼는 데도 연습이 필요하다.

몇 가지 연습을 해보자. 어디서든 할 수 있지만, 시간을 따로 마련하고 방해 요소를 제거하는 것이 중요하다. 투자한 만큼 효과를 볼 수 있으므로 연습을 할 때는 주의를 기울여야 한다.

1. 시각. 눈은 빛을 뇌가 해독할 수 있는 복잡한 이미지 데이터로 변환한다. 시각은 가장 강력한 감각이다. 인간이 환경으로부터 정보를 수집할 때 청각이나 후각보다는 시각에 더 의존하기 때문이다.

연습: 실내에서든 실외에서든, 주변을 둘러보고 눈에 보이는 사물 다섯 가지를 골라 이름을 말하거나 적는다. 그런 다음 잠시 눈을 감는다. 다시 눈을 뜨고 주변을 둘러보되, 이번에는 배경에 가려지거나 묻혀서 처음에는 보지 못했던 다섯 가지 사물을 고른다. 눈에 띄는 사물의 이름을 하나씩 불러본다.

2. 촉각. 인간의 감각 중 가장 먼저 발달한 촉각은 피부 아래에 있는 특수 수용체를 통해 압력과 온도에 관한 신호를 뇌에 전

달한다. 신체에서 가장 큰 기관인 피부는 우리가 경험하고 있는 것에 대해 빠르게 파악한 정보를 제공해준다.

연습: 실내에서든 실외에서든, 친구에게 작은 물건들을 모아 가방에 넣어달라고 부탁하자. 돌멩이, 동전, 연필, 테니스공, 조개껍데기, 나뭇잎, 쌀 등 어떤 것이든 괜찮다. 그런 다음 눈을 감고 손을 가방에 넣는다. 물건을 만지면서 물건의 윤곽과 크기를 파악하고 어떤 물건인지 생각해본다. 중요한 점은 어떤 물건인지 모르는 상태에서 그 물건을 느껴보는 것이다.

3. 청각. 청각은 공기 중의 음파가 고막에 부딪히면서 생긴 진동이 뼈와 체액을 통해 소리 신호로 전달되는 것이다. 고유한 주파수로 진동하는 음파가 귀에서 증폭되면 뇌는 그것이 말소리인지, 웃음소리인지, 음악인지, 다른 청각적 경험인지 구분할 수 있다.

연습: 최근에 밖에 나가 걸었던 기억을 떠올린 다음, 들었던 소리를 목록으로 작성한다. 자동차가 지나가는 소리나 경적을 울리는 소리, 새소리, 사람들의 대화, 문이 쾅 닫히는 소리, 나뭇가지가 바람에 움직이는 소리, 지하철 문이

닫히는 소리, 개가 짖는 소리, 잔디나 자갈 위를 걷는 발자국 소리 등이 있을 수 있다. 이제 밖으로 나가서 귀를 기울이고 목록에 있는 소리가 들리면 줄을 긋는다.

4. 후각. 후각은 코로 숨을 들이마실 때 시작된다. 공기 중의 화학 물질이 비강에 있는 세포에 닿으면 후각열이 감지한 정보를 뇌로 전달하고, 뇌는 이 정보를 냄새로 해독한다. 사람은 1조 개 이상의 다양한 향기를 감지할 수 있는 것으로 추정된다.

연습: 집 안이나 밖에서 익숙하거나 낯선 다섯 가지 냄새를 찾는다. 숨을 들이마시면서 가능한 한 생생하게 냄새를 맡고 냄새에 이름을 붙이면서 그 냄새와 연관성이 가장 높은 것을 생각해본다. 예를 들어 오렌지 껍질의 시트러스 향을 맡으면 명절에 가족과 함께 먹던 클레멘타인이 떠오를 수 있다. 커피 찌꺼기, 목욕 타월, 계피, 생강, 카레 가루와 같은 향신료, 비누, 끓는 물, 화분 흙, 겨드랑이, 젖은 나뭇잎 등이 냄새의 시작점이 될 수 있다. 뇌에서 냄새와 기억을 관장하는 영역은 서로 가까운 곳에 위치하는데, 냄새가 추억을 불러일으키는 이유가 여기에 있다. 어떤 냄새가 추억을 상기하는지 집중해보자.

5. 미각. 혀는 우리의 주요 미각 기관이다. 수천 개의 미뢰가 짠맛, 단맛, 신맛, 쓴맛, 고소한 맛의 범주로 맛을 분류한다. 음식을 씹고 삼킬 때 음식의 여러 부분에서 나온 맛이 입안에서 결합되고, 혀에서 감지된 맛 데이터가 뇌로 전송된다. 뇌는 이 정보를 우리가 식별할 수 있는 맛으로 해독한다.

> **연습:** 음식을 먹을 때 짠맛, 단맛, 신맛, 쓴맛, 고소한 맛 등 각각의 맛에 이름을 붙여보자. 한 가지 음식만 먹는 간식 시간이나 다양한 음식을 먹는 식사 시간에 하면 된다. 익숙한 맛이 있다면 어떤 맛인지 크게 말해본다.

연구에 참여했던 사람들과 마찬가지로 순수한 감각에 몰입하는 것은 쉬운 일은 아니다. 집중하고 주의를 기울이려 해도 머릿속에서 딴생각이 날 때가 많다. 감각에 집중하는 데 들어가는 노력을 보면, 우리가 얼마나 경험에 관여하는 익숙한 방식에 고착되어 있으며, 어떻게 습관과 사고가 우리의 정신을 구성하는지 알 수 있다.

Chapter 2

습관의 집에서
나와야 하는
이유

우리가 반복적으로 하는 일이 곧 우리다.

윌 듀란트

우리는 유아기부터 주의를 기울여 최선을 다해 문제를 해결하라고 배웠고, 무엇보다도 과제를 성공적으로 완료할 때까지는 만족하는 것을 미뤄야 한다고 배웠다. 그 결과, 우리는 기대에 부응했는지 생각하는 데 지나치게 많은 시간을 할애하고, 반면에 탐구하거나 주변의 감각 세계를 즐기는 데는 소홀하여 정서적 어려움을 겪는다.

과학자들도 예외는 아니다. 첫 번째 연구에서 우리는 판단을 조정하는 데 몰두한 나머지 정작 데이터의 의미를 파악하기까지 오랜 시간이 걸렸다. 초기 분석에서 우리는 높은 인지력이 웰빙을 촉진한다는 사실보다 더 중요한 것을 놓쳤다. 역설적이게도 우리가 실패한 이유 중 하나는 우리의 단일한 사고법을 관장하는 네트워크인 DMN 때문이었다. 우리는 마음챙김 훈련을 받은 사람의 DMN이 비활성화될 것이라고 예상했는데, 데이터를 볼 때마다 활동에 아무런 변화가 없자 놀라고 실망했다.

습관의 집에서 일어나는 일

DMN에 의해 형성된 '습관의 집'은 뇌의 둥지느러미처럼 양쪽 귀 윗부분에 위치해 있다. 습관의 집은 순수한 자아의식의 진원지이자 판단의 중심일 뿐만 아니라 자신이 생존에 필수적이라고 보는 일을 습관화한다. DMN은 언제, 어떠한 상황에 처하든지 학습된 반응(습관)을 내놓는다. 습관의 영역에 머무르려는 반응은 주의력을 효율적으로 사용할 때 엄청난 이점이 된다. 양치질처럼 반복적이고 자동적인 행동(또는 무의식적인 활동)을 할 때 수고를 덜어주는 것이 바로 이 DMN이다. 출근길 운전이나 잘 준비한 프레젠테이션처럼 복잡하지만 일상적인 행동을 위한 틀을 형성하기도 한다. 이 덕분에 우리는 미래를 생각하면서 요리를 하거나, 음악이나 팟캐스트를 듣는 동시에 익숙한 장소를 탐색하고 사람이나 차량이 다니는 길을 지나갈 수 있는 것이다. 넓게 보면, DMN가 제공하는 즉각적인 반응 덕분에 우리는 우리 자신이 누구인지, 어떻게 집단에 적응해야 하는지에 대한 감각을 유지할 수 있다. DMN이 없다면 이러한 상황적 정보를 매일 학습해야 하고 다른 일에는 집중하지 못할 것이다.

하지만 즉각적인 자동 반응을 유지하려면 대가가 따른다. 생존을 위해 상황에 맞는 습관을 재빨리 불러내야 하기 때문에 뇌는 '쉬고 있어도' 일할 때와 마찬가지로 바쁘게 움직인다. 문제

를 해결하고, 다른 사람과 비교하며, 과거를 회상하고, 미래를
계획하는 것이 우리의 기본 모드이고 휴식을 취할 때는 딴생각
을 할 때뿐이다. 그러나 뇌는 딴생각을 할 만큼 자유로운 상태
에서도 무작정 방황하지는 않는다. 이때는 익숙한 경로를 따르
는데, 이 경로는 비생산적이고 피곤하며 우리를 지치게 만드는
틀이 될 수도 있다.

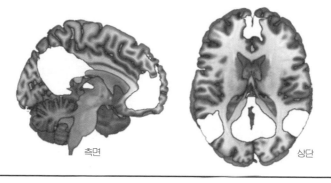

디폴트 모드 네트워크(DMN)

DMN에 관한 가장 인상적인 연구는 중요한 작업을 하지 않
는 것이 DMN을 활성화하는 확실한 방법이라는 사실이다.[1] 우
리는 암기와 같이 두뇌를 써야 하는 힘든 작업을 완료한 참가
자들에게 '쉬면서 긴장을 풀라'고 했다. 참가자가 '운전대를 내
려놓고' 뇌에게 지시하기를 중단하는 순간, DMN은 행동을 개
시하고 계획, 후회, 의무, 욕망의 내러티브를 쓰기 시작했다.

DMN이 생물학에서 말하는 의식의 흐름 또는 내면의 독백이라고 주장하는 사람도 있다.[2]

DMN이라는 명칭은 새천년이 시작될 무렵에 붙여졌지만, 이미 한 세기도 더 전에 뇌파계를 발명한 한스 베르거[3]는 쉴 때에도 뇌의 전기적 활동은 활발하다는 사실을 밝혀냈다. (17세기 중반 세상의 모든 문제는 혼자 방 안에 가만히 앉아 있지도 못하는 인간이 초래한 것이라는 프랑스 수학자 블레즈 파스칼의 유명한 말은 이를 염두에 두고 한 것인지도 모른다[4])

1950년대에 신경과학 기술이 발전하면서 우리는 양전자방출단층촬영PET이라는 영상 기술을 통해 매 순간 소비되는 산소와 당의 양으로 뇌의 대사 활동을 측정할 수 있게 됐다. 루이스 소콜로프와 그의 연구팀은 PET 스캔을 통해 휴식을 취할 때나 수학 문제를 풀 때나 뇌 활동에는 변화가 없다는 놀라운 사실을 발견했다.[5] 1970년대에 데이비드 바잉바르는 실제로 '노력을 들여' 정보를 처리할 때보다 휴식 중일 때 뇌 앞부분의 활동이 더 활발하다는 사실을 알아냈다.[6] 이러한 연구 결과 덕분에 우리가 하는 끊임없는 내면의 독백은 자연스러운 것이므로 수고로 인식되지 않는다는 이론이 생겼다. 숨쉬기처럼 지극히 자연스러운 행동이라는 것이다.

습관의 집 열기

뇌가 쉬지 않고 에너지를 소비한다는 이 놀라운 사실은 직접 시험해볼 수 있다. 이 단락을 읽고 나서 약 30초간 읽기를 중단하고 마음속에서 어떤 일이 벌어지는지 살펴보자. 특별히 어떤 행동을 할 필요는 없다. 뭔가에 집중하거나 정답을 찾으려 하지 말고 마음 가는 대로 있자. 준비가 되었는가? 시작!

자, 다시 돌아왔다! 수년간 받아온 심리학 훈련과 우리의 배짱을 바탕으로 세 가지를 예측해보겠다. 먼저 당신의 머릿속은 전혀 조용하거나 평온하지 않았을 것이다. 이런 생각이 들었을 가능성이 높다. '뭘 하고 있어야 하지? 내가 제대로 하고 있는 게 맞나? 아무것도 안 느껴지는데? 이건 멍청한 짓이야!' 30초를 세면서 약간의 불안감을 느꼈을 수도 있다. 책에 나와 있는 연습문제를 따라 하는 것이 어리석은 일이라는 판단이 들거나, 경험이 자신의 기대치를 충족시키지 못할 것이라는 걱정을 했을지도 모른다. 탐구할 기회에 설렘과 호기심을 느꼈거나 '저녁에 뭘 먹지?'라는 생각을 했을 수도 있다. 하지만 분명히 30초 동안 멍하니 있다가 다시 책으로 돌아오지는 않았을 것이다.

두 번째 예측은 이렇다. 당신이 이런저런 혼잣말을 했든, 맑은 정신으로 있었든 간에 예술이나 정의, 수학에 관한 생각을 하지는 않았을 것이다. 자기 자신에 대해 생각했을 확률이 가장 높다! '얼마나 오래 이러고 있어야 하지?' '여기서 내가 얻을 수 있는 건 뭐지?' '어떤 기분을 느껴야 하는 거지?' 오로지 나에 대한 생각뿐이다.

세 번째 예측을 해보겠다. 머리를 '쉽게 하면' 자동적으로 생각이 떠오르는데, 이런 생각들은 자기 자신이나 매우 익숙한 것에 관한 생각들이다. 당신과 친구 세 명이 각각 30초 동안 생각을 기록한다면 서로가 누구의 생각인지 쉽게 알아낼 수 있을 것이다. 쉽게 지루함을 느끼는 사람은 지루하다는 생각, 시간 낭비라는 생각을 했을 것이다. 과로한 사람은 피곤하다는 생각이 들었을 것이다. 음식을 좋아하는 사람은 저녁 식사를 떠올렸을 것이다. 학교나 직장이 삶에서 큰 비중을 차지하는 사람은 평가나 마감일을 떠올렸을 것이다. 관계의 어려움이 있는 사람의 머릿속에는 누군가의 얼굴이 떠올랐을 것이다.

딴생각을 하고 있을 때 떠오르는 문장들은 사소해 보일 수 있지만 결코 그렇지 않다. 그것은 당신의 삶을 습관적이고 강박적인 패턴으로 끌어들이는 습관의 집, 즉 DMN의 작용이다. 이러한 작용에는 부정적인 측면이 많지만, 자기 몰입의 과정은 어떤 활동이나 타인의 일에 지나치게 몰두하는 것을 방지하는 균형추 역할을 하기도 한다. 힘든 활동을 하다가 언제 쉬어도 되는지 묻거나 지루한 강의가 중요한지 묻는 작은 목소리가 바로 DMN

이다. 뇌의 많은 영역은 문제를 해결하고 세상과 소통하도록 설정되어 있지만, DMN은 이기적인 맥락을 강화하고 우리에게 자기 자신을 돌볼 것을 상기해 큰 그림을 잊지 않게 해준다. 수학 문제를 풀거나, 여행을 계획하거나, 대화에 몰두했더라도 모든 것이 끝나면 DMN이 당신을 다시 습관의 집으로 데려온다.

습관의 이점

끊임없이 자기 성찰과 습관을 유도하는 DMN은 우리를 피곤하게 할 수도 있지만, 앞서 언급했듯이 매 순간 내가 누구인지 상기해야 하고 무엇을 할지 계획해야 한다면 우리는 단 하루도 버틸 수 없을 것이다. 파악할 것은 많고 시간은 부족하기 때문에 생활의 상당 부분은 자동 조종 장치에 맡겨야 한다.

노벨경제학상 수상자인 대니얼 카너먼의 저서 『생각에 관한 생각Thinking, Fast and Slow』은 자동화된 행동과 그렇지 않은 행동에 폭넓은 관심을 불러일으켰다. 이 책은 뇌가 더디고 신중한 추론(시스템 2)과 빠르고 직관적인 상태(시스템 1)를 어떻게 오가는지 상세히 설명한다. 신경과학은 그 설명을 뒷받침한다. 뇌의 중앙 집행 기능(시스템 2)의 의식적이고 숙고적인 작업이 약간의 반복을 거친 후 DMN(시스템 1)으로 넘어가는 과정도 보여준다. 우리가 수행한 신경 영상 연구에서 참가자들이 화면에 표시된 화살표 방향(⇦ 또는 ⇨)을 따라 두 개의 버튼 중 하나를 누르는 것과 같이 반복적인 활동을 할 때 DMN은 조용한 상태를 유지했다. 하지만 5초에서 10초 정도가 지나 작업에 익숙해지면, 뇌의 계획 및 주의력 조절 영역이 조용해지고 DMN이 활성화된다. 악기 연주를 배우는 등의 복잡한 행동의 경우, 의도적인 움직임에서 '근육의 기억'으로 넘어가는 데 훨씬 긴 시간이 걸린다. 말콤 글래드웰은 『블링크Blink』에서 일반적인 숙달의 기준이 1만 시간이라고 주장했다. 그는 DMN이 새로 습득한 기술을 서서히 습관으로 통합해가는 과정을 신경과학적 관점에서 설명했다.

예를 들어, 누구나 숙달한 기술인 일어서기를 떠올려보자. 우리가 일어서려고 할 때마다 '좋아, 몸을 앞으로 숙이고, 다리 근육으로 바닥을 밀고, 호흡을 조금 더 빠르게 하고, 심박수를 높이고, 다리를 고정하고, 시각적 움직임과 내이의 액체가 소용돌이치는 모양을 비교해 균형을 찾고, 근육에 신호를 보내 조절하고, 등의 생각을 해야 한다면 어떨까. 이 모든 협응은 노력하지 않아도 순식간에 이루어진다.

걷기, 삼키기, 호흡하기처럼 기본적인 활동은 뇌간과 뇌의 원시적 영역에서 자동화되지만, 복잡한 과정을 관리하는 DMN은 우리 몸에 들어오는 감각을 사회적 상황, 기분, 동기 부여와 연결하고 경험에 감정적 의미와 중요성을 부여하는 데 도움을 준다.

정보의 홍수 시대를 살면서 끊임없이 결정을 내려야 할 때 매 순간의 혼돈과 복잡성을 일관되고 합리적인 현실로 축소할 수 있는 방법이 있다면 그것은 엄청난 이점일 것이다. 알츠하이머가 가장 먼저 공격하는 대상이 DMN인 것도 놀라운 일이 아니다. 어린 시절의 단순함이 그리울 때가 있지만, 강제로 어린아이와 같은 상태로 되돌아가는 것은 결코 소풍 같은 일이 아니다. 점점 많은 사람들이 알고 있듯이, 지남력*상실과 맥락을 파악하지 못하는 데서 오는 혼란과 기능 이상은 심각한 장애를 초래한다.

움직이기 시작할 때 자동으로 심장 박동수가 빨라지는 것을 당연하게 여기는 것처럼, 우리는 매일 세상을 탐색하는 데 필요한 개념적 정보에 자동으로 접근하는 것을 당연하게 여기는데, 바로 여기에서 DMN은 빛을 발한다.

사람의 동일한 두뇌 시스템은 일상적인 사회적 상호작용을 원활하게 만들어준다. 길가에서 우연히 만난 친구가 안부를 물어오는 상황을 상상해보자. DMN 덕분에 친구의 질문은 엄격한 자기 성찰을 촉발하지 않는다. 친구의 안부 인사에 당황한 표정으로 '글쎄, 내가 어떻게 지내고 있지?' 자문하며 서 있지는 않을 것이다. 우리는 자신이 어떻게 지내고 있는지 쉽게 알 수 있

* 현재 자신이 놓여 있는 상황을 올바르게 인식하는 능력.

을 뿐만 아니라 어떻게 반응할지에 대해 학습된 습관도 지니고 있다. 상대방이 편하게 대해도 괜찮은 사람인지, 격식을 차려 대할 사람인지, 솔직하게 대답해도 되는지, 아니면 "잘 지내, 너는?" 같은 그저 의례적인 대답을 할지에 따라 응답은 자동으로 조정된다.

우리의 뇌는 이러한 과정을 자동적으로 반복하기 때문에 이 과정이 예측에서 벗어나면 불안해한다. 가령 누군가 공식적인 자리에서 매우 사적인 정보를 공유하거나 연인과 수개월간 교제했는데도 형식적인 대화밖에 나누지 못한다면 불안감을 느끼게 된다.

인간은 세상을 이해하고 자신의 그림에 정확성을 기하려는 깊고 근본적인 동기를 가지고 있다. 이러한 목표에 도달하는 한 가지 방법은 인식과 행동을 위한 배경 모델인 휴리스틱*을 사용하는 것이며, 휴리스틱이 순조롭게 작동할 때 기분은 좋아진다. DMN은 궁극적으로 우리가 하는 경험에 대해 설명을 제공하는 휴리스틱의 안내자라고 보면 된다. 이 역할은 단순히 내면의 독백과 자아 감각을 제공하는 것 이상이다. DMN은 빨간불이니 멈추라거나, 늦었으니 서두르라거나, 다가오는 사람이 친구이

---

* 시간이나 정보가 불충분하여 합리적인 판단을 할 수 없거나, 굳이 체계적이고 합리적인 판단을 할 필요가 없는 상황에서 신속하게 사용하는 어림짐작의 기술.

니 낯선 사람과는 다르게 인사를 건네라는 등 상황을 자동으로 이해하도록 돕는다.

잘못된 자동화가 불러오는 일

습관의 집을 통해 이 모든 이점을 제공하는 DMN이 어떻게 우리를 좌절이나 체념, 번아웃에 이르게 한다는 것일까?

영국이나 호주 또는 싱가포르를 방문하면(또는 반대로 해당 지역에서 다른 곳을 방문하는 경우), 차에 치이지 않도록 조심해야 한다. 모두가 '반대 방향'으로 운전하기 때문이다. 그래서 좌측통행을 하는 국가의 30퍼센트(대부분 옛 영국 식민지)는 횡단보도에 '우측을 살피세요'라는 경고 문구가 있다. 현지 관습에 대한 지식적인 이해만으로 뿌리 깊은 습관을 막기에는 역부족이라는 것을 잘 알기 때문이다. 이처럼 세상에서 볼 수 있는 자동화된 '시스템 1' 중 하나가 바로 자동차의 통행 방향이다. 이 지식이 완전히 몸에 익어 있기 때문에 이 규칙이 적용되지 않는 도로에 가면 기존 지식을 극복하기 위한 노력이 필요하다.

기존 지식에 근거한 습관과 새로운 정보 사이의 간극이 항상 극명한 것은 아니다. 무언가 잘못되었음을 알면서도 아무것도 할 수 없는 무력한 상태도 있다. 그때 우리는 스스로 일을 망치게 된다. 바로 이때 DMN이 진짜 독이 될 수 있다. 파괴적인 새로운 정보에 직면하면 DMN은 기존의 행동 패턴을 두 배로 강화하여 습관적인 방식으로 습관적인 일을 할 것을 고집한다.

1940년 디즈니 영화 〈판타지아〉를 본 사람은 마법사의 제자였던 미키 마우스를 기억할 것이다. 미키가 일상적으로 하는 집 안일 중 하나는 우물에서 길어 온 물로 집에 있는 돌 욕조를 채우는 일이다. 진취적인 생쥐인 미키는 항상 더 수월하게 일할 방법을 찾았다. 그는 마법 모자를 쓰고 모닥불 위에서 정령을 불러내는 자신의 주인 옌 시드를 유심히 지켜봐왔다. 이윽고 옌 시드가 마법 모자를 두고 휴식을 취하러 나가자 미키가 기회를 포착한다. 미키는 모자를 머리에 쓰고 옌 시드의 손짓을 따라하며 마법의 힘을 이용해 집안일을 자동화한다. 빗자루에게 물을 길어 오라고 명령하는데, 빗자루가 잘 작동하자 낮잠을 자기로 결정한다. 하지만 잠에서 깨어난 미키는 물로 가득 찬 방과 넘치는 욕조에 미친 듯이 물을 붓는 빗자루를 마주한다. 미키는 홍수를 수습하기 위해 도끼로 빗자루를 갈기갈기 찢어버리는데, 이때 부서진 빗자루의 파편들이 각각 살아나 훨씬 더 많은 양동이의 물을 길어 나른다. 결국 집에 돌아온 옌 시드가 마법으로 빗자루 파편들을 저지한다.

미키와 우리가 배울 교훈은 자동화된 행동은 상황에 맞을 때만 유용하다는 사실이다. 엘리베이터를 작동시키거나 캔 수프를 따는 것처럼 고민할 필요가 없는 일은 자동화해도 괜찮지만, 사회적 상황에서 타인의 감정을 읽거나 불쾌한 말을 듣고 받은 상처를 해소하는 복잡한 작업을 자동화한다면 어떻게 될까? 친구의 반어법에 웃으며 어깨를 으쓱하는 행동이 습관이 되면, 친구가 화를 낼 때도 웃으며 어깨를 으쓱하게 될지도 모른다.

익숙한 패턴에 갇힐 때

DMN은 모든 상황에서 따라야 하는 '경험의 법칙'을 제공함으로써 본질적으로 지식 활용 시스템을 촉진한다. 우리가 알고 있는 지식을 통합하고 적절한 지침을 작동시켜 일상의 복잡성을 효율적으로 관리하는 것이다. 그러나 대안은 고려하지 못한 채 기존 지식을 활용하는 패턴에 익숙해지는 '갇힌 상태'에 머무르게 하곤 한다. 목이 마른 얼룩말이 가뭄으로 말라붙은 웅덩이로 거듭 돌아오는 것처럼, 현실이 바뀌었는데도 기존 지식을 활용하는 기본 모드가 작동할 때 우리는 고통을 겪는다.

샤니스는 목마른 얼룩말처럼 번아웃이 올 때까지 하던 방식으로 일을 계속했다. 우리도 샤니스와 다르지 않다. 우리의 직장 동료, 연인, 가족 등 많은 사람들이 자신의 가치를 인정받지 못하거나 외로워질까 봐 또는 견디는 일이 다시 처음부터 시작하는 것보다 안전하고 쉬워 보여서 해로운 관계를 지속한다. 돌아보면 왜 변화를 꾀하지 못했는지 이해할 수 없지만, '괴로운 직장, 관계, 도시, 아파트가 내 인생을 망치더라도 그냥 계속 여기 있어야지!'라고 의식적으로 결정하는 사람은 없다. 무언가가 더 이상 효과가 없다는 사실을 깨닫기까지는 꽤 오랜 시간이 걸릴 수 있고, 그때조차도 새로운 기회나 명확한 대안이 없다면 변화를 시도할 적절한 시기처럼 보이지 않는다.

집안일을 자동화하려던 미키가 곤경에 빠지는 것은 정해진 수순이다. 마법은 미키가 이해하지 못하는 힘이기 때문이다. 진퇴양난에 빠진 미키를 보고 자신은 미키보다 낫다고 생각할지도 모르지만, DMN은 우리에게 미키의 것과 비슷한 마법의 빗자루를 쥐여주었고, 이 역시 우리를 곤경에 빠뜨릴 수 있다. 당신의 '빗자루'는 무엇을 하고 있는가? 다음 중 당신에게 익숙한 것이 있는가?

- 파트너와 다투지 않으려고 최선을 다하지만 여전히 매일 갈등에 휘말린다.
- 솔직해지겠다고 다짐하지만 정말 화가 나도 "난 괜찮아"라고 말한다.
- 업무 효율을 높이기 위해 목록을 작성하지만 소셜 미디어에 시간을 허비한다.
- 할 일을 미루지 않겠다고 다짐했는데, 프레젠테이션 직전에 급하게 자료를 짜맞춘다.
- 저녁 9시까지는 간식을 먹지 않고 버텼는데, 30분 뒤에는 어김없이 과자 부스러기에 뒤덮여 있다.

부정적인 감정을 대하는 습관

모든 것을 자동으로 처리하는 습관의 집은 슬픔에 반응할 때 중요한 역할을 한다. 안타깝게도 이때 DMN이 작동시키는 것은 자기 판단 습관이다.

우울증 병력이 있는 사람이 '왜 지금 기분이 안 좋을까'라는 생각을 하면, DMN이 '내가 뭘 잘못했지? 내가 누구를 실망시

컸나?' 등의 질문을 내놓는다. 반면에 우울증 병력이 없는 사람은 혈당이 떨어졌다고 생각하거나 '누구나 기분이 안 좋을 때가 있지'라며 어깨를 으쓱한다.

우울할 때 조바심을 내는 것은 흔한 일이다. 하지만 부정적인 기분을 자신이 쓸모없고 절망적인 존재임을 알려주는 신호로 인식하는 정신적 습관을 가진 경우, 조바심과 함께 DMN이 작동하면서 화가 나고 사회로부터 거절당하리라는 생각이 들게된다. 그러면 우울감에서 벗어나는 방법을 찾는 능력이 제한된다. 기분이 나빠지는 데 익숙해지면, 그럴 필요가 없다는 사실을 잊어버리기 시작한다. 우울한 기분이 드는 것이 당연한 일상이 되면 '모든 게 내 탓이야' 외에 다른 해명을 찾으려는 동기가약해진다. DMN의 목적은 상황을 이해하는 것이기 때문에 그것이 우울한 대답이라도 신경 쓰지 않는다. 안타깝게도 이 간편한접근 방식은 시간이 지나면 기분이 나아질 것이라는 희망을 앗아간다. DMN이 제공하는 맥락은 우리가 부정적인 감정에 대해처음 받았던 인상을 고정하고 이후부터는 경험 법칙에 따라 부정적인 감정을 설명하고 정당화한다.

DMN의 정신적 루틴은 우리가 살아남아 번식을 하는 데 도움이 되도록 진화했지만, 개인의 웰빙에 관해서는 불가지론적이다. 기분과 맥락을 제공하는 단서는 가사를 떠올리려는 가수에게는 유용하다. 그러나 이러한 단서는 외상 후 스트레스 장애PTSD

에 시달리는 사람에게는 재앙적이다. 부정적인 기억을 떨쳐내지 못할 때 드는 좌절감은 분노로 이어지고, 분노는 자신을 더욱 갇힌 상태로 몰아넣는다.

지그문트 프로이트는 한 세기도 전에 감정적 사건에 대한 기억이 어떻게 유사한 상황에 의해 촉발되고 생각과 감정을 유지하는 정신적 표상인 콤플렉스를 형성하는지 설명했다. 박해 콤플렉스를 가진 사람은 사소한 의견 불일치에도 사람들이 자신을 공격하려 든다는 인상을 받는다. 신god 콤플렉스를 가진 사람은 그럴듯한 이유를 대며 사회적 규범을 무시한다. 프로이트는 이러한 경향이 대인 관계에 방해가 되는 사례('콤플렉스'에 대한 증거는 대부분 일화적이다)를 제시했지만, 정작 원인이 되는 메커니즘은 언급하지 않았다. 그의 이론은 체계적인 형태의 연구로 발전했지만 여전히 의문이 남는다. 인식과 반응을 이해하는데 도움이 되지만 때때로 문제를 일으키기도 하는 우리의 숨겨진 정신적 습관이 존재하는 것일까? '휴리스틱의 안내자'라는 역할을 생각해보면, 모든 경험에 대해 미리 준비된 설명과 예측을 제시하는 DMN이 바로 그 메커니즘일 가능성이 높다는 것을 알 수 있다. DMN이 의도치 않게 경직된 사고방식을 고착화하는 게 아닐까?

우리는 이 질문에 대한 답을 얻기 위해 지금은 회복하였지만 과거 우울증을 한 번 이상 경험한 콤플렉스를 가지고 있을 만한 사람들을 연구했다. 이들은 비교적 건강해 보였고 계속 건강하게 지내기를 바랐지만, 임상 기록에 따르면 이들이 습관적으로 부정적인 세계관을 강화하는 DMN의 덫에 걸려 다시 우울증에 걸릴 확률은 40~50퍼센트에 달했다.

DMN이 부적응적 성향을 반복하게 한다는 사실을 이해하면 우울증과 불안증이 만성적이고 반복적으로 발생하는 이유를 설명할 수 있다. 따라서 우울증의 재발을 막으려면 부정적인 기분이 촉발하는 DMN의 자동적인 감정 처리가 어떻게 이루어지는지 이해해야 한다.

시걸과 파브가 뇌 연구를 수행했던 2000년대 초반에 시걸은 우울증에 대한 심리적 취약성 연구의 기준을 세우는 데 기여했다. 획기적인 연구 중 하나에서 그는 우울증 치료를 받은 수백 명의 환자 중에서 후속 프로그램에 참여할 만큼 회복된 99명을 선별했다.[7] 그는 우울한 상황이 실시간으로 재현되는 것을 보기 위해 연구실에서 참가자들에게 슬픈 분위기의 음악을 들려주었다. 세르게이 프로코피예프가 영화 〈알렉산드르 네브스키〉의 오케스트라 도입부에 삽입한 '몽골의 멍에를 멘 러시아Russia under the Mongolian Yoke'라는 곡이었다. 기분을 침체시키는 곡임이 분명했지만, 연구팀은 확실한 연구를 위해 곡을 느린 속도로 리마스터링했다. 참가자들은 음악을 들으면서 슬픔을 유발했던 사건을 떠올려보라는 요청을 받았다. 침울한 음악과 슬픈 기억은

5~10분 정도 지속되는 가벼운 정도의 슬픔을 유발했다.

시걸은 실험 전후로 참가자들에게 우울한 사고방식을 측정하는 설문지를 작성하게 했다. '모든 일을 잘 해내야 하고, 그렇지 못하면 결코 존경받을 수 없을 것이다', '내 행복은 나보다 타인에게 달려 있다' 등 개인의 적절성과 자신의 가치를 '흑백논리'로 생각하는 것은 우울한 사고의 전형이다. 누구나 가끔 이런 생각을 하지만, 기분이 우울할 때 극단적인 가정을 하는 경향이 매우 높은 사람들이 있다.

참가자들은 가혹하고 절대주의적인 사고방식에 빠지는 경향을 점수로 나타낸 결과를 받았다. 연구팀은 18개월 동안 참가자들을 추적 관찰하여 재발한 사람과 회복한 사람들을 파악했다. 흥미로운 점은 이 간단한 실험에서 나타난 참가자들의 반응으로 몇 달 후의 상태를 예측할 수 있었다는 것이다. 참가자의 70퍼센트는 슬픈 분위기와 일반적인 분위기에 반응을 보이지 않았다. 이들은 기분 유도에 영향을 받지 않았고 역기능적 사고를 하지 않거나 적게 했다. 나머지 30퍼센트는 반응을 보였고, 슬픈 분위기에서 역기능적 사고를 했다. '흑백논리'적 사고를 많이 했다는 뜻이다.

정해진 궤도 위에서

놀랍게도 슬픈 분위기에 대한 인지적 반응은 후속 조치 동안 사람들이 어떻게 행동했는지에 중대한 영향을 미쳤다. 반응을 보이지 않은 집단 중 우울증이 재발한 사람은 30퍼센트에 불과했다. 반면에 반응을 보인 참가자 중 우울증이 재발한 사람은 69퍼센트였다. 우울증 위험이 두 배 이상 증가한 것이다. 우울증에서 회복해도 취약성은 지속될 수 있다는 사실이 최초로 드러난 연구였다. 연구를 시작할 당시에는 모든 참가자가 우울증에서 회복된 상태였고 임상 척도에서도 정상 수준이었다. 모두가 잘 지내고 있다고 당당하게 말할 수 있었다. 그러나 평온할 때는 드러나지 않는 우울한 생각과 기억이 스트레스의 징후가 보일 때 가장 먼저 떠올랐다.

과거의 고통은 마음속에 남아 정신의 습관을 왜곡하고 현재의 경험을 지배한다. 참가자를 포함한 모든 사람이 필연적으로 좌절과 도전에 직면하고, 이때 취약한 사람들은 적응적 대처를 방해하는 역기능적 태도에 빠진다. 습관의 집에 억류되어 있는 것과 같다.

처음 연구를 시작할 때 우리는 시걸의 도발적인 연구 결과를 설명하기 위해 뇌에서 벌어지는 일을 상상했다. 당시(2000년대 중반)는 뇌 네트워크 이론이 대중화되고 있던 시기여서 우울증 취약성은 DMN의 작용처럼 보였다. 크게 상상력을 발휘할 필요가 없었다. 습관의 집답게 지각과 반응을 자동화한 것으로. 매우 경직되고 불행한 프로그래밍을 한 것이라고 생각했다.

비슷한 시기에 우울증 환자에게서 과도한 DMN 활동이 관찰된다고 보고한 독립적 연구팀의 연구 결과가 우리의 직관을 뒷받침해주었다. 세인트루이스 워싱턴대학교의 이베트 셸린이 이끄는 연구진은 휴면 상태에서 스캔한 건강한 사람과 우울증 환자의 뇌를 비교했다. 셸린은 우울증 환자의 DMN이 정상 수준을 넘어 계획과 감정 조절에 관여하는 뇌 영역을 점령한 것을 발견했다.[8]

DMN이 계획과 의사 결정에 관여한다는 것은 자동 조종 장치와 주체적 통제 사이의 구분이 무너진다는 것을 의미하므로 중요한 발견이었다. 우울증에 걸리면 의도적인 사고를 할 때도 자신의 적절성에 의문을 제기하게 된다. 모든 문제가 '이것이 나에 대해 무엇을 말해주는가?'로 귀결된다. 우울증에 걸린 사람은 자기 판단을 하지 않고 평정심을 유지하려고 해도, 전원이 꺼진 줄도 모르고 형과 닌텐도 게임을 하고 싶어하는 동생처럼 흥분하게 된다. 겉으로는 잘 드러나지 않는 기분장애의 특징이다. 핸들을 아무리 틀어도 카트가 정해진 궤도를 따라 계속 달린다.

우울증이나 불안증이 있는 사람의 궤도에는 문제 해결이 아니라 도움이 되지 않는 자기 성찰만 가득하다. 셀린의 연구를 통해 우리는 과잉 작동하는 DMN이 비관주의와 무력감을 불러일으킨다는 증거를 얻었다. '정해진 각본에서 벗어나' 건설적으로 경험을 재해석하려는 노력을 쓸데없는 산만함으로 치부해버리는 것이다.

스위치 ON

발부터 움직인다

삶의 많은 부분이 DMN에 의해 프로그래밍된다는 사실은 흥미롭지만 회의적으로 보일 수도 있다. 간단하고 현실적인 예로 발부터 살펴보자.

발은 수 킬로미터를 걷고, 불편한 신발을 신고, 눈이 오면 얼어붙고, 돌을 밟는 등 수난을 겪는다. 발을 닦고, 족욕을 하고, 마사지를 하는 등 발에게 보상을 할 때도 있지만 보통 우리는 문제가 생겼을 때만 발에 주의를 기울인다.

1,2분간 발을 쳐다보지 않은 상태에서 발에 관해 생각해보자. 무엇이 떠오르는가? 신발의 크기? 이는 자동적으로 떠오르는 객관적 사실이다. 주관적 판단이 들 수도 있다. 자신의 발이 마음에 드는가, 마음에 들지 않는가? 발 모양이 달라졌으면 좋

겠는가? 냄새가 날까 봐 걱정되는가? 발톱의 상태는?

발이 데려다준 장소나 발이 일으킨 문제가 떠오르거나 세월이 흐르면서 발이 못생겨졌다는 생각이 들 수도 있다. 지금 당신의 발은 어머니가 뽀뽀를 하며 귀여워할 때와는 상당한 차이가 있을 것이다. 자유롭게 생각하라. 핵심은 당신에게 발에 대한 많은 지식이 저장되어 있고, 발을 생각하기만 하면 이 모든 정보가 자유자재로 떠오른다는 것이다.

이제 잠시 자신의 발을 보면서 발에 주의를 기울여 보자. 뼈부터 피부까지 발 안팎을 주목하며 피부의 촉감, 바닥이나 침대와 닿는 부분의 압력을 느껴본다. 이제 발가락을 꼭 쥐고 최대한 안으로 말아 근육의 팽팽함, 발목에 느껴지는 감각에 주의를 기울이고 발가락과 발바닥의 감각도 느껴본다. 그다음 발가락을 풀고 근육이 이완되면서 감각에 어떤 변화가 생기는지 확인한다.

판단과 감각을 비교해보면, 발처럼 평범한 대상도 색다른 생각을 불러일으킬 수 있다. '발에는 무엇을 하는 게 좋을까? 페디큐어를 받을까? 의사에게 진찰을 받을까? 더 큰 신발을 신어야할까? 내가 예상한 상황과 실제 상황 사이에 차이가 있는가?'와 같은 판단은 확실성을 확립하려고 한다. 반면에 감각은 정해진 결과가 없다는 점에서 덜 확실하게 느껴지지만, 이때 판단은 뒤로 물러나 있으므로 스트레스를 덜 유발한다. 감각을 느끼는 동안에는 문제를 찾는 일이 우선순위에서 밀려나는 것을 느꼈는가? 발가락과 발끝에서 감각은 느낄 수 있지만, 우리가 무슨 말을 하는지는 잘 모르겠다면, 다음 장으로 넘어갈 준비가 된 것이다.

Chapter 3

당신의
뇌에서
일어나는 일

나는 믿는다.

꽃잎 한 장이나 길가의 작은 벌레 한 마리가

도서관에 있는 모든 책보다 훨씬 많은 것을 말하고,

훨씬 많은 것을 담고 있음을.

고작 글자와 단어로는 많은 것을 말할 수 없다.

헤르만 헤세, 『나르치스와 골드문트』

성장하는 사업을 관리하느라 애쓰다가 번아웃이 왔던 샤니스를 기억하는가? 그녀는 꿈에 그리던 자신의 사업을 시작하면서 감당할 수 없는 속도에 압도되었고, 각종 행사와 의무 속에서 자기 자신을 잃어버렸다.

그녀의 잘못은 아니지만, 그녀는 대부분의 유기체가 생존하는 데 있어 가장 기본적인 요소인 탐색과 활용 간의 균형을 유지하지 못했다. 개미 군락은 썩은 통나무에서 번성하는데, 통나무는 개미들에게 매우 효율적으로 사용할 수 있는 풍부한 자원이다. 하지만 자원은 언젠가 고갈되므로 개미들은 다음 에너지를 찾기 위해 정찰대를 파견하거나 에너지의 일부를 탐색에 할애해야 한다. 현명한 기업도 개미들과 똑같다. 항상 새로운 수익원을 찾아 나서야 한다. 그렇지 않으면 스트리밍이 등장해 음악 산업에 혁명을 일으켰을 때 이를 간과했던 음반 업계가 배운 암울한 교훈을 반복하게 될 것이다.

샤니스는 불확실성과 두려움, 위협에 직면했을 때 기존 지식을 활용했다. 이는 '자연스러운 일'이었다. 그녀는 그저 '더 열심히 일하는' 전략이 더 이상 수익을 내지 못하는 현실을 보지 못한 채 자원이 고갈된 곳으로 계속 되돌아갔다. 습관의 집에 갇혀 자신이 잘 아는 자원을 사용하는 데만 몰두해 다른 선택지가 있을 가능성을 보지 못한 것이다.

감각하는 뇌

자연계 연구들은 기존 지식을 활용하기만 하는 것이 최고의 생존 전략은 아니라는 사실을 분명하게 보여준다. 자연 선택*은 새로운 가능성을 계속 주시하면서 기존 자원을 활용하는 이점의 균형을 유연하게 유지하는 수렵 전략을 선호한다.

다행히도 우리는 최적의 균형을 찾도록 만들어졌다. DMN은 시험을 거쳐 검증된 것을 이용하도록 우리를 조종하지만, 우리의 나머지 정신적 장치들은 우리가 다른 가능성을 탐색하는 데 전념하게 한다. 가능성을 탐색하려면 감각으로 들어오는 정보가 필요한데, 우리 뇌의 상당 부분은 순수하게 감각을 느끼는 데 할당되어 있다.

사실 감각과 반응을 구분하는 것은 뇌 구조를 이해하는 가장

---

* 자연계에서 그 생활 조건에 적응하는 생물은 생존하고, 그러지 못한 생물은 저절로 사라지는 일.

기본적인 방식 중 하나이다. '우뇌는 감각, 좌뇌는 논리'처럼 이분법적으로 뇌의 영역과 기능을 매핑하는 방식에 대해 들어봤을 것이다. 오늘날 신경망 과학에서 어떤 추상적 개념이 물리적으로 한 영역에 국한된다는 주장은 터무니없어 보인다.[1] 반면에 구체적이고 감각적인 경험을 구성하는 요소들은 상세하게 설명되어 있다.

수십만 건의 과학 연구를 통해 각 감각을 담당하는 부위와 그 구체적인 위치가 확인되었다. 연구에 따르면 시각은 두개골 맨 뒤쪽, 청각은 귀 바로 뒤쪽, 후각과 미각은 코 위쪽, 촉각은 정수리에서 귀 쪽으로 이어지는 회백질을 따라 위치한다. 우리 몸 안에서 벌어지는 일을 감지하는 내수용 감각을 담당하는 부위는 귀 앞쪽으로 내려오는 체성감각 영역 바로 아래에 위치한다. 내수용 감각은 열, 통증, 쾌감 등 신체 내부 상태에 관한 정보를 제공한다.

이러한 설명을 종합하면 뇌의 뒤쪽 절반은 감각이 '차지'하고, 앞쪽은 감각을 바탕으로 무엇을 할지 파악하는 그림이 그려진다. 예를 들어, 물체를 인식하려면 시각 피질이 물체의 시작과 끝을 구분하고, 물체가 원거리에 있는지 근거리에 있는지 파악하며, 물체가 움직이고 있는지 판단하는 등의 작업을 수행해야 한다. 이러한 유형의 디코딩이 완료되어야만 전두엽이 감지된 물체에 이름을 부여하고 관련성을 고려할 수 있다.

신경 영상 연구에 따르면 특정 감각 양식에 집중할 때 뇌의 특정 영역들이 활성화되는 것으로 나타났다. 이 영역들은 각각의 감각 기관으로부터 원시 데이터를 전송받아 공장처럼 조용히 업무를 처리한다. 예를 들어 시각 피질은 망막으로 들어오는 빛과 어둠의 패턴 정보를 받는다. 청각 피질은 양쪽 고막에서 음의 높낮이와 강도를, 체성감각 피질은 피부 표면의 진동으로부터 위치 정보를 받는다.

감각 자극을 분해하고 정리하여 사용 가능한 정보 꾸러미로 재포장하는 엄청나게 복잡한 작업을 하기 위해서는 각 감각을 담당하는 전용 구역이 필요하다. 각 공장은 고유한 작업을 수행하고 작업이 완료된 제품은 멀리 떨어진 다른 시설로 보낸다.

신경이나 주요 감각 영역이 손상되면 관련 감각을 잃게 된다. 우리는 마음챙김 훈련에 대한 세계 최초의 신경 영상 연구에서 이러한 영역에 관한 상세한 설명을 활용했다. 다양한 인지 활동을 의미할 수 있는 뇌 앞쪽의 활동과는 달리 감각 처리의 고정된 성격 덕분에 우리는 참가자들이 감각에 열려 있는지 알 수 있었다. 감각 영역의 활성화는 분명하게 드러나기 때문에 보면 알 수 있다.

이러한 보편성은 추상적인 추론이나 판단, 반추를 뒤로하고 신진대사를 위한 제한된 자원을 감각 영역에 집중할 수 있는 잠재력이 누구에게나 있다는 것을 보여준다. 영화 〈웨딩 크래셔〉

에서 오웬 윌슨이 연기한 존은 "인간이 뇌의 10퍼센트만 사용한다는 말이 있잖아요? 제 생각에 인간이 10퍼센트만 사용하는 건 심장인 것 같아요"라는 유치한 대사를 한다. 그의 해부학적 지식은 확실히 틀렸지만, 우리가 인지를 우선시하고 감각적 경험을 소홀히 하는 것을 고려하면 터무니없는 말은 아니다.

뇌 앞부분에서 벌어지는 일

신경과학은 감각이 뇌의 뒤쪽에서 시작된다는 사실과 감각에 대한 반응이 앞쪽에서 생성된다는 사실을 밝혀냈다. 우리 몸의 거꾸로 된 지도인 감각 피질은 뇌의 전면과 후면을 나누는 틈새에 위치하며, 이 틈새를 중대상회('회'는 골짜기를 뜻함)라고 한다. 감각 지도의 반대편에는 거꾸로 된 두 번째 지도가 있는데, 운동 지도라고 알려진 이 지도는 근육과 기관에 신호를 보낸다. 아무리 복잡한 추론을 하더라도 신체의 특정 부위를 움직이기로 결정하면 여기에서 시작된 신호가 척추를 따라 내려간다. 따라서 신경과학에서 가장 명확한 구분은 좌(논리)와 우(감정)가 아니라 앞과 뒤이며, 외부 세계로부터 몸으로 들어오는 입력은 대부분 뇌의 뒤쪽에 도달하고 몸에서 나가는 출력은 뇌의 앞쪽에서 출발한다.

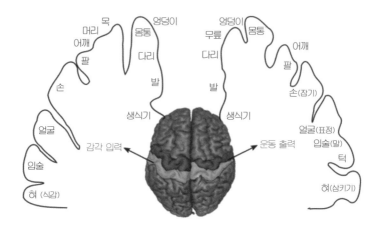

목 엉덩이 엉덩이 몸통
머리 몸통 무릎
어깨 다리 다리 어깨
팔 다리 팔
손 발 발 손(잡기)
생식기 생식기
얼굴 얼굴(표정)
감각 입력 운동 출력 입술(말)
입술 턱
혀 (식감) 혀(삼키기)

　　그런데 운동 피질은 전두엽의 시작 부분에 불과하다. 몸에 명령을 보낼 준비를 하기 전에 먼저 많은 계획과 처리가 이루어져야 하며, 뇌는 감각과 운동 지도를 만나기 전에 많은 준비 단계를 거친다. 운동 피질 앞쪽에는 얼굴로 향하는 보조 운동 피질이 위치해 있는데, 이는 행동을 어떻게 실행할지 계획한다. 더 앞쪽에는 전전두엽 피질이 있는데, 전전두엽 피질은 현재 상황에 따라 어떤 행동을 할지 고려한다. 전전두엽 피질은 대안, 선호도, 결과를 고려하는 인간 특유의 능력, 이른바 집행 기능이 있는 곳으로 삶의 경험을 통합하여 사고와 행동을 주관한다. 전전두엽 피질의 등(위쪽) 부분에 위치한 배측주의신경망DAN은 습관으로 결정에 영향을 미치려는 DMN의 주요 허브와 맞닿아 있다.

　　뇌의 앞뒤 구분은 뇌와 행동과 관련하여 감각이 어떤 역할을 하는지 이해하는 데 핵심이 된다. 감각은 DMN의 명령에 대항하는 균형추 역할을 하며, 우리를 가두는 습관에 이의를 제기한다.

뇌가 슬픔을 대하는 방식

우울증 취약성에 대한 시걸의 연구는 화가 날 때 자기 판단을 하는 정도가 사람마다 큰 차이가 있음을 분명하게 보여줬다. 셀린은 사람들이 우울감에 빠질 때, DMN이 자기 영역의 경계를 넘어 다른 영역을 침범하고 다른 정신 기능('명확한 사고' 포함)에 영향을 미친다는 것을 보여줌으로써 이 점을 분명히 했다.

그런데 어째서 이 현상이 어떤 사람에게는 평생의 문제이고, 어떤 사람에게는 큰 문제가 되지 않는 걸까? 과잉 반응하여 문제를 일으키는 '나쁜' DMN을 타고나는 사람들이 있는 걸까? DMN이 다른 영역에 침범하는 것을 용이하게 하는 특정한 인생 경험이 있는 걸까?

우리는 이 질문들에 대한 답을 찾기 위해 화가 날 때 경계를 넘는 DMN을 포착하기로 했다. 그래서 슬픔을 유발하는 과제를 개발해 fMRI로 관찰했다. 우리는 참가자들에게 영화의 슬픈 장면을 시청하게 하고 그동안 그들의 뇌를 스캔했다. 암에 걸린 어머니가 자녀에게 작별 인사를 하는 장면, 복싱 선수와 아들이 재회했다가 경기 도중 입은 부상으로 다시 헤어지게 되는 장면 등 눈시울을 붉히게 하는 장면들이었다. 영화 시청의 효과를 통제하기 위해 홈 앤 가든 텔레비전HGTV처럼 감정적 요소가 없는 프로그램을 시청했을 때 변화가 있는지도 관찰했다.

예상대로 슬픈 장면을 시청하는 사람들의 두뇌에서 활발한 DMN 활동이 관찰됐다. 영화가 효과적이었고 DMN이 맥락을 파악하고 경험을 개인화하는 데 성공했다는 의미였다. 참가자들은 "엄마와 작별할 때처럼 슬펐다"라고 말하며 눈시울을 적셨다.

그런데 분석을 해보니 예상치 못했던 흥미로운 결과가 나왔다. DMN 활동이 많을수록 뇌의 감각 부위가 활성화되어 부정적 감정이 유발된다는 것이 우리의 가설이었는데, 결과는 정반대였다. 대부분의 참가자들이 슬픈 감정에 대한 반응으로 감각 영역이 비활성화되는 양상을 보였다. 감각 영역이 활동을 중단한 것이다.

DMN이 우울증 취약성을 유발한다는 우리의 가설에 균열을 일으키는 결과였다. 참가자들은 기분이 좋은 사람부터 경미한 우울증에 걸린 사람까지 정신 상태에 상당한 차이가 있었기 때문에 우리는 슬픔에 대한 뇌 반응의 개인차가 우울 정도와 상관관계가 있는지 살펴봤다. 여기서 우리는 또다시 예상치 못한 발견을 했다. 맥락화는 우울증과 무관하게 보편적으로 나타났는

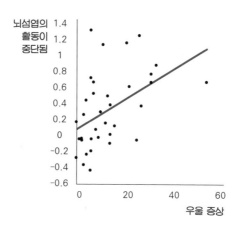

데, 이는 정신 상태와 상관없이 누구나 슬픔을 느끼면 DMN이 일관되게 활성화된다는 것을 의미했다. 우울한 정도는 DMN 활동의 변화가 아닌 감각 정보 처리의 중단으로 예측할 수 있었다. 슬픔은 뇌의 깊숙한 영역과 대뇌피질 사이에 있는 '섬'인 뇌섬엽을 억제했는데, 뇌섬엽의 활동이 저조할수록 참가자들의 기분은 나빠졌다.[2]

감각이 차단될 때

놀라운 결과였다. 뇌섬엽은 긴장감과 통증, 사랑하는 이의 애무에서 느껴지는 따스함처럼 본능적인 감정 요소를 감지하는 감각 공장 중 하나이기 때문이다. 감각 중에서도 신체 내부의 감각은 감정을 구성하는 요소이므로 뇌섬엽의 활동 감소는 감정의 감소를 시사한다. 우리의 감정은 몸이 느끼는 생생한 감각과 이에 대한 해석의 조합이다. 연구 참가자들은 부정적인 감정을 다루기 위해 슬픔과 걱정, 고통이라는 감정을 유발하는 감각 요소를 차단했다. 본능적 감각을 차단하여 부정적 감정을 느끼는 능력을 억제하고 안도감을 찾으려 했던 것이다.

감각이 차단되면 슬픔이 덜할 것 같지만, 연구 참가자들은 생생하고 구체적인 경험이 아닌 일종의 기대나 개념, 대상이 된 슬픔을 느끼면서도 그 강도가 덜하지는 않았다고 보고했다. 이러한 '공허한' 종류의 슬픔은 기분이나 집중력, 수면, 식욕 등에 문제를 일으키는 심각한 수준의 우울증 증상과 관련이 있었다. 다시 말해, 감각을 억제한 연구 참가자들은 일종의 연금술처럼 슬픔에 대한 반응으로 순간의 감정을 불러일으키는 본능적인 감각을 차단했지만, 그렇게 함으로써 의도치 않게 슬픔이라는 개념에 대해 생각하는 시간을 일시적으로 연장했다.

이는 우울증이 압도적인 감정적 경험이라는 우리의 관념에 이의를 제기하는 연구 결과였다. 극심한 슬픔이라고 하면, 강렬한 감정에 휩싸여 눈물과 콧물을 흘리며 괴로워하는 다섯 살짜리 어린아이가 떠오를지도 모르지만, 이런 종류의 슬픔은 우울증 환자가 느끼는 슬픔이 아니다. 우울증을 앓는 사람이 겪는 슬픔은 감정의 부재이며, 무감각, 고립감, 회피가 그 자리를 대신한다. 심한 우울증이 있는 참가자들은 어떻게든 자신의 감정을 억제했는데, 이는 그들이 지속적으로 스트레스와 상실감, 가혹한 내적 판단에 노출되었다는 점을 고려할 때 이해할 만한 반응이다. 신체적 감각은 감정을 구성하는 요소이기 때문에 감각을 차단할수록 어떤 감정이든 덜 느끼게 된다.

우리가 셀리에의 저항 단계를 경험하는 이유가 바로 여기에 있다. 이전 연구에 따르면 명상 훈련은 순간적인 신체 감각에 집중하여 자아를 확장시킨다. 반면에 부정적 감정에 대한 노출은 순간적인 감각을 억제하여 개념적 정보에 의존하도록 자아 감각을 축소하는 정반대의 결과를 가져온다. 하지만 개념은 순간을 초월하고 시간을 초월하여 지속되므로 양날의 검과도 같다. 우리가 의존하는 개념적 정보가 부정적인데, 감각은 차단된 상태이고, 새로 들어오는 정보도 없다면, 우리는 그 개념적 정보에 갇히게 된다. 어떤 새로운 정보도 우리의 마음에 스며들지 못할 때 실패했다거나 부족하다는 판단이 머릿속을 지배하게 되는 것이다.

우리는 마음챙김과 신체 인식 훈련을 한 사람들이 감각을 통해 자아를 경험하는 능력이 뛰어나다는 사실을 이전 연구를 통해 알고 있었다. 우리는 슬픔에 대한 반응도 차이가 있는지 알아보기 위해 다시 '대기 통제 집단'을 모집한 뒤 참가자 중 절반을 무작위로 선별하여 뇌 스캔 전에 마음챙김 기반 스트레스 완화MBSR 프로그램을 완료하도록 했다. 이러한 훈련은 사람들이 슬픔을 쫓다 자기혐오에 빠지지 않도록 도와주기 때문에 우리는 첫 번째 연구에서와 마찬가지로 DMN 활동의 감소를 관찰할 수 있을 것으로 예상했다. 그런데 이번에도 예상하지 못한 결과가 나왔다. 신체 인식 훈련을 받은 참가자들의 DMN도 활성화되었다. 훈련을 받지 않은 참가자들과 달리 마음챙김 훈련을 받은 집단은 감각 처리를 억제하지 않았다. DMN의 활성화 정도가 아니라 감각의 비활성화 정도로 우울증의 광범위한 증상을 예측할 수 있다는 것이 우리의 최종 분석 결과였다.

훈련을 받지 않은 참가자들은 감각 정보를 배제하고 슬픔의 경험을 개인화하는 데 대부분의 시간을 할애했다. 이들은 슬픔이 한계에 이른 듯 벽을 쌓아 감정을 차단했다. 문제는 이러한 감각 마비가 우울증 환자를 보호하는 것이 아니라 악화시킨다는 데 있다. 반면에 훈련을 받은 참가자들은 슬픔이라는 감정을 고립시키고 없애야 할 문제가 아닌, 인식의 폭을 넓히는 기회로 받아들였다.

스트레스와 감각

감각을 차단하는 것이 기분을 더 나쁘게 만든다면, 우리는 어째서 이를 반복하는 걸까? 부정적인 감정을 관리하는 일반적인 전략을 살펴보면 답이 보인다. 친구가 당신에게 화를 냈다고 가정해보자. 이때 최악의 행동은 감정을 억누르고 평소처럼 행동하는 것이다. 그러면 결국 거부당한 것에서 비롯된 고통뿐만 아니라 침묵한 것에서 비롯되는 고통까지 느끼게 된다.

조금 더 나은 방법은 주의를 다른 곳으로 돌리는 것이다. 그런다고 해서 속상한 일의 의미가 바뀌는 것은 아니지만, 적어도 마음을 다른 곳에 집중시킬 수 있다. 다음번에는 다를 테니 나쁜 일에 연연하지 않는 것이 최선이라고 스스로를 위로한다.

마지막 단계는 재평가인데, 사건이 벌어진 납득할 만한 이유를 찾아내어 감정적 충격을 줄이거나 제거하는 방법이다. 친구가 집안일로 힘들어하고 있고 친구가 보인 반응이 나를 향한 것이 아니라는 사실을 알게 되면 상처받지 않고 마음을 회복할 수 있다.

대부분의 사람들은 평소에는 재평가가 주의를 분산시키거나 감정을 억누르는 것보다 낫다고 생각한다. 문제는 자극을 받고 화가 치밀어 오른 상태에서는 차분하게 성찰하고 재평가할 능력이 사라진다는 것이다.[3] 대신에 우리는 마음을 진정시키기 위해 주의를 환기하는데, 이는 스트레스 요인에 몰입하는 것을 견디지 못하기 때문이다. 주의를 환기시키면 즉시 안도감을 얻을 수 있지만, 문제를 이해하거나 바꿀 수 있는 가능성은 줄어든다.

우리가 부정적 사고를 지속하는 이유는 스트레스가 감각을 차단해 이미 알고 있는 것 외에 다른 것은 보기 어렵게 만들기 때문이다. 우리가 '알고 있는 것'이 분노와 부적절하다는 느낌이고, DMN이 우리를 계속 지배하고 있는 상태라면, 자기 고문을 멈출 수 있는 다른 관점은 머릿속을 비집고 들어올 수 없다. 그러면 우리는 스트레스를 받을 때 괴로움, 우울증, 불안, 무력감이라는 익숙한 틀에 갇히게 된다.

우리에게는 안전한 방식으로 새로운 의미를 찾을 수 있는 메커니즘이 필요하다. 안전한 방식이란 힘든 경험을 다루고 해결하는 능력을 갖추는 것으로, 앞으로 살펴볼 감각 경로를 열어두는 방법에 관한 것이다. 이에 대해 알아보기 전에 먼저 스트레스가 감각 경로를 차단할 때 어떤 느낌이 드는지를 이해하면 많은 도움이 될 것이다.

감각이 차단될 때 알아차리기

낯선 장소에 방금 도착한 당신이 부동산 중개인처럼 방의 특징을 평가하려 한다고 생각해보자. (밖에 있다면 정원사가 되어 주변에 어떤 식물이 있거나 없는지 파악해보는 것도 좋다.)

무엇이 눈에 띄는가? 무엇이 느껴지는가? 무엇이 보이는가? 공간이 다채로운가? 어떤 소리가 들리는가? 주위를 둘러보는 당신의 마음은 어떤 상태인가? 앉아 있다면 발이 바닥에 닿는 것이 느껴지는가? 호기심을 갖는 것이 어려운가? 색상, 소리, 모양, 질감이 뚜렷하고 생생하게 느껴지는지, 아니면 흐릿하고 동떨어져 있는 것처럼 느껴지는지 파악해보자.

이제 관찰을 잠시 멈추고 작은 요소를 넣어보자. 최근에 당신을 힘들고 화나게 했던 스트레스 요인을 떠올려보라. 강렬한 트라우마나 압도적인 경험이 아니라 당신을 지치게 만드는 일상의 성가심이나 갈등도 스트레스 요인이 될 수 있다. 거주 지역의 교통 상황이나 식료품 가격, 잘난 체하는 지인의 불친절한 말 한마디도 당신의 짜증을 유발할 수 있다. 짜증을 일으키는 한 가지 일을 골라 잠시 그것에 대해 곰곰이 생각해보라. 이 문제를 머릿속에서 우선순위에 둘 수 있는지 알아보라. 그 문제를 어떻게 해결할 수 있을지, 왜 그 문제를 해결해야만 하는지, 그리고 이 문제에 직면했을 때 어떤 기분이 드는지 다시 한번 경험해 보라.

기분이 좋지 않은가? 좋다! 이제 다시 방을 둘러보고 눈에 띄는 게 있는지 살펴보자. 이 문제가 마음을 짓누르는 상태에서 감각적인 정보를 찾으려고 하니 어떤 기분이 드는가? 감각이 더 혹은 덜 중요하게 느껴지는가? 시급한 문제 때문에 감각의 중요성을 느끼는 게 쉽지 않았는가? 감각에 집중하려 할 때 달라진 점이 있는가? 색상이 전보다 흐릿하게 보이거나, 방 안의 형태가 지나치게 익숙하거나 시답잖게 느껴지는가? 의자의 질감을 느끼는 행위가 무의미한 짓일 뿐인가? 주변 사물을 보거나 듣거나 만질 수 없게 된다는 말이 아니다. '이걸 굳이 왜 해야 하지?'라는 의문이 들기 시작할 것이다. 이것이 바로 스트레스로 인한 억제 작용이다. 약간의 스트레스만 받아도 새로운 정보를 받아들이는 능력이 저해된다.

그렇다면 대안은 무엇일까? 우리는 그동안 지식이 혼란스럽고 비생산적일 때도 지나치게 그것을 활용해왔다. 이제 우리는 감각을 탐색하는 훈련을 더 많이 해야 한다.

Chapter 4

감각 근육을
키워라

당신의 머릿속에는 뇌가 있고,

당신의 신발 속에는 발이 있어요.

당신은 스스로를 원하는 방향으로든 이끌 수 있지요.

닥터 수스, 『내가 갈 곳Oh, The Places You'll Go』

9/11 테러가 발생하자 달라이 라마는 티베트 승려들로 구성된 팀을 파견해 세계무역센터가 있던 자리에 모래 만다라를 만들고 완성되자마자 파괴하게 했다. 이 글을 읽은 당신은 '요점이 뭐야? 어째서 대규모 붕괴가 있었던 곳에서 굳이 모형을 파괴하는 거지?'라는 의문을 품을지도 모른다. 모래 만다라를 만들기까지의 수고와 정교한 디테일, 복잡한 색채와 디자인, 그리고 … 펑! 하지만 만다라의 목적은 목적 없음을 알리기 위함이었다. 놓아주고, 통제에 대한 환상을 버리고, 의도적으로 비생산적인 태도를 취하는 미덕을 보여주고자 한 것이었다.

이 과정이 엄청난 낭비처럼 느껴질 수도 있다. 우리의 뇌는 어릴 때부터 새로운 것을 배우고 배운 지식을 활용해 이익을 얻는 훈련을 받아왔기 때문이다. 성적표나 성과 평가도 마찬가지다. 우리는 과정이 아닌 결과물에 공을 들인다. 승려들이 모래로 만든 것의 결과물은 어디에 있단 말인가?

찰나에 존재했던 만다라는 분명 아닐 것이다. 완성된 예술 작품을 실용적인 용도로 사용하거나 후손을 위해 보존하는 일은 지금, 여기에서 감각으로 참여한다는 수행의 목적을 거스르는 일이다. 수행의 결과물은 만다라를 만드는 과정에 참여하는 승려들과 이를 지켜보는 사람들에게 벌어지는 일이며, 이는 그들이 지금 이 순간을 편안하게 사는 감각적인 존재가 되는 것을 도왔다. 여기에는 감각을 느끼는 상태가 되도록 마음을 훈련할 수 있다는 생각이 내포되어 있다.

1949년 현대 신경과학의 창시자인 도널드 올딩 헤브는 뇌의 학습과 망각이 매 순간 어떻게 일어나는지 설명했다. 그는 동시에 활성화된 뇌 영역들은 더 강력한 연결고리를 만들어 향후 함께 활성화될 가능성이 높다고 주장했다. 그는 헤비안 학습이라고 알려진 이 과정의 본질을 "함께 발화한 뉴런은 함께 연결된다"라고 표현했다. 반대로 상호작용이 차단되면 영역 간 연결이 끊어지는데, 이를 소멸이라고 한다.

수십 년이 지난 지금, 새로운 학습이 일어날 때마다 뇌가 빠르게 재구성된다는 사실은 누구나 알고 있다. 실제로 상처를 봉합하거나 테니스공을 저글링하는 등 새로운 기술을 익힌 지 일주일이 지나면 뇌가 성장한다는 증거를 볼 수 있다. 그렇다면 감각을 폭넓게 활용하는 법을 배우면 어떤 변화가 일어날까?

연구실에서 스트레스의 감각 억제 효과를 상쇄할 방법을 고민하는 동안 이 질문이 머릿속을 맴돌았다. 문제가 생기면 DMN은 우리를 습관의 집에 가두려 하고, 우리가 항상 하던 대로 하도록 유도한다. 하지만 감각에 주의를 기울이는 훈련을 받고 새로운 학습으로 신경 경로를 강화한다면, DMN의 보호 경향을 약화시켜 감각을 통해 새로운 정보를 받아들이고 기회를 찾을 수 있으리라는 것이 우리의 희망이자 가설이었다.

감각에 주의를 기울일 때

일부 참가자들이 받은 마음챙김 훈련은 감각 접근성을 높여 스트레스를 줄이는 데 도움을 주었다. 그래서 우리는 마음챙김 훈련의 가장 기본인 호흡에 주의를 기울이는 것을 자세히 살펴보기로 했다. 우리는 과거 연구를 통해 약간의 노력을 기울여 외부 감각에 집중하면 뇌 뒷부분의 감각 공장을 활성화할 수 있다는 사실을 알았다. 이와 유사하게 호흡에 주의를 기울이면 신경 근육을 유연하게 움직여 신진대사를 감각 영역에 집중시킬 수 있을지 궁금했다.

우리는 fMRI 장치를 가동하고 참가자들에게 감각의 영역 안에서 주의를 집중해달라고 요청했다.[1] 참가자들은 숨소리나 심장 박동 소리에 귀를 기울이는 내부 감각수용 주의IA와 좋아하는 노래의 박자를 알아차릴 때처럼 주변 세계에 귀를 기울이는 외부감각수용 주의EA 등 두 유형의 주의 기울이기를 수행했다. 일상에서 경험하는 내부 감각수용 주의의 예로는 중요한 프레젠테이션을 앞두고 느끼는 긴장감이 있고, 외부 감각수용 주의의 예로는 회의에 늦는 것에 대해 스트레스를 받아 주의가 산만해진 상태에서도 정지 신호를 알아차리는 것이 있다.

주의력이 두뇌 활동에 어떠한 영향을 미치는지 시험하기 위해 참가자들에게 숨소리에 집중하는 것IA과 화면의 단어를 보는 것EA을 번갈아 하게 했다. 기존의 연구들을 통해 주의 집중 효과를 확인할 위치를 파악했다. 시각의 효과는 뇌의 가장 뒤쪽인 일차 시각 피질에서 가장 먼저 나타나는 반면, 호흡에 대한 감각은 귀 바로 앞쪽의 체성감각 피질의 아랫부분과 뇌 깊숙한 곳에서 신체 내부 감각을 처리하는 뇌섬엽을 활성화했다.

참가자가 주의를 집중하는 위치에 따라 뇌 활동을 예측할 수 있었지만, 일부 감각 처리는 주의를 집중하는 위치에 관계없이 자동으로 일어났다. 예를 들어, 호흡에 변동이 있을 때마다 뇌섬엽의 활동이 관찰되었는데, 호흡에 주의를 기울이면 뇌섬엽은 더욱 정확하게 호흡의 빈도를 추적했다. 호흡에 집중할 때는 호흡과 뇌섬엽 활동 사이의 상관관계가 두 배 증가했고, 뇌섬엽은 뇌의 감각 운동을 중계하는 시상과 더 많이 연결되는 것으로 나타났다. 반대로 화면에 집중할 때$_{EA}$는 시각 피질이 더 많이 활성화되고, 시각 피질이 시상과 더 많은 연결성을 보였다.

뇌를 재구성하고 감각을 활성화해 습관을 바꾸는 데 사용설명서나 수술, 수개월간의 명상이 필요하지는 않다는 의미이다. 그저 주의를 기울이기만 하면 되는 것이다.

주의는 흔적을 남긴다

우리의 연구에 따르면 감각에 주의를 기울여 특정 뇌 부위의 신경을 활성화하는 것은 가능하다. 하지만 DMN이 높은 경계 태세를 유지하며 이미 검증된 사실을 따르라고 지시하는 스트레스 상황에서 어떻게 이런 변화를 유도할 수 있을까? 문제가 생겼을 때 감각에 집중하라고 말해줄 과학자들이 대기하고 있지는 않기 때문이다.

이 질문을 탐구하기 위해 우리는 이전 연구에서 사용한 것과 동일한 과제에 대한 두 집단의 반응을 비교했다.[2] 이번에도 최근에 명상 훈련을 받은 참가자와 훈련을 받기 위해 대기 중인 참가자를 대조하는 '대기자 통제 집단'을 활용했다.

예상대로 주의는 감각에 연료를 공급하여 전반적인 활동 패턴을 뇌의 앞쪽에서 뒤쪽으로 이동시켰다. 그러나 훈련받지 않은 사람들은 뇌에서는 앞부분에서 소통이 일어나기도 전에 감각 활성화의 불꽃이 사라져버렸다.

이는 마치 개폐식 다리에 도착한 차량들이 큰 선박이 지나가기를 기다리며 정체된 장면을 보는 것 같았다. 관찰자 입장에서는 통로를 앞에 둔 차량들이 다리를 건너기 전에 멈춰버리는 모습이다. 하지만 명상 훈련을 받은 사람들은 감각을 인식과 의사 결정의 중심인 전전두엽 피질의 문 앞까지 전달한다. 몸의 감각에 주의를 기울이는 연습은 다리의 연결 시간을 연장하는 훈련을 하는 것과 같다.

또한 반복적인 훈련은 주의를 기울이지 않을 때에도 뇌섬엽 경로를 강화했다. 주의를 기울이면 다리가 일시적으로 전전두엽 피질로 연결되지만, 반복적인 훈련은 다리가 연결된 상태를 유지해서 감각 정보가 인식에 도달하는 것을 기본으로 만든다. 주의를 기울이는 것은 순간적인 뇌의 작동 방식에 영향을 미칠 뿐만 아니라 뇌 구조에도 영향을 미쳤다. 우리가 감각에 주의를 기울이지 않으면 감각은 신진대사의 흐름에 휩쓸려 사라진다. 하지만 근본적인 뇌의 구조가 바뀌면, 더 적은 노력으로도 감각에 접근할 수 있게 된다.

감각에 주의를 기울이는 것이 웰빙에 미치는 영향이 이토록 큰데, 학교에서 아이들에게 이런 종류의 훈련을 제공하지 않는 이유는 무엇일까? 건강한 신체 발달을 위한 체육 교육은 있지만, 스트레스 감소와 정신 건강 증진을 위한 교육 프로그램은 없다. 책과 컴퓨터, 농구공이나 하키 스틱도 좋지만, 아이들이 유리창에 비치는 빛의 기울기를 관찰하면서 하루 동안 변하는 태양의 각도에 따라 굴절된 빛의 무지개를 볼 수 있도록 유도하는 것도 중요하다. 이를 통해 아이들은 자신의 생각과 감정을 고정된 속성이 아닌 변화하는 풍경으로 보는 법을 배울 수 있다.

신경과학의 발달로 감각 훈련이 아침에 스트레칭을 하는 것과 다름없다는 사실이 밝혀졌다. 우리는 근섬유의 유동성 부족으로 발생하는 근육 뭉침에는 스트레칭이 합리적이라는 사실을 잘 안다. 마찬가지로 일상에서 감각을 인식하는 습관을 키우면 뇌의 감각 '근육'을 유연하게 유지해 뇌의 앞부분까지 늘어나도록 해준다. '장미꽃 향기를 맡기 위해 잠시 멈추는 것'은 더 이상 사소한 행동이 아니라 마감일이 다가오고 스트레스가 쌓일 때도 해야 하는 중요한 습관인 것이다.

감각 근육의 중요성

감각 근육을 형성하는 것이 왜 중요한지 이해하기 위해 사고 실험을 해보자. 요람에서 무덤까지 인생 전체가 경험이라는 긴 터널에 포함되어 있는 부분이라고 상상해보자. 터널의 각 단면은 시간의 순간을 나타내며 경험의 모든 요소를 포함한다.

- 외부 감각(시각, 청각, 미각, 촉각, 후각)
- 내부 감각(덥거나 차가운 느낌, 배고픔, 졸림, 고통, 즐거움, 야식을 너무 많이 먹은 후의 느낌)
- 생각 : 매 순간 마음속에서 펼쳐지는 내면의 내러티브
- 기억 : 과거에 했던 경험과 지식이 떠오르는 것
- 기대 : 희망, 소망, 두려움 등 상상 속의 미래

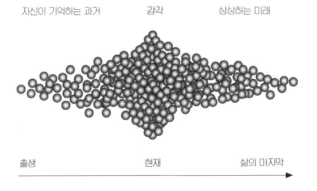

주의력은 제한적인 시스템으로 우리가 기울일 수 있는 용량은 한정되어 있다. 무언가에 주의를 기울일 때, 다른 경험적 요소를 알아차릴 자원은 없다. 그렇다고 해서 여러 가지를 동시에 인식할 수 없다는 뜻은 아니다. 이론적으로는 감각을 느끼다가 생각하다가, 기억을 회상하다가, 다시 현재 경험으로 돌아오기를 반복하면서 다양한 요소를 한꺼번에 살펴보는 것이 가능하다.

하지만 실제로는 그렇지 않다. 우리는 이전 경험 또는 예상되는 미래와 연결되는 경험의 특정한 측면이나 중요한 생각, 감각에 주목하게 된다. 광범위한 경험을 자유롭게 살펴보는 것은 가능하지만, 실제로는 한두 가지 경험 요소에 집중하면서 대부분의 주의력을 이러한 요소들을 내러티브로 통합하는 데 사용한다. 일부 핵심적인 생각과 느낌, 감각이 들어간 내러티브를 만들게 되는 것이다. 하지만 이러한 스토리텔링은 주어진 순간에 존재하는 다른 많은 요소들을 알아차릴 주의력을 없애는 결과를 가져온다.

이러한 내러티브가 의미와 목적의식을 불어넣고 삶에서 가장 중요한 것들에 집중할 수 있도록 해줄 때는 아무런 문제가 되지 않는다. 이때 우리는 화가 난 친구의 얼굴, 교차로의 신호등, 마감일이 닥친 프로젝트 앞에서 효율적으로 대처할 수 있다. 하지만 주의가 제대로 집중되지 않을 때는 습관적으로 과거와 미래로 분산되어 현재에 집중하지 못하고 대안도 찾지 못한다. 우리는 매 순간을 전체 그림을 보듯 하지만, 사실은 그 그림의 극히 일부만 인식하도록 학습되어 있다.

이것이 바로 감각 경로를 재구축하는 일이 변혁적인 이유다. 우리가 기존의 세계관에 묶여 있지 않은 경험적 요소에 주의를 기울인다면 간단하게 감각 경로를 재구축할 수 있다. 뚜렷한 관련이 없어 보이는 감각에 주의를 기울이는 모든 순간은 주의 자원을 기존의 내러티브가 아닌 미지의 것에 할애하는 순간이다. 시간이 지남에 따라 뇌의 소멸 속성은 기존의 스토리가 떠오르는 빈도를 감소시켜 새로운 내러티브가 등장할 수 있는 문을 연다. 그러면 우리는 우리를 움직이는 스토리를 선택할 수 있게 된다. 새롭고 탐구적인 방법으로 우리의 경험에 주의를 기울이려고 노력하는 한 말이다.

'경험의 터널'을 떠올리면, 오래된 것들에 주의를 기울이고 익숙한 이야기들을 반복하다가 계속 똑같은 산책을 하게 될 수 있다. 그러나 낯선 경험적 요소에 주의를 기울일 때 지배적인 내러티브가 약화되고 새로운 발견을 할 기회가 열린다는 것을 이해한다면, 다음번 산책이 인생을 바꿀 수도 있다.

감각의 변화 탐색하기

앞서 살펴본 것처럼 뇌의 가장 기본적인 기능 중 하나는 감각으로부터 받은 무작위적이고 시끄러운 정보를 의미 있고 질서 있는 꾸러미로 재포장하는 것이다. 여기서 상사나 사회 집단, 언론, 광고주 등의 타인이 입력되는 정보를 얼마나 많이 좌우할 수 있는지에 대한 의문이 생긴다. 좋은 소식은 타인의 생각과 상관없이 어떤 일에 집중할지 결정할 수 있는 것은 나 자신이라는 점이다. 방해 요소가 가득한 바쁜 하루더라도 당신은 얼마든지 자신의 감각을 탐구할 수 있다. 우리의 연구에 따르면 누구든지 자기 자신이 집중하고 싶은 곳에 주의를 집중할 수 있다.

감각에 더 많은 시간을 할애하기만 해도 감각을 인식하는 주의 경로를 강화할 수 있다. 정적으로 보이는 익숙한 감각들이 실제로는 변화하는 부분들로 구성되어 있음을 이해하면, 예상했던 것을 보는 것을 넘어 자신의 몸과 관계 맺는 기존의 방식에서 벗어날 수 있게 된다.

연구 결과에 따르면 감각에 주의를 기울이는 연습을 하면 평소에 방치되기 쉬운 뇌 부위들이 활성화된다. 이런 부위들을 계속 활성화하면 새로운 신경 경로가 형성되어 뇌의 구조가 근본적으로 바뀐다. 감각에 많은 시간을 할애할수록 신경가소성이 증가하여 연락처 목록에 새 친구를 추가하는 것처럼 감각을 사용할 수 있게 된다.

나아가 우리가 감각에 부여하는 익숙한 이름을 제쳐두고 감각을 우리 몸이 받아들이는 역동적인 형태의 에너지로 취급하면 어떤 일이 벌어질까? 빛이나 소리와 같은 에너지에는 고유한 흐름과 박자가 있기 때문에 이러한 특징에 집중하면 감각에 더 몰입할 수 있다.

1. 시각의 변화와 움직임. 넓고 개방된 공간을 찾는다. (실내라면 창문이 좋다.) 잠시 시간을 내어 주변을 위아래, 좌우로 살펴본다. 이제 시야에서 가깝거나 먼 물체 하나를 선택하고 눈에 띄는 시각적 요소에 집중한다. 예를 들어 나무가 보이면 나무의 움직임, 어두운 부분과 밝은 부분, 매끄러운 부분과 거친 부분, 지면이나 아스팔트와의 접촉, 대칭과 비대칭, 그림자와 햇빛, 이러한 요소들이 동일하게 유지되는지, 변화하는지 주목하라. 나무껍질, 가지, 줄기, 잎사귀 등 보이는 대상에 이름을 붙이고 싶은 충동을 느낄 수도 있지만 참는다. 순전히 시각적인 방식으로 물체를 경험해본다.

2. 촉각의 변화와 움직임. 가장 흔하지만 간과되는 감각 경험 중 하나는 옷과 접촉할 때 느끼는 감각이다. 피부에 닿는 옷감, 각기

다른 질감에 집중해보자. 어느 부위에서 꽉 조이는 느낌, 느슨한 느낌, 거칠거나 부드러운 느낌이 느껴지는가? 이러한 감각이 동일하게 유지되는가? 아니면 걷거나 앉을 때 달라지는가? 인지한 것에 이름을 붙이지 말고 오로지 촉각을 통한 경험에 집중해본다.

3. 청각의 변화와 움직임. 실내에 있든 실외에 있든, 잠시 멈추고 주변의 소리에 귀를 기울여보라. 차량들이 지나다니는 소리, 목소리, 물이 흐르는 소리, 문을 여닫는 소리, 전화벨 소리 등 어떻게 크고 익숙한 소리들이 먼저 들리면서 소리의 층위가 형성되는지 들어보자. 그런 다음 배낭이 몸에 부딪히는 소리, 숨소리, 손가락이 컵에 닿는 소리, 식탁에서 수저가 달그락거리는 소리 등 그 아래층에 있는 소리를 들어보라. 가까이서 들리는지 멀리서 들리는지, 강렬한 소리인지, 감지하기 힘든 소리인지, 연속적인지, 간헐적인지, 예상한 소리인지, 뜻밖의 소리인지 등 각 소리의 특성에 주목하라. 한 소리가 사라지고 다른 소리가 들릴 때 그 사이의 공간과 소리가 전혀 들리지 않는 침묵의 순간에도 주목하라. 이번에도 듣고 있는 소리에 이름을 붙이지 말고 소리 자체의 특성에 집중한다.

4. 후각의 변화와 움직임. 주변에서 익숙한 것과 낯선 것 다섯 가

지를 찾아서 실제로 냄새를 맡아보라. 커피 찌꺼기, 목욕 타월, 계피, 생강, 카레 가루와 같은 요리 향신료, 비누, 끓는 물, 화분 흙, 겨드랑이, 젖은 나뭇잎 등도 좋다. 이번에는 숨을 들이마시면서 무슨 향인지 맞추지 말고 그 향의 특성을 설명할 수 있는지, 시간이 지나면서 향이 변하는지 아니면 그대로 유지되는지 살펴보라. 향이 강렬한지 은은한지, 훅 끼치는지 서서히 맡아지는지, 놀라움을 자아내는지, 연속적인지 간헐적인지, 다른 향으로 바뀌는지 아니면 내내 같은지 맡아본다. 모든 향이 기억이나 회상을 불러일으키는가, 아니면 일부만 그러한가?

5. 미각의 변화와 움직임. 간식을 먹을 때(식사 대신 한두 가지 간식을 먹을 때) 이 연습을 할 시간이 있는지 확인하자. 주요한 맛의 이름을 떠올리지 말고 하나 또는 여러 가지 맛을 느끼고 그 맛의 특성이 어떠한지, 시간이 지나면 변하는지 또는 그대로 유지되는지 설명한다. 그 맛이 강렬한지 미미한지, 금세 느껴지는지 서서히 느껴지는지, 놀라움을 주는지, 연속적인지 간헐적인지, 다른 맛으로 바뀌는지 아니면 내내 같은지 설명한다.

연습을 마친 뒤에는 기분이 어떤지 확인한다. 감각의 다리가 머무는 시간을 연장하면서 놀랍거나 예상치 못한 경험을 했는가? 새로운 정보를 받아들이는 기분은 어떠했는가? 예측할 수 없는 감각의 특성을 즐기면서 흥미로움을 느꼈는가? 아니면 약간의 불안감을 느꼈는가? 체험이 즐거웠는지 여부와 관계없이, 감각에 반응하는 방식에 있어서 새로워진 것이 있는가? 냄새나 맛에 대한 선호도가 바뀌었는가? 자신의 몸이나 주변 세계를 다르게 경험했는가?

이러한 경험에서 무엇을 얻어야 할지 확신이 서지 않아도 괜찮다. 어쩌면 좋은 징조일 수 있다. 순간순간 세상을 감각하면서 확실성보다 변화를 중시하는 것이 어떤 것인지 맛보고 있는 것이니까. 확실성과 행동을 중시하는 세상에서 감각의 불확실성을 중시하는 것은 불안하지만 기분 좋은 일이다.

Chapter 5

당신의 기대를
업데이트하다

―――――

우리는 오늘도 여느 때와 마찬가지로

공허함과 두려움을 느끼며 잠에서 깬다.

서재 문을 열고 독서를 시작하지 말라. 악기를 들라.

루미

2009년 1월 15일, 체슬리 '설리' 설렌버거 기장은 허드슨강의 차가운 물 위에 US에어웨이즈 1549편을 안전하게 착륙시켜 155명의 생명을 구했다. 이륙 직후 양쪽 엔진을 전부 잃은 설렌버거 기장은 미지의 영역에 있었다. 당시 그는 '이건 현실이 아니야. 내게 이런 일이 일어날 리가 없어'라는 생각이 들었다고 한다.

그는 40여 년 경력의 베테랑 조종사였다. 그는 삶이 모든 기대와 규칙을 저버렸으며, 오랜 훈련과 습관들로는 이 비행기를 안전하게 착륙시킬 수 없다는 사실을 빠르게 깨달았다. 그는 비상 착륙에 대비해 광범위한 훈련을 받았지만, 실제로 민간 여객기를 물 위에 착륙시킨 적은 없었다. 그런 일을 해본 사람이 누가 있겠는가. 즉흥적으로 새로운 방법을 찾아 첫 시도에 성공하는 것 외에는 선택의 여지가 없었다. 그는 생사가 달린 압박감 속에서 완전히 그 순간에 몰입해야 한다는 사실을 깨달았다. 그것은 곧 자신의 감각에 모든 주의를 집중하는 것을 의미했다. 그는 당시의 상황을 이렇게 설명했다.

"그 몇 초 동안 딴생각은 전혀 하지 않았다. 나 자신을 용납할 수 없을뿐더러 그러고 싶은 마음도 없었다. 가족도 생각하지 않았다. 오로지 비행경로를 통제하고 문제를 하나씩 해결해야 한다는 생각뿐이었다. 그리고 마침내 우리는 모든 문제를 해결했다."

그는 자신의 감정에 대해서도 냉철한 영웅 행세를 하지 않았다. 실제로 그는 완전한 몰입을 통해 공포에 더 가까이 다가갔었다고 회상했다. "〔훈련은〕 어딘가에서 침착함을 만들어내는 능력, 직업적 침착함을 불러낼 수 있는 능력을 길러준다. 하지만 우리는 침착하지 못했다. 침착할 수 없었다. 스트레스가 극심했지만, 그 와중에도 임무를 위해 집중해야 했다."

설리는 냉철한 이성을 유지하려 애쓰기보다 순간의 혼돈 속에 자신을 내맡기고, 상황이 전개되는 대로 감지하고 대응하면서 기존의 루틴을 제쳐두고 스트레스가 흘러가도록 내버려두었다. 격앙된 감정이 그의 이성적 판단을 방해하지는 않았을까? 그가 155명의 생명을 구한 것을 보면 알 수 있듯이 그렇지는 않았던 것 같다.

설리의 성공을 이해하는 열쇠는 "스트레스가 심했지만 집중해야 했다"라는 그의 말에 있다. 이 말의 핵심은 해결할 문제에 '스트레스'는 없었다는 것이다. 그의 임무는 자신의 기분을 나아지게 하는 것이 아니라 비행기를 착륙시키는 일이었다. "감정을 '다스리려고' 했다면, 중요한 정신적 자원이 자신을 진정시키는 일과 감정을 조절하는 데에 투입되었을 것이다.

앞서 우리는 많은 사람들이 슬플 때 부정적인 감정을 억제한다는 사실을 발견했다. 감정을 억누를수록 우울 증상이 심해진다는 사실도 fMRI 스캐너를 통해 확인했다. 그러나 감각에 집중하는 훈련을 받은 사람들은 슬픈 영화를 보고 느낀 감각과 중립적인 내용의 장면을 보고 느낀 감각을 같은 수준으로 처리했다. 다시 말해, 감각을 차단하는 것은 우리에게 익숙한 일이지만, 설리처럼 우리도 익숙함을 뛰어넘을 수 있다. 본능에 굴복해 감정을 억누를 때, 우리는 가장 중요한 것으로부터 주의를 분산시킨다. 기대를 충족시키느라 새로운 정보를 받아들일 기회를 놓치는 것이다.

추락하는 비행기를 구하기 위해 설리는 먼저 자신의 감정 상태라는 '문제'를 받아들였다. 그는 자신이 압도적인 스트레스를 받고 있으며, 차분한 조종사가 되는 데 실패했다는 사실을 인정했다. 그런데 부정적인 감정의 수용이 어떻게 부정적인 감정의 영향력을 줄여주는 것일까? 애초에 스트레스가 어떻게 우리를 사로잡는지 이해하면 여기에 대한 답을 얻을 수 있다.

뇌에서 일어나는 일

그동안 뇌가 작동하는 방식을 설명하는 데 여러 은유적인 방식이 사용되어 왔다. 고대 그리스인들은 정신 기제를 일종의 극장으로 생각했고, 프로이트는 수력학을 이용해 정신이 정신적 압력의 축적과 방출을 통해 기능한다고 설명했으며, 인공두뇌학은 뇌를 컴퓨터로 묘사하고, 자기 계발 전문가들은 뇌를 근육으로 취급해 '사용할수록 강해진다'고 찬양한다.

오늘날 신경과학자들은 뇌가 감각 입력과 운동 출력을 일치시키는 복잡한 연결의 태피스트리라며 신경망이라는 은유를 쓴다. 이러한 관점에서 보면 뇌는 언제나 다음 순간에 벌어질 일을 예측해 어떤 공이 오더라도 대처할 수 있도록 우리를 준비시킨다.

감정 연구자인 리사 펠드먼 배럿은 뇌의 처지를 다음과 같이 설명한다. 뇌는 어두운 상자(두개골)에 갇혀 몸과 그 너머의 세계에서 벌어지는 일에 대한 감각적 단서를 받아들인다. 뇌는 감각 공장으로부터 번쩍이는 빛, 뜻밖의 소리, 쓴맛, 자극적인 냄새, 압박감이나 열감 등의 정보를 지속적으로 받는다. 이러한 감각 꾸러미의 기원은 알려지지 않았지만, 각 감각 꾸러미는 무언가 변화가 있음을 암시하며, 뇌는 이러한 변화가 반응을 해야 할 만큼 생존과 관련이 있는지 판단한다.

다행히 우리의 뇌는 감각 꾸러미를 빠르게 분류하고 과거의 경험과 비교하여 원인과 의미를 추론하도록 진화해왔다. 이러한 분류를 통해 뇌는 신체의 생명을 유지하는 반응을 선별하는 임무를 수행한다. 펠드먼 배럿이 말했듯이 뇌는 논리, 즐거움, 정확성을 위해 진화한 것이 아니라 자신에게 거처를 제공하는 신체를 조절하기 위해 진화했다.[1] 만약 해질녘에 공원을 산책하다가 거친 털을 가진 커다란 짐승을 본다면, 당신의 뇌는 다가오는 짐승에 관한 완전한 정보를 입수할 때까지 기다리지 않고 즉시 여러 추측을 한다. 동네에서 코요테가 목격된 적이 있다면 재빨리 뒤로 물러난 다음 어깨 너머를 계속 살펴볼 것이다. 하지만 그때 한 여성이 동물에게 다가가 목줄을 채우면, 짐승이 코요테인지 추측할 필요와 두려움은 사라진다.

우리의 뇌는 상황을 미리 파악하고 필요에 따라 몸이 행동할 수 있도록 준비하기 위해 끊임없이 정보를 생성한다. 순간적인 판단은 종종 틀리기도 하지만, 그렇게 하지 않으면 상황은 더 나빠질 수 있다. 상황 파악에 시간이 오래 걸리면 대응이 늦어질 수 있기 때문이다.

뇌의 관점에서 생각해보면 인간의 동기를 색다르게 이해할 수 있다. 생존을 위해 쏟아지는 정보를 처리하는 뇌를 상상해보라. 앞서 설명한 것처럼 뇌는 신체 내부와 외부 환경의 변화를 인식하고 대응해야 한다. 뇌는 자신이 무엇을 다루고 있는지 어떻게 알 수 있을까?

신경과학적 관점에서 볼 때, 뇌는 끊임없이 추측하고 결과를 처리한다. 현대 과학에서는 이러한 프레임워크를 뇌의 예측 코딩 모델이라고 부른다. 이 모델은 뇌가 어두운 숲속의 잠재적 포식자가 있는 상황뿐 아니라 모든 상황을 이해하는 방법을 설명해준다. 방을 둘러보면 벽, 책상, 의자가 보이지만, 이는 수많은 시각적 자극이 뇌에 전달되고 처리된 결과이다. 눈에 닿은 빛은 전기 화학적 신호로 변환된다. 뇌가 작은 뇌 공장들로 신호들을 보내면 그 공장들은 가장자리를 찾고, 색상을 식별하고, 움직임을 감지한다.

뇌의 아랫부분에서는 사물을 이미 알고 있는 세상의 것과 비교하여 사물에 이름, 의미, 관련 기억을 부여한다. 다른 정보들은 뇌의 상부로 이동하여 사물에 접근하거나, 사물을 피하거나 조종할 수 있도록 사물의 위치를 파악한다.[2] 의자나 책상만 보고 있어도 이 모든 과정은 항상 일어나고 있다. 평범한 물체를 볼 때도 뇌는 가장자리, 모양, 질감을 찾는 비교적 고정된 감각 처리 과정을 수행하면서 어떤 가장자리, 모양, 질감의 조합이 책상 또는 의자라는 이름에 맞는지, 용도가 무엇인지 등 우리가 알고 있는 지식에 맞춰보려고 노력한다. 사물을 보고 식별하는 간단한 행위가 실제로는 그렇게 간단하지 않은 것이다.

대니얼 카너먼은 『생각에 관한 생각』에서 DMN에 기반한 직관(시스템 1)의 '게으름'에 굴복하기보다는 숙고(시스템 2)에 의존하여 판단 오류를 피해야 한다고 주장한다. 섣부른 판단이나 즉흥적인 반응을 경계해야 한다면, 섣부른 지각은 어떨까? 책상을 의자로 착각하지는 않지만, 웃음과 비웃음, 칭찬과 비꼬기, 하품과 으르렁거림처럼 구분하기 모호한 단서가 자동화되면 어떨까?

우리는 자동화된 인식 시스템을 당연하게 여기지만, 인식 시스템을 지원하는 뇌 영역이 손상되면 시각이나 기타 감각을 분류하는 일이 얼마나 복잡한 과정인지 알 수 있다. 올리버 색스의 『아내를 모자로 착각한 남자The Man Who Mistook His Wife for a Hat』는 실인증*으로 감각 정보를 해독하지 못하는 사람들의 모습을 인간적으로 묘사한다. 그의 사례 연구는 감각 정보의 통합이 일상적 기능에 얼마나 중요한지 보여준다. 실인증 환자는 촉각은 정상인데 집 안의 물건을 식별하지 못하거나, 시각은 정상인데 익숙한 얼굴을 알아보지 못하거나, 청각은 정상인데 말소리와 비언어적 소리를 구별하지 못한다. 감각 공장에서는 여전히 감각 꾸러미를 생산하지만 의미가 부여되지 않은 감각은 느낌, 기억, 반응을 불러오지 못한다. (개를 코요테로 착각하는 등의) 실인증 임상 사례는 책상, 의자, 나무, 구름에 이름과 기능을 부여하는 것

---

* 감각 기관에는 이상이 없지만 뇌가 손상을 입어 대상물을 인식하지 못하는 병적인 증상.

이 중요한 게 아니라 우리의 뇌가 사물을 정확하게 식별하고 이름을 붙여야만 그 사물과 상호작용하는 방법을 알 수 있다는 것을 보여준다.

하지만 이름을 붙이는 것만으로는 충분하지 않다. 뇌는 사물이 무엇인지 알게 되면, 두 번째 질문을 떠올린다. 이것이 내게 중요한 것인가? 감각을 분류하는 것은 사물의 물리적 특성을 설명하는 데 도움을 주지만, 감각의 중요성에 대해 말해주지는 않는다. 감각의 경험 하나하나에 의미를 부여하는 주체는 바로 나이다. 뇌의 관점에서 볼 때, 각 인식의 순간은 '이것이 나의 생존과 관련이 있는가?'라는 진화의 역사에서 파생된 원시적인 추론과 짝을 이루어야 한다.

우리의 뇌는 끊임없이 감각을 이해하고 혼돈을 예측 가능하거나 예상 가능한 것으로 바꾸려 노력한다. 우리가 가진 지식의 대부분은 시간이 지나면서 학습된 것이다. 부모가 끓는 주전자를 가리키며 아이에게 "주전자가 뜨거워. 차를 끓이고 있으니 만지지 마!"라고 말하는 상황을 상상해보자. 아이의 뇌는 이 물체를 주전자로 분류하고, 주전자라는 항목에 주의하라는 지침을 포함시켜야 한다. 이러한 지침과 꼬리표를 붙이는 일은 대개 자동으로 이루어지는데, 이는 뒤에서 진행되는 무언가가 우리가 세상을 인식할 수 있게 도와주는 덕분에 가능한 일이다.

그 숨겨진 '무언가'를 이해하는 것이 현대 신경과학의 핵심이다. 예측 코딩 이론에 따르면, 우리의 뇌는 처음부터 새로운 상황을 완벽하게 파악할 시간이 없기 때문에 다음 순간을 지속적으로 예측하고 그것이 맞는지 확인한다. 수백만 번의 반복적인 예측을 통해 연마된 이 능력은 확인이 되었든 되지 않았든, 우리가 같은 방에 마흔 번째 들어갈 때 그 방을 다시 살펴볼 필요가 없는 이유다. 또한 주방에 어떤 물건(식탁, 의자)은 있고 어떤 물건(오리, 폭포)은 없을 것이라고 예상하는 이유이기도 하다. 감각은 우리가 하고 있다는 사실조차 인지하지 못하는 상태에서 보통은 이기는 예측 게임이 되는 것이다.

예측하는 뇌

우리는 우리가 인식하는 주변의 세상이 '실제'라고 가정하고 살아간다. 하지만 우리의 가장 기본적인 인식조차도 보편적인 것이 아니라 매우 특이한 것일 수 있다. 인류학자들은 우리가 사물을 분류할 때 주변 환경을 탐색하는 데 도움이 되는 구체적인 범위까지 예측해왔다는 사실을 오래전부터 알고 있었다. 클로드 레비 스트로스는 『슬픈 열대Tristes Tropiques』에서 아마존 열대 우림의 특정 부족이 사용하는 분류 체계를 설명했다. 이들은 대상을 동물, 채소, 광물 등의 범주로 분류하지 않고 '나무 꼭대기에 있는 것', '나무 아래에 있는 것', '바위와 관련된 것' 등으로 분류한다. 아마도 이 부족에게는 초목 속 어디에서 사물을 찾을 수 있는지가 매우 중요했기에 공식적인 과학적 분류 체계는 아무 소용이 없었을 것이다. 분류의 기준이 부족의 활동과 생존에 직접적으로 영향을 미치는 나무의 열매 패턴이나 대형 동물의 행동 패턴인 부족들도 있다.

많은 사람들에게 눈은 그저 운전하기 전에 앞 유리에서 닦아 내야 하는 하얀 물질에 불과하지만, 캐나다 북부의 이누이트족에게는 눈과 관련된 보다 세밀한 구분과 어휘가 존재한다. 얼어붙은 북쪽에서 온 이 사냥꾼들이 눈을 표현하는 단어는 약 40개에 이른다. 이들은 물을 만드는 데 사용되는 눈인 아니우aniu와 사람이 빠질 수도 있는 대설인 마우자크maujaq를 구별한다. 스웨덴 사람들은 홍수를 예고하는 봄에 내리는 눈 아프릴스뇌aprilsnö와 눈 뭉치로 만들기 쉬운 눈 크람스뇌kramsnö를 구별한다. 두 북부 문화권에서 눈에 대한 지식은 생존에 중요하기 때문에 예측이 구체적이다.

우리는 모두 저마다의 문화적, 생존적 우선순위를 가지고 있으며, 우리의 뇌는 수많은 가능성을 걸러내고 감각이 받은 정보를 바탕으로 가장 근접한 의미에 도달하려 노력한다. 가장 중요한 목표는 기대(세상에 대한 사전 지식)와 감각(현재 순간에 대해 들어오는 정보) 간의 차이인 예측 오류를 줄이는 것이다.

1800년대 철학자 임마누엘 칸트가 처음 소개한 예측 코딩 모델은[3] 수 세기에 걸쳐 훨씬 정교해졌으며 인지 과학의 핵심이 되었다. 이 모델은 인간의 모든 동기가 뇌에서 발생하는 예측 오류를 최소화하려는 노력에서 발생한다고 설명하는데, 이는 일반적으로 우리가 인식하지 못하는 사이에 일어난다.

우리 대부분은 어른이 되면서 자신이 처한 환경에서 안정감을 느끼게 되는데, 이는 우리가 혼란과 불확실성의 순간들을 최소화하여 예측 오류를 해결했으며, 더 이상 침대 밑에 숨어 있는 괴물을 걱정하지 않는다는 신호이다. 그러나 우리는 언제나 낯선 영역에 놓이게 되고, 예상할 수 없거나 기대에 어긋나는 상황에 맞닥뜨리게 된다.

당신의 예측이 당신을 움직인다

예측 오류를 최소화하려는 노력은 동기부여가 된다. 불일치가 행동으로 이어진다는 것이 이 모델의 핵심이기 때문이다. 아침에 일어났는데 시야가 평소보다 흐리다면 눈을 비비거나 안경을 착용하면 된다. 흐릿함이 지속되면 안과 의사의 진찰을 받을 것이다. 평평하고 매끈할 것으로 예측한 바닥에 발을 디뎠는데 레고 블록의 날카로운 모서리에 찔렸다면 즉시 발에 가해지는 압력을 줄여야 한다(심각한 조직 손상이 일어나기 전에). 집에 들어왔는데 이상한 냄새가 나면 가스 누출을 의심하고 조치를 취한다. 친구의 얼굴을 보는데 예상과 달리 눈빛이 밝지 않다면 뭔가 잘못되었다고 생각하고 도와주고 싶은 마음이 생긴다. 매일 같은 업무를 수행하면서 아무런 감정을 못 느끼다가 어느 날 마음 깊이 도사린 비애와 분노를 발견하고 놀랄 수도 있고 이후 다른 일을 찾고 싶은 동기를 느낄 수도 있다.

다시 말하지만, 우리가 놀라거나 화를 내는 이유는 이러한 예측 구조가 우리를 생존에 필요한 변화로 이끌기 때문이다. 예측 실패에 대한 가장 일반적인 반응이 능동적 추론이다. 우리는 놀란 느낌(예측 오류)을 무엇인가 잘못되었고, 이를 해결하기 위해 조치를 해야 한다는 의미로 해석한다. 이것은 예측과 현실을 일치시키기 위한 고전적인 서구식 방법이다.

예상을 깨는 일은 능동적 추론으로 이어졌고 많은 위대한 업적이 여기에서 탄생했다. 자신의 이름을 딴 상을 만든 19세기 발명가 알프레드 노벨의 사례를 보자. 그는 생전에 다이너마이트를 발명했고 그의 발명 덕분에 공학 및 건설 분야는 큰 발전을 이루었다. 그러나 그는 19세기 후반 최초로 군비 경쟁을 부추긴 악명 높은 무기 거래상이기도 했다. 그러다 한 프랑스 신문이 그가 사망했다고 오보를 내면서 그는 자신을 돌아볼 기회를 얻었다. 사실 세상을 떠난 것은 그의 동생 루드비히였다. 잘못된 부고는 "죽음의 상인이 죽었다"라며 노벨의 발견이 엄청난 고통을 초래했다고 비난했다. 노벨은 경악을 금치 못했지만 다행히 아직 행동할 시간은 남아 있었다. 얼마 지나지 않아 그는 유언장을 수정해 자신의 재산의 94퍼센트를 노벨 재단을 설립하는 데 기부하겠다고 밝혔다. 노벨상은 이후 뛰어난 세계 인재들에게 동기를 부여해왔다. 노벨은 (적어도 자기 자신이 보기에는) 예상치 못하게 악당이 된 당혹감에서 벗어나 선하고 가치 있는 기여자라는 서사를 만들기 위해 행동에 나섰던 것이다.

우리는 성인으로 기능하기 위해 능동적 추론을 배웠다. 능동적 추론은 현대 사회의 축소판이기도 하다. 세상이 우리의 기대에 어긋날 때 우리는 세상을 바꾸려고 노력하며, 많은 경우 이것은 훌륭한 전략이다. 레고 조각은 위험함으로 발에 박힌 레고 조각을 꺼내고 발에 밟힐 만한 조각이 또 있는지 살펴본다. 우울한 친구의 기운을 북돋우기 위해 위로의 말을 건네기도 한다. 직장에서 예상치 못한 분노와 불만족을 느끼면 새로운 회사를 알아보기도 한다. 이처럼 예측과 감각 사이의 오차를 줄이기 위해 행동할 수 있을 때, 우리는 자신의 행동이 변화를 가져오는 느낌인 주체감agency을 경험한다.

심리적 관점에서 볼 때, 자신의 운명을 스스로 결정할 수 있다는 믿음은 웰니스 퍼즐의 큰 조각이다. 자신을 응원하는 사람들과 함께하거나, 불리한 상황에서도 스포츠 경기에서 뛰어난

성적을 거두거나, 암을 극복하기 위해 화학 요법의 부작용을 견디는 등의 행동은 우리가 우리 자신의 운명을 결정하는 역할을 한다는 믿음을 강화한다.

미국의 올림픽 피겨 스케이팅 금메달리스트인 스콧 해밀턴은 선수 생활을 하면서 4만 1,600번 넘어졌다고 했다. "재미있는 건 다시 일어난 것도 4만 1,600번이라는 사실이죠. 그것이 바로 여러분이 만들어야 하는 마음의 근육, 일어나야 한다는 것을 상기하는 근육입니다."[4]

해밀턴의 조언을 그저 힘든 훈련으로 치부하기 쉽다. 어쨌든 그는 올림픽 선수니까. 하지만 우리는 해밀턴의 사례에서 그가 넘어지고 일어나는 과정을 통해 실패를 개별적인 사건이 아니라 자신이 선택한 긴 여정의 필요불가결한 부분으로 인식했다는 교훈을 얻을 수 있다. 넘어지는 것은 그가 여정을 계속하고 있음을 상기했고, 일어서는 것은 그 여정의 다음 단계에 불과했다.

해밀턴처럼 능동적 추론을 할 때 우리는 주사위를 던져 달콤한 주체성을 획득하고 주변 세계를 우리의 이상에 맞게 형성하면서 질서의식을 회복하려 시도한다. 하지만 세상을 변화시켜 주체성을 확보하는 데는 실패의 위험이 따르고 그 시도가 현명하지 않을 때도 있다. 예를 들어, 우리 중 누군가가 스콧 해밀턴의 말을 듣고 스케이트를 타고 빠른 속도로 이동하면서 백플립을 시도한다고 해도 통제감이나 주체감을 느끼기는 어려울 것이다. 주체성은 멋진 말이지만, 세상을 통제하고 변화시킬 수 없을 때는 무엇을 해야 할까?

능동적 추론에 실패할 때

문제를 해결하려는 능동적 추론은 뜨거운 가스레인지에서 손을 떼야 할 때나 혈당이 급격히 떨어지고 짜증이 나서 샌드위치를 먹어야 할 때 유용하다. 하지만 능동적 추론이 실패로 이어질 때 우리는 막막한 기분과 절망감을 느낀다.

능동적 추론으로 해결할 수 없는 문제를 능동적 추론으로 해결하려 들 때가 있다. 대표적인 예가 이미 일어난 일을 바꾸고 싶을 때다. "아버지는 왜 나보다 동생을 더 사랑하셨을까?"라는 질문은 우리가 어떤 행동을 통해 바꿀 수 있는 상황을 설명해주지 못한다. 마찬가지로 아직 일어나지 않았고 앞으로도 일어나지 않을 일을 해결할 수는 없다. 그렇기 때문에 "어떻게 하면 휴가를 떠난 동안 아무 문제가 일어나지 않게 할 수 있을까?"라는 질문은 불안감만 키운다. "왜 예전처럼 서브를 잘할 수 없을까?"라는 질문도 쓸모없는 질문이다. 능동적 추론은 노화에 아무런 영향을 미칠 수 없고, 분노는 괴로움을 초래하기 때문이다. 세상을 바꾸기 위해 아무리 노력해도 과거를 지우거나 미래를 보장하거나 자연의 법칙을 바꿀 수는 없다. 일상적인 문제일지라도 문제를 통제하는 것이 유일한 선택지라고 믿는다면 좌절감에 빠지고 저항에 갇히게 되며, 사업가 샤니스의 사례에서 보았듯이 파멸을 초래할 수도 있다.

실제로 많은 정신 건강 장애는 능동적 추론이 실패한 결과다. 학습된 무력감은 우울증에 관한 연구에서 유래한 개념으로, 능동적 추론을 통해 문제를 해결하는 데 거듭 실패한 사람이 자신의 문제를 해결할 수 없는 것으로 간주하기 시작할 때 발생한다. 1970년대 후반 동물 연구에서도 이러한 패턴이 재현되었다. 수조에 던져진 쥐는 안전한 발판을 찾기 위해 미친 듯이 헤엄친다. 하지만 발판이 없는 수조에 계속 던져지다 보면 헤엄이나 탐색을 시도조차 하지 않게 된다. 그러다가 발판이 있는 수조에 던져져도 패배적인 태도를 보이며 탐색을 하기도 전에 익사하고 만다.

인간은 더 똑똑하다고 생각할지도 모르지만, 능동적 추론의 실패를 극복하는 데 있어서는 실험용 쥐보다 나을 것이 없다. 학습된 무력감은 우울증 환자가 가까이 있는 자원과 지원의 가치를 평가 절하하는 이유를 설명한다. 집 밖으로 나가 조깅을 하거나 친구에게 전화를 걸어도 어차피 달라질 것이 없다는 결론을 내리면 아무런 의미가 없다. 우울증을 앓고 있는 사람은 능동적 추론에 거듭 실패한 경험 때문에 자신의 미래에 대한 가능성을 닫고 주변의 가능성도 보지 못한다.

기대를 업데이트하는 방식

2013년 봄, 노만은 매사추세츠 애머스트대학교에서 열린 신체 내부 상태를 감지하는 내부 감각에 관한 싱크탱크에 초대받았다. 고대 명상 기법에 대한 과학적 탐구를 사명으로 하는 '마음과 생명 연구소Mind and Life'가 후원한 콘퍼런스였다. 임상 신경과학 연구자, 명상, 요가, 기공 연구자 등 다양한 분야의 전문가들이 참석했다.

사람들은 다양한 관점을 결합하여 (예상대로) 능동적 추론이 지배하는 서양 의학에서 균형을 찾으려 노력했다.[5] 의학적인 관점에서 볼 때, 아프거나 건강하다는 느낌은 내부 감각이라고 하는 신체의 감각에서 비롯된다. 반면에 명상적 관점에서 볼 때, 이러한 신체 인식은 자신의 정신적 습관을 보다 명확하게 볼 수 있는 토대가 된다. 몸에 대한 관념에 의존하지 않고 순간의 감각을 관찰하면, 영속성이나 반복보다는 변동과 새로움이라는 색다른 이야기를 들을 수 있다. 서양에서 내부 감각은 문제를 해결하고 의사결정을 내릴 때 더 나은 주체가 될 수 있게 해주는 존재다. 하지만 동양에서는 우리가 무언가를 통제할 수 있다는 기대인 주체성에 대한 욕구를 줄이면 많은 질병을 완화하고 통찰의 기회도 얻을 수 있다고 본다.

싱크탱크 세션은 내부 감각을 이해하는 방법으로서의 예측 코딩에 대한 논의로 시작되었다. 서양의 과학과 의학에서 내부 감각(그리고 일반적인 감각)의 핵심은 능동적 추론을 촉진하는 것이다. 통증을 느끼면 이를 완화하기 위해 노력해야 하듯이 말이다. 우리 몸이 보낸 메시지에서 예상치 못한 것을 인식하면, 우리의 의식은 생리의 불균형을 인식하고, 분류하며, 고치려고 한다. 의학의 성공은 신체가 뜻밖의 원치 않는 신호를 보내는 것을 예방하는 데 달려 있다. 정신과 치료는 압도적으로 나쁜 감정이 들지 않도록 막았다면 성공했다고 할 수 있다. 만성 통증 치료는 중독이나 섬망에 빠지지 않으면서 감각이 둔화될 정도로 진통제를 조절했다면 성공이다. 임종 과정을 다루는 의학 분야인 완화 치료 역시 고통의 원인을 적극적으로 제거하고 임종을 편안하게 맞이하게 하는 것이다.

그러나 관조적인 문화에서 온 사람들에게 뜻밖의 감각은 세상보다 자기 자신을 변화시킬 기회다. 놀라움의 원인을 없애는 대신, 애초에 자신을 놀라게 한 것을 탐구하거나 찾으려 노력하고, 어긋난 기대에 분노하기보다는 기대를 조정한다. 최초로 뇌의 예측 코딩 모델을 제안한 연구자들은 놀라움에 대한 반응으로 세상을 우리의 기대에 맞추려 하지 않고 우리의 기대를 업데 이트한다는 개념의 '지각적 추론'이라는 용어를 고안했다. 지각적 추론은 상황이 생각했던 것과 다르다는 사실을 깨달았을 때 무작정 밀고 나가는 게 아니라 사고를 전환할 기회를 제공한다.

우리가 태어나서 처음에는 지각적 추론밖에 할 수 없다. 지각적 추론은 사물이 존재하고 서로 분리되어 있음을 아기가 인식하는 과정이다. 색상과 질감이 뒤섞여 있는 시야에서는 명확하게 식별할 수 있는 것이 없으므로 아무것도 예측할 수 없다. 하지만 시야를 병, 곰인형, 공과 같은 개별적 개체로 나누면 혼란은 크게 줄어든다. 움직일 때마다 시야의 경계가 바뀌고 똑같은 경계가 보여도 더 이상 놀라지 않게 된다. 사물의 영속성에 대해 배우기 시작하고, 세상에 정말 다양한 것들이 존재한다는 사실을 알게 되는 것이다. 예상치 못한 것을 최소화하기 위해 기대를 업데이트할 때마다 우리는 거의 무의식적으로 이루어지는 추론 과정에 참여하게 된다.

어린아이가 세상을 이해하는 데 필수적인 요소가 지각적 추론임에도 불구하고, 과학자들은 성숙한 유기체의 고차원적 의사결정에서 지각적 추론이 하는 역할을 등한시해왔다. 이미 식탁과 의자, 영양가 있는 음식과 독사가 있다는 사실을 알고 있는데, 주변 세계를 새롭게 이해하기 위해 기대를 계속 업데이트하는 것이 무슨 의미가 있단 말인가? 서양에서는 능동적 추론으로의 전환이 중요하다는 의견이 지배적이었다. 내가 지각한 바가 놀라움을 줄이기 위해 어떻게 행동해야 하는지 알려준다는 것이다. 배에 통증이 느껴지면 밥을 먹어야 하고, 헷갈리면 질문을 하고 더 많이 배우려 노력해야 한다. 누군가에게 상처를 받았다면 맞서거나 피해야 한다. 우리는 예상치 못한 일이 발생할 때 이에 대한 반응으로 상황을 예상했던 것과 일치시키려 한다.

하지만 성인이 건강한 생활을 영위하기 위해 중요한 지각적 추론이 등한시되고 있음을 깨달아야 한다는 것이 이 싱크탱크가 내놓은 주요 통찰이었다. 능동적 추론을 통해 놀라움을 줄일 수 있다는 사실을 인정하면서도, 지각적 추론 역시 뜻밖의 상황에 대응하는 가치 있는 선택지를 제공할 수 있음을 강조한다. 먹고 싶은 충동을 느끼면 정말 배가 고픈 것인지, 아니면 단순히 지루하거나 불안해서 그런 것인지, 저절로 그 느낌이 가라앉을지 의문이 들 수 있다. 혼란스러울 때는 앉아서 마음을 진정시킨 다음 이해가 되는지 지켜볼 수도 있다. 누군가 나에게 상처를 주었다면 어떻게 이런 상황에 처하게 되었는지 생각해보고 여러 대안을 모색한 다음 개시할 행동을 결정할 수 있다. 다시 말해, 내 안에서 감지되는 감정, 타인의 의도나 동기 등 객관적이지 않은 것들과 관련해서는 이름과 분류를 업데이트할 수 있는 여지가 충분하다.

일반적으로 서구 문화에서는 지각적 추론을 일상을 탐색하는 유용한 접근법으로 보지 않는다. 우리는 태도와 감정을 식탁이나 의자와 같은 실제 사물로 간주한 다음 슬픔, 분노, 걱정 등으로 분류하고 더 이상 그런 감정을 느끼지 않도록 행동하려는 동기를 얻는다. 변화해야 할 대상이 우리의 기대일 수도 있다는 점을 잘 고려하지 않는 것이다.

적응 전략을 세우거나 자신의 감정을 읽는 것이 잘못된 것은 아니다. 배고플 때 밥을 먹고, 불의를 목격했을 때 목소리를 내고, 불쾌한 사람이나 위험한 상황을 피하는 것은 좋은 생각이다. 하지만 예상치 못한 사건의 부조화를 줄이기 위해 세상을 바꾸려 할 때, 우리는 계속해서 놀라게 되고, 괴로움을 느끼며, 우리의 예측은 빗나간다. 우리의 행동이 불일치를 해결하지 못할 때도 있다. 방해가 된다고 누군가에게 소리를 지르기도 하고, 어리석게 행동하고 난 뒤에 기분이 나빠지기도 한다.

이처럼 능동적인 추론을 따랐는데도 바꾸어야 하는 우리의 감각에 변화가 없을 때는 우리의 기대가 바뀌어야 한다는 신호다. 타인의 행동이 잘못되었다거나 느껴지는 감정을 느끼지 말아야 한다고 말하는 것은 이러한 악순환의 탈출구가 아니다. 상황을 해결하려면 실제로 벌어지는 일을 보여줄 더 나은 모델이 필요하다. 우리가 시대에 뒤떨어진 모델을 고집하는 한, 우리는 계속해서 같은 틀에 갇혀 있는 자신을 발견하고 놀라며 불쾌한 감정을 느낄 것이다.

현대 서구 사회가 지각적 추론을 중시하지 않는 이유는 지각적 추론을 활용하는 방법을 둘러싼 혼란 때문일 수 있다. 서양 문화에서는 자신의 인식을 개선하는 것이 항복 또는 체념이라는 편견을 가지고 있다. 그러나 질문과 세계에 대한 우리의 묘사를 절충하는 기술은 관조적인 다른 문화권에서는 핵심 기술이다. 감각을 주의 깊게 살펴보자. 나의 자동적인 해석에 대한 대안으로는 어떤 것들이 있을까? 관조의 가치는 여러 과학 문헌에서 찾아볼 수 있다. 감각을 돌아보고 새로운 의미를 찾는 기술을 실천하는 사람들은 대개 더 건강하고 행복하다. 일터에서 일반적으로 요구되는 사항들을 고려할 때 가장 좋은 방법은 능동적 추론과 지각적 추론 사이에서 균형을 잡는 것이다. 하지만 먼저 균형을 어떻게 잡는지 배울 필요가 있다.

변화에 귀를 기울일 때

지각적 추론은 감각을 중시하는 데서 시작된다. 나이가 어리거나 권력이나 지위가 낮은 사람일수록 자신이 세운 모델이 세상과 일치하지 않을 때 지각적 추론을 한다. 우리는 매일 아침 생일 케이크를 먹는 것이 합리적인 기대가 아니라고 배운다. 아침 식사로 케이크를 먹는 것이 왜 건강에 좋지 않은지 듣고 자라면서, 아침 식사로 케이크를 먹지 말라는 것이 좋은 조언이 며, 건강을 유지하기 위해서는 우리가 원하는 감각에 경계를 설정해야 한다는 것을 인식하게 된다. 반면에 케이크를 빼앗으면서 "내가 안 된다고 했으니까 안 돼"라고 말하는 보호자는 아이의 행동을 통제할 수는 있지만, 아이는 이러한 경험을 통해 강한 사람은 무엇을 먹을지 결정할 수 있는 사람을 의미한다는 개념을 내면화하게 된다. 두 경우 모두 아이는 기대한 것을 왜 얻지 못했는지 이해해야 하지만, 이때 지각적 추론이 미래의 식사 경험에 대한 모델을 좌우한다.

문제는 우리가 수긍할 수 있는 방식으로 모델을 업데이트하는 이상적인 경험을 자주 하지 못한다는 데 있다. 우리는 자신의 힘이 부족한 것을 원망하면서 바꿀 수 없는 현실을 어쩔 수 없이 받아들이는 상황을 훨씬 자주 접하게 된다. 이것은 일종의 모델 업데이트이고 지각적 추론이지만 빗나간 기대를 해결하지는 못한다. 우리는 여전히 세상을 원하는 대로 바꿀 수 있기를 바라며, 우리에게 그럴 힘이 부족하다고 추론한다. 그래서 성인이 되고 사회적 지위가 올라가고 자율성을 갖게 되면 지각적 추론을 무력감을 느꼈던 초기의 경험과 연결하고 다시 활용하려 하지 않는다.

그런데 우리가 세상에 대한 모델을 업데이트해야 할 필요성을 받아들이고 그러한 변화를 수용하려 해도 지각적 추론이 무거운 짐처럼 느껴질 수 있다. 정신 모델을 업데이트하는 데는 문화적으로 허용되는 기대나 예측을 깨는 비용이 수반되기 때문이다. 기대를 바꾸는 것이 옳을 때도 외부 세계에서는 이를 강압, 괴롭힘, 억압 또는 굴복으로 해석할 수 있다. 하지만 이런 압력에도 불구하고 지각적 추론을 하는 사람들이 간혹 있다.

애쉬 바티는 프로 테니스에서 은퇴하기로 선언했을 때 겨우 스물다섯 살이었고 당대 세계 최고의 여자 테니스 선수였다. 대부분의 운동선수들은 몸이 망가질 때까지 선수 생활을 이어간다. 하지만 호주의 여성 테니스 선수로는 수십 년 만에 윔블던과 호주오픈에서 모두 우승한 바티는 큰 부상도 없이 정상의 자리에서 미련 없이 떠났다. 그녀가 벌 수 있었던 수익을 생각하면 형편없는 결정처럼 보일 수도 있다. 하지만 그녀의 추론은 완벽하게 이해가 된다.

"제게 성공이란 스스로 최선을 다했다는 것을 아는 것입니다. 자기 자신의 능력을 최대한 끌어내기 위해 얼마나 많은 노력이 필요한지 저는 잘 알고 있습니다. 팀원들에게도 여러 번 말했지만 제게는 더 이상 그런 능력이 남아 있지 않습니다. 더 이상 육체적 추진력이나 감정적 욕구, 최고에 도전하기 위해 필요한 것들을 가지고 있지 않아요. 저는 알고 있습니다. 제가 정말 지쳤다는 걸요. 육체적으로

제가 더 이상 할 수 있는 게 없다는 사실을 알고 있고, 그
것이 제게는 성공입니다."

바티가 테니스계에서 부상할 수 있었던 이유 중 하나는 내면
에 강력한 경쟁심, 그녀의 표현을 빌리자면 '감정적 갈망'을 품
고 있었기 때문이며, 그 갈망은 그녀에게 경쟁자들보다 열심히
훈련하는 원동력이 되어주었다. 그런데 목표를 달성하는 과정
에서 변화가 생겼다. 그 갈망이 일부 채워진 것이다. 다음 대회
를 준비하려 할 때 그녀는 예측 오류를 경험했다. 테니스가 더
이상 예전처럼 강렬하게 느껴지지 않았던 것이다.

바티는 열정이 사라진 것을 무시하거나 새로운 동기를 만들
어내려고 애쓰지 않고 자신의 감정이 변했다는 사실을 받아들
였다. 경쟁이 동기를 부여하는 힘을 잃었다는 지각적 추론에 확
신을 가진 그녀는 윔블던이나 호주오픈에서 우승을 거두는 등
의 성과를 얻기 위해 하는 고된 훈련이 더 이상 합리적이지 않
다는 능동적 추론을 했다.

그녀가 대단한 이유는 그녀가 외부로부터 엄청난 압박을 받
고 있었으며, 훈련을 줄여도 상금과 후원을 계속 받을 수 있었
음에도 이런 생각을 했기 때문이다. 엘리트 운동선수들은 같은
산을 오르는 수천 명의 사람들보다 강하게 밀어붙일 수 있는 원
동력을 찾아야 한다. 하지만 바티의 이야기를 들어보면, 그녀는

부모나 코치의 강요로 테니스 신동이 된 선수가 아니었다. 그녀가 단순히 '재능이 있다'거나 '타고났다'는 표현보다는 '진정성 있다'는 표현을 자주 듣는 이유도 내면의 방향성 때문일 것이다. 바티는 자신의 진정성을 유지하기 위해 자신의 몸과 감정에서 일어나는 변화에 귀를 기울였고, 충분히 해냈다는 사실을 깨달았다. 새로운 자극에 지각적 추론으로 반응하지 못하는 수백만 명의 사람들이 헨리 데이비드 소로가 말한 '조용한 절망의 삶'을 살아가는 세상에서 바티의 행동은 그녀를 희귀한 존재로 만들었다.

조용한 절망의 문제는 언젠가 모든 것이 감당하지 못할 정도로 커진다는 점이다. 메릴랜드 정신의학 연구소의 소니아 반살은 지각과 현실 사이의 부조화에 적응하지 못하는 극단적인 사례에 관심이 있었다. 그녀와 동료들은 정신분열증 환자들이 자신의 정신 모델과 모순되는 증거를 보고도 경직되거나 왜곡된 신념을 고수하는 이유를 탐구했다. 그녀는 정신분열증이 있는 집단과 없는 집단에게 컴퓨터 화면에서 보이는 점의 방향을 말해달라고 요청했다. 실험이 반 정도 진행된 상태에서 점이 움직이는 방향이 90도 바뀌었다. 이때 조현병 환자는 건강한 참가자보다 더 자주 변화를 놓쳤다. 망상과 환각이 강할수록 이러한 경향은 지속됐다.

반살 박사의 연구에 따르면 우리가 감각과는 매우 다르게 여기는 우리의 신념도 동일한 원리로 작동한다. 새로운 정보를 받아들이지 못하면, 낡은 관점에 계속 의존하므로 변화가 일어나도 이를 활용할 수 없다. 그러면 결국 끊임없이 변화하는 세상에서 점점 더 소외감을 느끼게 된다.

업데이트가 필요한 순간

설리 기장과 애쉬 바티의 인생에서 가장 힘들었던 순간을 자세히 살펴보면 한 가지 공통점이 눈에 띈다. 두 사람은 세상을 향해 행동에 나서기 전에 감각이 중요한 역할을 하는 것을 허용했다. 설리 기장은 비행기를 착륙시키는 데 집중하기 위해 원치 않는 스트레스를 그대로 두었다. 바티는 승리에 대한 열망이 시들해졌다는 사실을 인정했다. 우리는 이러한 수용의 순간에 그들의 정신적 모델이 바뀌면서 놀라운 일이 가능해졌다고 믿는다. 하지만 우리는 어떻게 해야 할까? 업데이트가 필요한 것은 세상이 아닌 세상에 대한 우리의 인식이라는 사실을 깨닫는, 덜 극적이지만 똑같이 강렬한 순간을 맞이해야 한다.

바쁜 금요일 오후, 마트에서 계산을 하려고 줄을 서 있다. 물건을 올려놓고 더듬거리며 신용카드를 찾다가 신용카드가 없다는 사실을 깨닫는다. 이때 속이 울렁거리기 시작하고, 저녁 식사 계획이 날아간다. 계산원이 '현금으로 하실래요? 신용카드로 하실래요?'라고 묻는 눈빛을 보낸다. 줄을 선 사람들은 의아해하며 모종의 눈빛을 주고받기 시작한다. 그런 다음 무슨 일이 벌어질까? 공황 발작이 일어날까? 스스로 바보라고 자책할 것인가? 카드를 두고 온 것에 대한 핑곗거리를 찾을까? 가장 중요한 것은 당신이 용납하기 힘들고 부끄러운 순간을 반복 재생하면서 주말 전체가 망가진다는 것이다.

이 시나리오에서는 능동적 추론은 선택 사항이 아니다. 기적적인 도움이 일어나지 않는 한, 식료품값을 지불할 방법은 없으므로 간단한 해결책을 찾기 위해 머리를 쥐어짜는 것은 도움이 되지 않는다. 하지만 지각적 추론은 큰 도움이 된다. "아, 카드를 깜빡했구나. 당황스럽네. 집에 가서 가져와야겠어"라고 말할 수 있다면 얼마나 안도감이 들지 상상해보라. 식료품값을 지불한다는 기대 행동을 할 수 없다는 것이 분명한 상황에서 어떻게든 계산을 하겠다고 버티는 것은 도움이 되지 않는다. 차라리 뒤에 줄 서 있는 사람들을 생각해서 일단 구매를 보류하는 편이 훨씬 낫다. 다른 사람들 앞에서 조금 어리석어 보인다고 세상이 끝나는 것은 아니니까. 불편을 끼친 것을 사과하고 돌아올 때까지 카트를 맡아달라고 계산원에게 부탁하면 된다. 계산원이 자주 있는 일이라며 상황을 정리해줄지도 모른다.

마법의 순간은 기적적으로 카드가 발견되는 순간이 아니

라 불가능한 소원을 비는 것을 멈추고 현재 상황을 받아들이는 순간이다. 그 순간 당신의 세상은 달라진다. 스트레스 지수는 10에서 3으로 내려가고 다시 행동할 수 있게 된 당신은 집에 가서 카드를 찾거나 다시 신청할 수 있다. 실수는 절대 용납할 수 없다는 정신 모델을 업데이트하기만 하면 된다. '실수는 인간적인 것'이라는 현실을 받아들이면 어깨에서 큰 짐을 덜 수 있다. 그런 이유에서 아이들의 정서 발달을 염려한 어린이 TV 프로그램 〈세서미 스트리트〉에서는 "오, 누구나 실수를 해, 그래 실수를 하지"라고 반복해서 노래하는 장면이 등장하기도 한다. 우리는 이 사실을 알고 있다. 하지만 자신의 실수를 받아들이고 앞으로 나아가는 데는 지각적 추론이라는 노력이 필요하다.

고통받는 사람들에게

자해와 같이 정서적 고통을 극단적으로 표현하는 사람들에게도 지각적 추론은 효과적인 치료 방법이다. 이러한 사람들은 트라우마나 학대, 감정 조작 경험으로 형성된 강력한 예측 모델을 가지고 있으며, 이로 인해 상당한 고통을 겪어왔다. 자해는 면도칼로 긋기, 담뱃불이나 성냥으로 지지기, 주먹으로 때리기 등 다양한 형태로 나타날 수 있으며, 가장 극단적인 형태는 자살이다. 자해에 대한 이해는 최근까지도 깊지 않았다. 자해를 하는 사람들은 극단적으로 보이는 행동에 목적이 있다고 말한다. 정서적 고통을 신체적 고통으로 전환하는 데는 상당한 대가가 따르지만, 이는 트라우마에 시달리는 개인에게 표현의 수단과 안도감을 제공한다.

워싱턴대학교의 저명한 임상 심리학자이자 변증법적 행동치료DBT의 창시자인 마샤 리네한은 10대 시절 자해를 시도했다. 사회적으로 위축된 상태였던 그녀는 열일곱 살이던 1961년에 벽에 머리를 박는 등의 행위로 병원 치료를 받았다. 병원에 입원해 있는 동안 그녀는 약물 투여, 수 시간에 달하는 정신 분석, 30회의 전기경련요법 등의 고된 치료를 받았지만 별다른 효과를 보지는 못했다. 2년 후 퇴원했을 때 그녀는 자신의 독특한 이력에 맞는 치료가 필요하다는 확신을 갖게 되었다. 그녀는 어떤 감정이 어떤 생각으로 이어져서 자해 행위를 초래했는지 파악하고 싶었다. 자신의 정신 모델을 이해해야만 그 사슬을 끊고 격렬한 내적 혼란에 대처하는 새로운 행동을 배울 수 있을 거라 믿고 연구했다. 하지만 어떻게 이런 상태에서 자신의 마음을 이해할까? 그것은 마치 강풍이 몰아치는 바다 한가운데 있는 배의 조난 신호를 해독하는 것과 같았다.

그녀는 먼저 문제를 해결하려는 시도를 멈추지 않고서는 그 어떤 것도 고칠 수 없다는 것, 다시 말해, 혼란을 받아들이는 것이 출발점이라는 통찰을 얻었다. 그녀는 삶을 원하는 대로가 아니라 있는 그대로 인정하는 것을 '급진적 수용'이라고 불렀다. 급진적 수용을 위해서는 선불교 수도원이나 점집에서 볼 수 있는 종소리나 향은 필요하지 않다. 그것은 아이들이 세상을 배우는 방식인 예측 코딩 모델에 내재되어 있다. 문제는 우리가 성인이 되면서 수용의 역할을 폄하한다는 것이다.

지각적 추론과 함께 변증법적 행동치료에서 가르치는 급진적 수용 기술은 고통에 대응하는 첫 번째 단계로 감각 포화와 탐색을 강조한다. 기꺼이 하기, 고통 감내 등의 기술은 몸에서 느껴지는 분노, 충동성, 수치심 등의 감정이 불편하게 느껴질 때에도 의도적으로 이 감정들과 연결되는 방법을 가르쳐준다. 그렇게 해야만 이러한 정신 상태와의 관계를 개선하고 이전의 방어적 습관에만 의존하지 않는 방식으로 대응할 수 있다.

리네한의 업적이 매력적인 이유는 효과적인 치료법이 거의 없던 시절에 자해하는 사람들의 삶을 개선했기 때문이다. 그녀는 자해와 경계성 인격 장애를 치료하는 수단인 변증법적 행동치료를 제공하고 그 근거를 확립함으로써 자해와 경계성 인격 장애 치료의 지평을 넓혔다.

1980년대와 90년대에 리네한은 다른 적극적인 치료법과 비교하여 변증법적 행동치료를 엄격하게 평가하는 무작위 대조군 임상시험을 실시했다. 한 연구에서 그녀는 변증법적 행동치료를 받은 사람들의 치료 결과와 지역사회에서 전문가에게 치료를 받은 사람들의 치료 결과를 비교했다. 연구 결과 변증법적 행동치료를 받은 사람들은 입원 횟수가 적었고, 치료 시간이 짧았으며, 자살 시도 횟수도 적었다. 전문가들은 부정확한 생각을 '다시 쓰도록' 고안한 능동적 추론 전략에 헌신했지만, 믿기 힘들 정도로 단순한 급진적 수용 행위가 치유로 향하는 길을 만들어냈다. 이를 통해 리네한은 능동적 추론 전략이 도움이 되지 않는 수많은 사람들에게 희망을 선물했다.

자해를 고려할 만큼 억눌려 사는 기분을 느낀 경험이 있든 없든, 우리의 뇌는 같은 방식으로 작동한다. 누구나 자신이 처한 상황을 바꿀 수도, 벗어날 수도 없는 상황에 직면하곤 한다. 변증법적 행동치료에서 실시하는 지각적 추론 방식은 고통의 정도와 상관없이 누구나 적용할 수 있다.

🔘 스위치 ON

감각의 톤 찾기

우리가 유연해지기 위해서는 자신의 정신적 모델이 정확한지 의문을 제기할 수 있어야 한다. 다시 말해, 행동에 뛰어들기 전에 지각적 추론을 준비해야 한다. 이는 격렬한 감정을 느낄 때

이를 해결하기 위해 성급하게 행동하기보다 감정을 탐구해야 한다는 뜻이다. 자신이 남들보다 못하다는 생각에 화가 나거나 모멸감을 느낄 때, 이러한 감정 상태를 밀어내지 말고 몸의 어느 부분에서 고통이 느껴지는지 주의를 집중하라.

3장에서는 예측과 분류를 뛰어넘어 감각의 흐름을 모니터링했다. 이제 각 감각에 수반되는 미묘한 톤을 살펴본다. 감각의 톤은 감각의 분류나 아이디어라기보다는 감각을 더 원하거나(따뜻한 욕조에 몸 담그기, 초콜릿 한 입 먹기, 좋아하는 노래의 첫 소절 듣기), 덜 원하거나(뜨거운 가스레인지 만지기, 썩은 과일 깨물기, 화재 경보 듣기), 무관심하거나(스웨터 입기, 물병에 있는 물 마시기, 고속도로에서 광고판 보기) 세 가지 중 하나를 하려는 성향을 말한다.

감각과 관련된 톤이 있다는 사실을 아는 것만으로는 큰 도움을 받을 수 없다. 하지만 실제로 감각과 함께 떠오르는 '좋아', '싫어', '그저 그래'의 순간을 명명하면 반응의 필요성을 줄일 수 있다.

본능적인 감각에 주의를 기울이는 일은 사소한 일처럼 보인다. 우리는 이미 우리의 감정에 대해 잘 알고 있지 않은가? 어쩌면 원하는 것보다 더 많이 알고 있을지도? 하지만 감각에 대한 우리의 반응을 업데이트하는 행위는 지각적 추론이다. 분노든 혐오감이든 어떤 감정을 인식하면 일반적으로 그 감정에 수반되는 행동과 감정을 분리할 수 있다. 습관의 집에서 감정을 해

방시키는 첫 번째 단계는 감정을 다른 곳으로 옮기는 것이다.

1. 시각의 톤 느끼기. 관찰할 수 있는 개방된 공간을 찾는다. (실내에 있다면 창밖을 보자) 잠시 전체 풍경을 살펴본다. 이제 시야에 있는 물체 중 가까이 있거나 멀리 있는 물체를 하나 선택해 눈에 띄는 시각적 요소에 집중한다. 예를 들어, 건물에 집중한다면 어두운 부분과 밝은 부분, 그림자와 햇빛, 매끄러운 부분과 질감이 느껴지는 부분, 돌, 유리, 높이, 너비 등 눈에 띄는 부분에 주목하라. 그런 다음 자신의 반응을 평가하라. 이러한 특징중 마음에 드는 부분이나 싫은 부분이 있는가? 관심이 가지 않는가? 당신의 반응에 따라 계속 보고 싶다는 호기심이 어느 정도 생기는가?

2. 촉각의 톤 느끼기. 1장에서와 마찬가지로 친구에게 다양한 작은 물건을 모아서 가방에 넣어달라고 부탁하자. 돌멩이, 연필, 테니스공, 조개껍데기, 나뭇잎, 쌀 등 무엇이든 괜찮다. 이제 가방에 손을 넣어 물건을 느껴보고 만져보고 탐색해보라. 표면에서 느껴지는 질감에서 좋음, 싫음, 무관심과 같은 미묘한 감각을 감지할 수 있는가? 이러한 반응으로 인해 물건을 계속 만지고 싶다는 호기심이 어느 정도 생기는가?

3. 청각의 톤 느끼기. 실내에 있든 실외에 있든 잠시 멈춰서 주변의 소리에 귀를 기울여라. 특별히 무언가를 찾기보다는 들리는 소리를 듣는다. 만약 소리가 들리지 않는다면 주의를 기울여라. 들리는 소리에서 느껴지는 좋음, 싫음, 무관심과 같은 미묘한 감각을 감지할 수 있는가? 반응에 따라 계속 듣고 싶은 호기심이 어느 정도 생기는가?

4. 냄새의 톤 느끼기. 이제 집 안팎에서 냄새로 탐색할 수 있는 익숙한 것과 낯선 것 다섯 가지를 찾아보자. 커피 찌꺼기, 목욕 타월, 계피, 생강, 카레 가루, 비누, 끓는 물, 화분 흙, 겨드랑이, 젖은 나뭇잎 등이 시작점이 될 수 있다. 숨을 들이마시면서 향을 맡을 때 좋음, 싫음 또는 무관심과 같은 미묘한 감각을 감지할 수 있는가? 반응에 따라 냄새를 계속 탐구하고 싶은 호기심이 어느 정도 생기는가?

5. 맛의 톤 느끼기. 식사를 시작할 때 입안에서 느껴지는 맛을 확인하자. 맛은 나중에 다른 맛과 섞이기 때문에 식사를 시작할 때 분리하기가 쉽다. 음식을 씹고 맛볼 때 좋음, 싫음 또는 무관심의 미묘한 감각을 감지할 수 있는가? 반응에 따라 맛을 계속 탐구하고 싶은 호기심이 어느 정도 생기는가?

연습을 통해 보고, 만지고, 맛본 것에 대한 의견이 바뀌지 않았을 수도 있지만, 이는 연습의 목적이 아니다. 연습의 목표는 예측 가능한 기대를 확인하는 것을 넘어 눈앞에 있는 생생한 경험을 증폭시키는 것이다.

순간에 집중하고 발견한 것에 대한 반응을 삼가는 것은 어려운 일이다. 하지만 조금만 연습하면 반응하고, 조절하고, 대응하라고 압박하는 세상 속에서도 지각적 추론을 할 수 있다. 실제로 이러한 마법 같은 순간을 바로 '현재에 머무는' 순간이라고 한다. 현존감presence이란 감각된 현실에 완전히 몰입하는 것이다. 그 이상도 그 이하도 기대하지 않는다. 현재에 머무르면 '있음'과 '있어야 함' 사이의 불일치가 사라진다. 세상에 효과적인 변화를 일으킬 때 주체성을 발견하는 것처럼, 효과적이지 않은 습관적 정신 모델을 버리고 세상과 더 잘 일치하는 예측 모델을 구축할 때 우리는 현존감을 경험할 수 있다.

Chapter 6

뇌의
감각 스위치를
켜다

―――

나는 구름처럼 외로이 방황했어

높은 계곡과 언덕을 떠돌았지

그러다 문득 한 무리 꽃을 보았어

수많은 황금빛 수선화를

윌리엄 워즈워스

아르키메데스에게 문제가 생겼다. 시라쿠사의 왕 히에론 2세가 새 왕관이 순금이 아닌 것 같다며 아르키메데스에게 진실을 밝혀달라고 부탁한 것이다. 저울을 이용해 왕관의 무게와 순금의 무게를 비교해볼 수는 있지만, 그렇다고 그것이 순금이라고 확신할 수는 없었다. 왕관의 질량과 금의 질량이 동일하다는 것을 확인할 방법이 필요했다. 하지만 어떻게? 당시의 도구만으로는 풀 수 없는 수수께끼였다.

휴식이 필요했던 아르키메데스는 따뜻한 욕조에 몸을 담갔다. 그때 자신의 몸무게만큼 욕조의 물이 넘치는 것을 본 그의 머릿속에서 꽉 막혀 있던 것이 풀리기 시작했다. "유레카!" 그가 외쳤다. 그가 질량을 측정하는 방법인 변위를 발견한 것은 뛰어난 분석력이 아니라 인지적 노력을 포기하고 감각에 의지한 덕분이었다.

1666년 영국 전역에 페스트가 창궐하자 아이작 뉴턴은 케임브리지를 떠나 자신이 태어난 링컨셔 주의 양 목장 울스토프 매너로 향했다. 수학 공부를 잠시 내려놓아야 했던 그는 사과나무 아래에 앉아 '사색에 잠긴 채' 익숙하지 않은 여유를 만끽했다. 그때 그는 사과 하나가 땅에 떨어지는 모습을 보았다. 그 순간 그는 물체가 옆이나 위로 떨어지지 않고 아래로만 떨어진다는 사실이 얼마나 놀라운 일인지 깨달았다. 어떤 이유로든 물체들은 지구의 질량에 이끌리는 것이 틀림없었다. 그는 자신이 관찰한 바를 이해하기 위해서는 중력이라는 보이지 않는 힘이 존재해야 한다는 가설을 세웠다. 감각에 온전히 집중한 순간, 뉴턴은 물체가 떨어지는 익숙한 일을 마치 처음 있는 일처럼 관찰할 수 있었다. 자신의 학문적 습관에서 벗어난 뉴턴은 물리학에 혁명을 일으켰다.

기존의 틀에 박힌 시각에서 벗어난 사고는 천재성을 구성하는 하나의 요소이다. 위대한 사상가들이 깨달은 새로운 통찰과 발견 가운데 답을 구할 때까지 문제를 계속 파고들어 얻어낸 것은 드물다. 돌파구는 관습적인 사고를 내려놓을 때 나타난다. 그리고 그들을 습관의 집에서 벗어날 수 있게 해준 것은 다른 생각이 아니라 바로 감각적 경험이었다. 이처럼 감각을 수용하고 현재에 머무는 순간에 정신적 강렬함은 사그라들고 뉴턴처럼 갑자기 깨달음을 얻게 된다.

뇌의 통찰: 현저성 네트워크

시간을 거슬러서 아르키메데스와 뉴턴의 뇌를 검사해볼 수는 없지만, 기존의 프레임워크로 그들의 유레카 순간에 작용했을 역학 관계를 설명할 수는 있다. DMN은 당면한 문제와 과거의 해결책을 적극적으로 시연하고 재생하여 능동적 추론을 위한 맥락을 제공한다. 배측주의신경망DAN은 성찰과 분석을 안내한다. 그런데 이 두 가지 네트워크에서 다루지 않는 일이 발생한다. 인지 활동의 불협화음 속에서 예상치 못한 일이 갑자기 정신을 지배하는 것이다. 욕조에서 넘친 물의 무게, 땅으로 당겨지는 사과가 위대한 사상가들의 주의를 끌었다.

인지가 작동을 멈추고 감각이 쏟아져 들어오면서 DMN을 방해하는 이 마법 같은 순간에는 모든 습관적인 패턴과 전략이 감각으로 대체되거나 사라진다. 현저히 눈에 띄는 점은 뇌가 더이상 문제에서 벗어나는 방법을 분석하는 익숙한 지적 시도를 하지 않는다는 것이다. DMN의 지배가 붕괴되면 아르키메데스의 욕조와 뉴턴의 정원처럼 감각 입력에 반응하는 새로운 표상인 네트워크가 생기게 된다. 아르키메데스의 목욕물은 측정 도구로 재탄생하고, 나무에서 떨어진 사과는 뉴턴에게 지금까지 간과했던 자연의 기본 원리를 알려주는 신호가 된다.

좋은 소식은 DMN을 방해하고 새로운 통찰을 얻는 능력이 물리학의 발전을 시도하는 천재들만의 전유물이 아니라는 사실이다. 풀숲에서 호랑이가 나타나거나, 아침에 상사가 날카롭게 노려보거나, 특별한 이유 없이 갑자기 숨이 가빠지는 등 우리의 주의가 절대적으로 필요한 상황이 발생할 때마다 우리의 뇌는 진행 중인 활동을 방해하는 시스템을 진화시켜왔다. 이것이 바로 '현저성 네트워크'이다. 이 네트워크는 신경의 연료인 당분과 수분을 평소 업무를 수행하는 뇌 영역DMN에서 새로운 감각 데이터를 받아들이는 영역으로 재분배한다. 현저성 네트워크는 일이 예상대로 진행되지 않을 때, 예측 오류가 발생했다는 신호를 보낸다.

그런 다음 DMN이 제공하는 기존 지식과 배측주의신경망을 이용해 기존 계획을 조정할지 선택할 수 있는데, 이것이 능동적 추론이다. 그러나 현저성 네트워크의 경종은 일상을 깨고 뇌 뒷부분의 감각 영역에서 새로운 정보를 받아들여 지각적 추론을 통해 상황을 새롭게 바라보라는 신호가 될 수도 있다. 감각 영역이 각기 다른 공간을 차지하고 사고와 행동을 담당하는 영역과는 독립적으로 작동하기 때문에 현저성 네트워크는 긴급 업데이트를 위해 습관 시스템의 작동을 중단시킬 수 있다. 감각이 일종의 DMN 비상 탈출 좌석이라고 보면 된다.

비몽사몽간에 비틀거리며 화장실로 가서 양치질을 하는 것은 DMN이 작동하는 전형적인 예다. 하지만 양치질을 하려다가 첫

솔에 짜놓은 하얀 물질이 치약이 아니라 무좀 때문에 구입한 항진균성 연고라는 사실을 깨달았다. 그렇다면 정신을 차리고 마음을 가다듬어야 한다.

캘리포니아대학교 샌프란시스코 캠퍼스의 신경학자이자 병리학자인 윌리엄 실리는 연구에서 현저성 네트워크의 강력한 힘을 밝혀냈다. 그는 뇌의 전두측두엽 치매FTD라는 비교적 흔하지 않은 질환을 연구했는데, 이 질환은 뇌의 현저성 네트워크를 표적으로 삼는다. 기억이 가장 먼저 사라지는 알츠하이머병과 달리 전두측두엽 치매의 경우 기억은 괜찮지만 습관과 충동을 조절할 수 없게 된다. FTD 환자는 항진균성 연고로 양치질을 하는 것이 잘못된 행동이라는 사실을 알면서도 그렇게 행동한다. FTD를 통해 우리는 우리의 습관과 세상 사이의 관계를 중재하는 데 현저성 네트워크가 필요하다는 사실을 알 수 있다. 현저성 네트워크가 손상되면 새로운 지식이 습관에 개입할 수 없게 되고 지성도 깨어나지 못한다.

누구나 옳지 않다는 것을 알면서도 떨쳐내지 못하는 맹점과 습관을 가지고 있다. 하지만 FTD 환자와 달리 우리의 현저성 네트워크는 대부분 온전하므로 감각을 수용하면 선호도의 미세한 변화뿐만 아니라 각본의 근본적인 전환도 가능하다. 습관의 집에 단순히 페인트를 칠하는 것이 아니라 습관의 집을 완전히 개조할 수 있는 것이다.

틀에 박힌 관점에서 벗어나는 것은 뛰어난 과학자뿐만 아니라 예술가들에게도 오랫동안 요구되어왔다. 언더그라운드 시인 찰스 부코스키는 자신의 오랜 알코올 중독과 변두리에서의 삶을 기록으로 남겼다. 그는 술을 마시지 않고는 글을 쓸 수 없으며, 글쓰기에 전념하는 것이 건강을 해치는 습관을 받아들이는 것을 의미한다고 믿었다. "사랑하는 일을 찾아서 그 일이 당신을 죽이게 둬라"는 그의 (잘못된) 좌우명은 (실제로 그가 그런 말을 했는지는 모르지만) 그의 정신을 대변한다. 부코스키에게 더 큰 위험은 DMN의 규칙을 따르는 습관, 즉 순응하는 삶이었다.

그런데 부코스키의 말이 절반은 맞는다면? 우리가 알고 있는 사실을 고수하는 것이 더 큰 창의성, 더 큰 성취감, 더 행복한 삶으로 가는 길을 막고 있다면? 부코스키가 죽이고 싶었던 것은 예측 모델에 대한 무분별한 의존이었다. 이미 알고 있는 것을 활용하는 일을 넘어서야만 새로운 것을 창조할 자유를 찾을 수 있기 때문이다. 뉴턴과 아르키메데스가 그랬던 것처럼 통찰력을 얻으려면 먼저 습관의 집에서 벗어나야 한다. 다행인 사실은 술이나 약물을 남용하거나 다른 극단적인 행동을 할 필요는 없다는 것이다.

경고 알람이 울릴 때

우리에게는 파괴적이지 않으면서 긴급 상황이 아닐 때도 사용할 수 있는 DMN 차단 장치가 필요하다. 이 차단 장치는 쉽게 접근 가능하고 장기적으로 지속 가능해야 한다. 문제는 현저성 네트워크가 DMN을 일시적으로만 중단시킬 수 있기 때문에 변화를 위한 기회의 창이 잠깐 열리고 만다는 것이다. 경종은 너무 빨리 그치고 습관이 주는 편안함은 다시 찾아온다.

예측 오류에 대한 지속 가능한 대응은 그 오류를 해결하는 것이다. 단순히 문제에서 주의를 환기하기만 한다면 오류를 해결하려는 근본적인 동기는 그대로 남아 있게 된다. 일종의 경종인 현저성 네트워크는 문제를 해결하지 않는다. 마치 고속도로를 지나갈 때 누군가 경적을 울려 미등이 꺼져 있음을 알려주는 것과 같다.

이때 능숙하게 대응하고 경고(미등을 확인하는 능동적 추론)를 활용하려면 먼저 상대 운전자의 경적을 유용하고 호의적인 행위로 인식해야 한다. 당신이 피곤한 도시 운전자라면 대부분의 운전자가 이기적이라는 예측 모델을 가지고 있을 것이다. 이 모델에서는 미등을 확인하기 위한 능동적 추론 기능이 작동하지 않는다. 이 경우 당신은 경적을 울린 운전자를 얼간이 취급하며 손을 흔들어 보이고 말 수 있다. 하지만 이는 문제 해결에 아무런 도움이 되지 않는다. 결국에는 미등을 켜지 않은 채 운전하는 당신을 단속하는 경찰, 즉 더욱 강력한 오류 신호가 발생하게 된다.

당신은 딱지를 받을 필요가 없었다. 첫 번째 예측 오류(선의의 운전자가 상황을 알려주려 할 때)가 발생할 때 지각적 추론을 통해 그 운전자가 왜 신호를 보내는지 탐색하고 이해했으면 말이다. 경적을 울리는 운전자는 얼간이라는 지배적인 모델을 따르지 않았다면, 지각적 추론이 가정을 재검토하라고 제안했을 것이다.

우리는 현저성 네트워크를 빨리 잠재워야 하는 경보로 취급하는 경향이 있다. 현저성 네트워크의 활성화를 해결해야 할 문제로 간주하고 이 경보에 능동적 추론으로만 대응하는 것이다. 까다롭고 힘든 세상에서 익숙한 전략을 선호하는 태도가 형성된 이유는 이해할 만하지만, 이런 태도는 우리의 학습 능력을 제한한다. 놀라움은 새로운 것을 발견하고 유연하게 대응할 수 있는 계기가 될 수 있다. 우리가 대부분의 경우 현저성 네트워크의 경보를 무시하고 새로운 발견보다 옳은 것을 우선시하는 익숙한 전략을 반복하는 것은 안타까운 일이다.

우울증의 두 가지 치료법

딱지를 떼는 것은 기분 나쁜 일이지만 세상의 종말을 의미하지는 않는다. 그러나 미등이 꺼진 것이 문제가 아니라 우리 자신과 세상을 바라보는 방식에 문제가 있다면 우리는 훨씬 큰 위험에 놓이게 된다. 우울증 환자의 경우 왜곡된 정신 모델이 반복해서 작동하면 특히 문제가 된다. 우울증에 걸린 적이 있는 사람은 회복해도 다시 우울증에 걸릴 확률이 훨씬 높다는 사실이 왜곡된 정신 모델의 영향력을 보여준다. 하지만 우울증에서 회복한 사람이 모두 다시 우울증에 빠지는 것은 아니다. 어떤 사람은 자아, 세계, 미래에 대해 자신이 가지고 있는 모델을 업데이트할 수 있지만 어떤 사람은 그렇지 못한 것과 마찬가지다. 이는 지각적 추론의 전형적인 사례에 해당한다. 우리는 왜 우울증의 재발 여부가 지각적 추론에 달려 있는지에 대해 살펴봤다.

우리는 우울증 재발 방지를 위한 두 가지 치료법, 즉 부정적인 생각에 대해 대화하는 법을 배우는 인지 치료CT와 명상하는 법을 배우는 마음챙김 기반 인지 치료MBCT 중 하나를 받은 166명을 모집했다.[1] 이들은 모두 반추, 걱정, 부정적인 감정이 생활에 미치는 영향을 최소화하는 8주간의 수업에 참여했다. 우리는 참가자들이 건강을 유지하기 위해 무엇을 하는지 보고하게 하면서 이들을 2년간 추적 관찰했다. 정기적인 임상 모니터링 결과, 22퍼센트에 해당하는 36명의 참가자가 새로운 우울증 에피소드를 겪은 것으로 나타났다. 이 수치는 우울증에서 회복 중인 사람들을 대상으로 한 연구에서 예방 요법을 하지 않은 사람들보다 약 10~15퍼센트 낮은 수치이므로, 참가자들이 뭔가 옳은 일을 하고 있는 것이 틀림없었다.

그렇다면 참가자들이 한 '옳은' 일은 정확히 무엇이었을까? CT 그룹은 자신의 생각과 협상하는 데 전문가가 되어 만족스럽고 충만한 삶을 살고 있었을까? MBCT 그룹은 내면의 평화에 몰입하는 법을 배웠을까?

참가자들은 우울증 예방과 관련된 34개의 변수에 대한 자신의 정보를 제공해주었다. 변수에는 스트레스, 반추, 걱정, 신체 인식, 낙관, 감성 지능, 삶의 만족도, 자기 연민, 마음챙김이 포함되어 있었다. 계산을 해보면, 34개의 설문지×각 20개 항목×8번의 작업×166명의 참가자라는 수식이 나오니, '건강을 유지하기 위해 정확히 무엇을 하고 있는가'라는 간단한 질문에 답하기 위해 거의 백만 건의 데이터가 제공된 셈이다.

우리는 이 방대한 데이터를 해석 가능한 형식으로 가공하기 위해 수많은 설문 응답에서 공통된 주제를 찾아냈다. 이러한 종류의 요인 분석은 바다의 온도를 물결치는 수면이 아닌 깊은 곳의 해류를 활용하여 측정하는 것과 같다.

우리는 두 가지 치료법에서 얻을 수 있는 가장 큰 가치가

MBCT와 CT가 강조하는 명상이나 재평가 전략에만 국한되지 않는다는 사실을 발견했다. 잠깐, 이게 무슨 말이냐고? 마음챙김은 몸이나 호흡 감각의 구성 요소를 살펴보는 데 많은 시간을 할애하면서 단단한 경험 덩어리를 탐색 가능한 한 입 크기의 경험으로 쪼개기 때문에 그 과정이 감각 찾기처럼 느껴진다. 인지 치료에는 몸이나 호흡의 감각 찾기 과정이 포함되어 있지 않다. 탐색을 하지 않고 문제가 되는 생각과 신념을 덮으려고만 해도 CT를 할 수 있었다.

하지만 우리는 CT에도 감각 찾기의 요소가 존재한다는 사실을 알아차렸다. 역사적으로 CT의 목표 대상은 문제가 있는 생각과 신념이었지만, 우리 연구에서 사용된 현대적인 형태의 CT는 상황이 어떻게 전개될지 모르는 탐구 공간을 만드는 데 집중했다. 숙련된 인지 치료사들은 이를 '사람의 마음을 바꾸는 것'이 아니라 '안내를 받아 발견하는 것'이라고 한다.[2] 요즘 CT에는 '행동 활성화'나 '음미하기'가 포함되는데, 이는 우울증을 유발하는 각본이 100퍼센트 적용하기 힘든 낯설고 모호한 상황에 놓이면 예상치 못한 방식으로 세상을 보는 눈이 열릴 수 있다는 생각에서 비롯되었다. 이는 단순히 자아와 세상, 미래에 대한 부정적인 믿음을 약화시키는 것과는 거리가 멀다.

감각 찾기의 효과

이 연구의 핵심 메시지는 효과적인 치료는 치료명과 상관없이 탐색적인 행동을 유도했다는 것이다. 내담자 스스로 어떤 행동을 하게 될지 모르는 상황을 허용하는 안전한 공간을 만들었다. 그런 상황에서 할 수 있는 일은 수용적인 태도로 새로운 방법이 어떤 결과를 가져올지 탐색하는 것뿐이다. 우리는 이를 '감각 찾기'라고 부른다. 데이터에 따르면 감각 찾기는 두 가지 상호 보완적인 능력인 탈중심화와 고통 감내력으로 구성된다.

탈중심화는 자신의 생각, 감정, 감각에 즉시 반응하지 않고 한 발 물러나 관찰하는 것을 의미한다. 이러한 접근 방식을 통해 우리는 마음으로부터 거리를 두고 머릿속을 스쳐 지나가는 일에 대처하기 위해 정보에 입각하여 합리적인 결정을 내릴 수 있다.

고통 감내력은 불쾌한 상황을 견디는 능력이다. 공포 영화에서 긴장감이 고조될 때 영화를 계속 볼 수 있는 능력과도 같다.

2년 동안 추적 관찰한 결과, 우울증에 다시 걸리지 않고 정신 건강을 유지한 참가자들은 치료 과정에서 배운 감각 찾기 기술인 탈중심화와 고통을 감내하는 능력에서 인상적인 성장을 보인 사람들이었다. 우울증이 재발한 사람들은 이러한 기술이 감소하거나 제한적인 성장만을 보인 것으로 나타났다.

감각 찾기는 두 치료에서 공통적으로 사용된 메커니즘이었다. 이는 흥미로운 동시에 받아들이기 어려운 결과였다. 명상 중에 호흡에 주의를 기울이든, 인지 치료 과정에서 삶의 경험을 일기로 기록하든, 감각 찾기를 통해 우울증에서 벗어나는 방법은 그중 하나에 국한되지 않았다. 자신이 세상에서 어떤 존재인지 탐구하기 위해 감각 찾기를 시도하는 사람이라면 누구나 그 이점을 누릴 수 있다.

참가자들이 가장 많이 보고한 통찰은 '생각은 사실이 아니다'라는 것이었다. 이는 신체적 가려움이나 경련을 느끼는 것과 같은 방식으로 생각과 신념에 대한 탈중심화를 경험하고 있다는 강력한 신호다. 명상을 통해 감각과 친숙해지면 왜곡된 생각을 지배적인 내러티브가 아닌 그저 하나의 감각적 사건으로 보게 된다. 인지 치료는 생각을 사실로 보는 시각을 버리고 사실일 수도, 아닐 수도 있는 아이디어나 해석으로 접근할 수 있게 해 준다. 두 치료를 받은 참가자들 모두 잘 연습된 정신적 수다 뒤에 숨겨진 진실에 의문을 제기할 수 있었다.

데이터는 어느 한 가지 치료법을 더 옹호하기보다는 감각 찾기를 연습하고, 세상에 대한 예측 오류에 호기심을 갖고, 오류의 원인인 모호한 상황을 견디는 능력이 중요하다는 것을 보여주었다. 우리는 감각 찾기의 기술을 향상할 다른 방법이 있을지도 모른다는 생각을 하게 되었다.

회복탄력성이 높은 사람들

우리는 예방 치료 전후에 설문지를 작성하는 것 외에도, 2년간 의 추적 조사를 활용하여 간단한 뇌 스캔 검사를 실시했다. 참 가자들에게 슬픈 영상과 중립적인 영상을 시청하게 한 뒤 어떤 정서적 반응을 보이는지 관찰했다. 그런 다음 2년을 기다렸다가 누가 우울증이 재발하고 누가 건강하게 지냈는지 데이터를 분 석했다. 이 연구는 예방적 심리치료 후 우울증에 대한 최대 규 모의 신경영상 연구였다.[3] 연구의 목적은 참가자들의 정신 건강 증진을 위해 탈중심화와 고통 감내 등 참가자들이 경험한 것들 을 철저히 분석해 뇌가 어떻게 변화했는지 설명하는 것이었다.

일부 참가자들은 호기심, 관점 취하기, 관용과 같은 요인들을 언급했지만, 뇌 데이터는 감각이 실제로 행동에 영향을 미친다 는 것을 확신시켜 주었다. 우리는 이전 연구를 통해 슬픈 영화 가 감각 처리를 희생시키면서 DMN을 활성화할 가능성이 있다 는 것을 알고 있었지만, 이것이 우울증 취약성에 영향을 미치는 지는 확신하지 못했다.

막강한 DMN의 힘에도 불구하고 감각의 상실이 관건이었다. 이전과 마찬가지로 슬픔은 감각 처리를 중단시켰다. 일부 참가 자는 여전히 죄책감, 의욕 상실과 같은 증상을 보였고, 이러한 증상의 강도는 감각이 차단된 정도와 상관관계가 있었다. 일부 참가자는 과거와 같은 우울증 에피소드를 더 많이 경험했는데, 우리는 이러한 경험의 빈도와 감각 차단 사이에도 연관성이 있음을 발견했다. 현재 슬픔을 느끼는 사람, 일반적으로 우울함을 느끼는 사람, 과거에 우울증을 경험한 사람 모두 신체 표면의 감각을 처리하는 체성감각 피질과 신체 내부의 감각을 처리하는 뇌섬엽에서 활동이 관찰됐다. 평균보다 높은 강도의 체성감각 차단을 경험한 사람은 감각에 제동을 건 사람보다 우울증이 재발할 가능성이 25배나 높았다.

그렇다고 이들에게 희망이 없다는 뜻은 아니다. 치료는 체성감각을 차단하는 패턴을 되돌리지 못했지만, 뇌의 앞부분 감각이 아닌 행동 계획을 담당하는 영역에서 두 번째 신호를 발견했다. 이 영역은 8주 동안 마음챙김이나 인지 치료를 한 후에 진정되는 경향이 있었다. 이 부위의 활동이 평균보다 저조한 경우 우울증 재발 위험이 절반 이상 감소했다.

우리는 이 부위가 뇌에서 어떤 역할을 하는지 조사했고 이 부위의 활성화가 감각 영역의 억제와 관련이 있다는 사실을 발견했다. 이 영역을 사용하여 스트레스에 대해 생각, 계획, 해결로 반응하는 것은 감각 영역에 제동을 거는 것과 같았다. 8주간의 치료는 감각이 차단되는 것을 막기에는 충분하지 않았지만, 감각에 제동을 거는 것은 막아냈고 그것은 좋은 시작이었다.

설문조사에 따르면 참가자들은 슬픔에 대한 즉각적인 반응에 덜 의존하고 있었다. 참가자들은 수용 가능한 경험의 폭을 넓혀 감정적 경험을 억압하거나 통제하려는 시도를 멈추고 순응하는 법을 배우고 있었다. 참가자들의 뇌는 8주간의 훈련이 끝난 후에도 여전히 감각을 회피했지만, 치료를 통해 뭔가를 얻은 사람들은 문제의 첫 징후가 나타나면 감각에 제동을 걸었다.

우리는 놀라운 사실을 발견했다. 스트레스를 받을 때 감각을 억제하는 것이 과거, 현재, 심지어 미래의 우울증 취약성을 나타내는 표지자라는 사실을 최초로 밝혀낸 것이다. 감각 억제가 우울증과 관련이 있다는 것은 알고 있었지만, 감각 차단이 질병의 발생을 예측한다는 사실을 새롭게 알게 되었다. 이러한 발견은 우울증이 과도한 전두엽 활동으로 발생한다는 통념과는 완전히 다른 결과였다. 물론 전두엽은 중요하지만, 전두엽이 감각에서 새로운 정보를 밀어낼 때 취약성은 높아진다.

다시 말해, 순간적인 감각 억제가 삶에 지대한 영향을 미친다는 강력한 증거를 발견한 것이다. 긍정적인 측면을 살펴보면, 회복탄력성이 높은 참가자들은 우리에게 이러한 패턴에 대처하는 방법을 배웠다고 말했다. 예측할 수 없고 혼란스러운 감각 속에서 방황하는 데는 의지가 필요하다. 스트레스에 직면했을 때 자신을 들여다보고 그 속에서 발견한 것을 감내하려면 용기가 있어야 한다.

식료품점에서 감각 찾기

당신의 삶에도 불만족스러울 것으로 예측되는 상황이 반복될 때가 있을 것이다. 당신이 X를 하는데, X는 Y로 이어지는 경향이 있고, 당신은 Y를 좋아하지 않는다. 이때 당신이 할 수 있는 다른 일(단순히 'X가 아닌 것'이 아닌 다른 일)은 무엇인가? 어떤 결과를 불러올지 모르는 행동을 떠올려보자. 불편해도 악기를 연주하라는 루미의 말을 떠올리며, 공부나 독서와는 다른 행동인 악기 연주는 어떨까?

구체적인 예로, 대형 식료품점에 가는 것을 생각해볼 수 있다. 식료품 코너에는 다양한 선택지가 있지만, 당신은 자신이 무엇을 좋아하는지 이미 안다. 수십 가지 종류의 과일과 채소 중 자주 구입하는 몇 가지와 가끔 구입하는 몇 가지가 있을 것이고, 나머지는 그냥 지나칠 것이다.

이번에는 노트를 가져가라. 농산물에서 발견할 수 있는 열 가지 색을 기록하는 것이 과제다. 그런 다음 다섯 가지 냄새를 골라낸다. 마지막으로 돌아다니면서 당신의 주의를 끄는 다른 감각 정보들을 기록하라. 그렇다. 서두르지 말고 정처 없이 거닐면서 무엇이 당신의 관심을 끌지 알 수 없을 때 당신이 수용력을 발휘할 수 있는지 살펴보라.

이번 주에 과일이나 채소를 구매한다면 어떤 것을 선택하겠는가? 늘 먹던 것을 사더라도 괜찮다. 평소에는 무시하거나 피했던 맛에 대한 호기심이 커지지 않았을지 궁금하다. 여기서 우리의 목표는 당신이 같은 음식을 먹게 하는 것도 아니고, 싫어하는 음식을 억지로 먹게 하는 것도 아니다. 당신이 자신의 선택에 호기심을 가지고 감각에 몰입한 환경에서 무엇을 느낄 수 있는지 알게 해주려는 것이다. 이는 단순한 장보기 이상의 경험이 될 것이다.

Chapter 7

감각의 세계를 탐험하는 법

———

진정한 여행의 발견은 새로운 풍경을 찾는 것이 아니라 새로운 눈을 가지는 것이다.

마르셀 프루스트

코펜하겐의 유명 레스토랑 노마Noma의 주인인 르네 레드제피는 레스토랑이 점점 더 유명해지면서 극심한 압박을 받았다. 그러면서 그는 수련생 시절 멘토들이 자신을 괴롭혔던 행동과 똑같은 행동을 하고 있는 자신을 발견했다. 절대 그 길을 따르지 않겠다고 맹세했던 자신이었다. 이에 그는 급진적으로 방향을 선회했다. 레스토랑의 영업을 중단하고 휴식을 하기 위해 숲속으로 들어간 것이다.

식재료 탐구에 나서기로 결심한 르네는 풀잎 하나에서도 고수 맛이 나고 개미 한 마리에서도 레몬 맛이 난다는 사실을 발견하고 충격을 받았다. 문밖으로 몇 걸음만 나갔을 뿐인데, 새롭고 예상치 못한 맛을 발견할 수 있었다. 더 놀라운 것은 음식과의 관계가 바뀌면서 세상과의 관계도 바뀌었다는 점이다. 그는 요리사가 된다는 것이 단순히 요리 연금술을 통해 원재료를 맛있게 만드는 것이 아님을, 요리사도 자연의 일부이며 자연을 보존하고 보호해야 할 책임이 있다는 사실을 깨닫기 시작했다. 흥미롭고 새로운 맛에 대한 갈망에서 출발한 그는 자신이 진정으로 갈망한 것이 이러한 연결감이라는 사실을 깨달았다.

감각의 세계로 나가는 문

경쟁자들과 비평가들은 비웃었지만, 르네는 평소처럼 사업을
중단하고 이러한 감각적 탐구에 몰두함으로써 현지 음식과 야
생 음식을 수집하는 것을 즐길 뿐만 아니라 이를 세계적인 수준
의 요리로 만들 수 있다는 것을 보여주었다. 그는 지칠 줄 모르
고 북유럽 해안과 숲을 누비며 식용 꽃, 바다 갈매나무, 다시마,
조개류, 장미 덤불의 열매, 야생 버섯, 마늘, 뿌리채소 등을 가
져와 메뉴에 올렸다. 그는 시각, 촉각, 후각을 적절히 훈련하면
'슈퍼마켓 진열대에서 물건을 집어들 듯 야생을 거닐며 식재료
를 수집하는 것'이 가능하다는 사실을 보여주었다. 달팽이 육수
와 다시마 아이스크림 같은 독특한 요리 덕분에 노마는 10년 동
안 세계 최고의 레스토랑이라는 타이틀을 네 번이나 거머쥘 수
있었다. 하지만 그에 못지않게 중요한 것은 기존의 패턴에서 벗
어나 자유롭게 감각의 세계를 탐험하는 것이 르네와 그의 직원
들이 성장하는 데 도움이 되었다는 점이다. 그들은 점점 스트레
스의 근원이 되어가던 자신들의 일을 다시 새롭고 흥미진진하
게 보게 되었다.

어떤 직업을 가지고 있든, 우리의 삶에는 혁신과 발견이 필요한 부분이 있다. 르네처럼 우리도 일상의 단조로움에 지치고, 반복되는 루틴에 번아웃이 올 때가 있다. 뻔한 질문이지만 우리는 왜 같은 일을 계속해야 하는가? 같은 일을 반복하는 것과 책임을 회피하는 것 사이에 중간 지점은 존재하지 않는 걸까? 중간 지점은 분명히 존재한다. 새로운 가능성의 문을 닫아버리는 체념이나 회피가 아닌, 숲과 해안선을 샅샅이 뒤지는 르네처럼 나만의 감각 찾기를 시도해본다면 말이다.

정신이 습관에 덜 얽매이고 행동 레퍼토리가 확장된다면 어떤 일들이 가능해질지 상상해보자. 업무를 처리하고 파트너와 대화하고 자기 자신에 대해 느끼는 새로운 방식이 있다면 어떤 일이 벌어질까? 당신이 갇혀 있는 이유가 탐색을 멈춰서 새로운 아이디어가 고갈되었기 때문이라면? 감각 찾기가 돕는 것이 바로 탐색이다.

업무가 정말 괴롭고, 배우자와 좁힐 수 없는 차이가 있고, 스스로에 대해 형편없다고 생각했던 것들이 사실일지도 모른다. 하지만 당신이 느끼는 불쾌감의 원인이 모든 것이 엉망이고 모든 것이 내 잘못이라는 생각 말고 더 있는 건 아닌지 스스로에게 물어볼 필요가 있지 않을까?

탐색을 통해 뿌리 깊은 문제에 대한 해결책을 찾지는 못하더라도, 찾아보는 것만으로도 더 나은 사람이 될 수 있다. 『행복

연구저널Journal of Happiness Studies』에 실린 최근 연구에 따르면 스트레스가 많은 날에도 호기심을 유지하는 사람들은 그렇지 않은 사람들보다 더 좋은 기분을 유지했다.[1] 탐색에 대해 개방적인 태도를 지닌다는 것은 도전을 배움과 성장의 기회로 여긴다는 것을 의미했다. 다시 한 번, 우리는 습관의 집이라는 잘못된 피난처와 집을 떠나 기꺼이 탐험하려는 태도 사이의 대조를 볼 수 있다.

탐험을 시작하기

르네는 성공한 사람이었지만, 요리에 대한 열정을 재발견하기 위해 익숙한 루틴과 자신이 쌓아올린 지식을 내려놓아야 했다. 르네처럼 산 정상에 있든, 이제 막 시작했든, 오르막길에서 고군분투 중이든, 누구나 습관과 일상의 안전한 울타리를 벗어나 새로운 경험, 통찰, 지식의 광야를 탐험함으로써 이득을 얻을 수 있다.

그럼에도 불구하고 검증된 방법을 포기하는 것은 두려운 일이다. 무엇이 그것을 대체할지 모르기 때문이다. 그래서 많은 사람들이 위기가 닥쳐서 어쩔 수 없이 변화가 필요할 때까지 그렇게 하지 않는다. 결혼 생활이 파탄 나거나, 해고를 당하거나,

음주운전으로 구속되고 나서야 변화를 찾는다. 대부분의 사람들은 습관의 집에서 벗어나 밖으로 나가기 전까지는 자신의 삶이 얼마나 스트레스가 많고, 관리하기 힘들며, 보람이 없는지 명확하게 인식하지 못한다. 그렇다면 환경이 강요하기 전에 변화의 동기를 어디에서 얻어야 할까? 변화는 힘든 일이기 때문에 이에 대해 생각해볼 시간이나 에너지가 없다고 스스로에게 말할지도 모른다. 하지만 그렇게 하면 우리는 쳇바퀴 돌 듯 살다가 결국 아주 깊고 불쾌한 도랑에 빠지게 된다.

다행히 르네는 위기가 닥칠 때까지 기다리지 않았다. 그는 조기에 징후를 알아차리고 용기를 내어 새로운 방법을 찾아냈다. 그는 시간이 그렇게 많은 사람이 아니었다. 앤서니 부르댕의 저서 『키친 컨피덴셜Kitchen Confidential』을 읽어봤다면 셰프의 삶이 얼마나 정신없이 돌아가는지 어느 정도 짐작할 수 있을 것이다. 하루 17시간씩 일하느라 지친 르네가 현금 흐름, 직원 고용, 식재료 조달, 경쟁자, 그리고 점점 커지는 무의미함에 대해 걱정하고 있는 모습을 상상해보라. 요식업은 경쟁이 치열한 사업이다. 만약 그가 번아웃의 징후를 무시하고 계속 버텼다면, 요리의 질이 떨어지고, 고객을 잃고, 직원들은 덜 정신없는 근무 환경을 찾아 떠나는 장면을 어렵지 않게 상상할 수 있다.

우리를 무감각하게 만드는 습관의 영향 때문에 우리는 자신의 기분이 얼마나 나쁜지 모르기 쉽고, DMN이 덮어놓은 눈가

리개는 삶이 얼마나 달라질 수 있는지 상상하기 어렵게 만든다. 그래서 습관에 갇혀 있다는 사실을 알아차리는 첫 순간을 포착하는 것이 매우 중요하다. 그것이 자유로워지기 위한 첫 번째 단계다.

1단계 갇힌 자기 자신 발견하기

변화해야 할 이유가 있고, 현재의 상황과 변화해야 할 상황 사이에 차이가 있다는 점을 알게 되면 변화를 시도할 동기를 찾을 수 있다.

포커의 세계에서는 이성적으로 행동하지 않는 불안정한 상태를 틸트tilt가 왔다고 표현한다. 아이들이 짜증을 내거나 투정을 부릴 때도 '불안정한 상태'라고 표현한다. 성인이 되어서도 혈당이 지나치게 낮으면 '불안정한 상태'가 될 수 있다. 배가 고프면 갑자기 동료가 재수 없게 보이고, 파트너를 보면 짜증이 나고, 사소한 요구가 더 이상 견딜 수 없는 한계처럼 느껴질 수도 있다. 문제는 자기 자신의 내면 상태가 변했다는 사실을 인식하지 못하기 때문에 짜증이 나는 원인을 다른 사람의 탓으로 돌린다는 것이다. 그러다 낮잠을 한숨 자거나 간식을 먹고 나면 순한 양이 되어 주변 사람들이 전부 구제불능은 아니라는 것을,

자신이 조금 과민 반응을 했을 수도 있다는 점을 깨닫게 된다.

최근의 신경과학은 '배가 고파서 짜증 나는hangry' 현상의 원인을 분노와 공격적인 감정과 관련된 뉴로펩타이드 Y라는 화학물질의 분비로 보고 있다.[2] 뉴로펩타이드 Y는 예측 오류를 경고하는 시스템인 현저성 네트워크를 강력하고 불안정하게 활성화하여 무언가 잘못되어 고쳐야 한다는 것을 알려주는 역할을 하는 듯 보인다. 배가 고파서 짜증 난다고 DMN에 자리 잡은 습관이 강화되는 것은 아니지만, 경계심이 높아져 민감하게 반응하는 것이다.

이러한 상황에서 궁극적으로 '올바른' 반응은 '상황이 점점 나빠지고 있네. 그냥 내가 그렇게 느끼는 건가?' 하고 지각적 추론을 하는 것이다. 문제가 무엇인지 알아차릴 수 있을 만큼 충분히 자각하는 것이 중요하다. 하지만 지금까지 살펴본 바와 같이, 우리는 이런 종류의 성찰에 능숙하지 않다. 그보다는 능동적 추론에 빠져 사방에서 범인을 찾는다. 신진대사가 원인인데, 동료들을 원망하고 불운을 탓해봐야 아무 소용없다. 배고픔을 해결하기 위해 우리가 해야 할 일은 냉장고 문을 열어 먹을 것을 찾는 것인데 우리는 습관의 집에 갇혀 비난만 하고 있는 셈이다.

2단계 도약하기 전에 살펴보기

건강과 행복으로 가는 길의 신뢰할 수 있는 지표는 지각의 이면에서 작동하는 정신적 습관에 호기심을 갖는 것이다. 그다음 단계는 감각 찾기를 하기 위한 적절한 장소를 마련하는 것이다. 6장에서 우리는 식료품점의 농산물 코너라는 풍부한 감각의 태피스트리로 여행을 떠날 것을 제안했다. 우리가 이 장소를 선택한 이유는 색상과 냄새를 기록하는 것이 다소 어색할 수 있지만, 야생에서 식재료를 채집하는 것과 같은 방식으로 눈앞에 있는 농산물을 오래 머물며 살펴볼 수 있는 안전한 장소이기 때문이다.

처음 시작할 때는 조금 어색해도 습관에 의존해야 한다는 압박감을 주지 않는 활동을 선택하는 것이 좋다. 별다른 일이 없는 상태에서 감각 찾기를 할 때는 자신이 반추하고 있는지 알아차리고 행동을 수정하는 것이 비교적 쉽다. 하지만 혼란스럽고 까다로운 환경에서는 감각 찾기를 연습하기가 훨씬 더 어렵다. 다행히 설리 기장처럼 그런 긴박한 환경에서 감각을 사용해야 할 일이 우리에게는 거의 없다. 자기 자신을 친절하게 대하면서 성공을 위한 준비를 하자.

감각 찾기를 할 때는 적절한 대상을 선택하는 것이 매우 중요하다. 아르키메데스는 욕조에서 넘치는 물에 주목했고, 뉴턴은 과수원에서 사과를 관찰했으며, 르네는 숲에서 음식을 탐색했다. 그들 중 사무실에 틀어박힌 채 갑갑한 곳에서 벗어나는 상상을 한 사람은 없었다. 기존 모델을 예측하고 시연하는 방식에서 벗어나려면 감지하는 데 시간을 투자해야 한다. 그렇게 하지 않고 감각 찾기가 어떻게 펼쳐질지 예상만 한다면, 또 다른 기대만 쌓게 된다. 이때 중요한 점은 습관의 집 밖에 있는 목적지를 선택해야 한다는 것이다. 그렇지 않으면, 결국 습관의 집 안에서 이 방 저 방을 헤매게 될 것이다. 그렇게 할 수 있다면, 당신은 3단계인 감각 찾기에 참여할 준비가 되었다.

3단계 살고 싶으면 날 따라오라

영화 〈터미네이터 2〉의 주인공 사라 코너는 감각 찾기에 뛰어들 동기가 충분했다. 전편에서의 도움이 필요한 소녀라는 정체성을 버리고 당당한 자유의 투사로 돌아온 그녀는 영화계에 획기적인 여성 캐릭터이다.

　〈터미네이터 2〉에서 아놀드 슈워제네거는 다시 과거로 보내지는데, 이번에는 자신이 이전에 수행했던 임무를 저지해야 한다. 정신병원에서 사라를 구출하는 장면에서 그는 특유의 오스트리아 억양으로 '살고 싶으면 날 따라오라'고 말한다. 그녀는 습관의 집에 갇혀 계속 터미네이터를 두려워하고 도망치는 것은 킬러 로봇의 공격을 받으며 정신병원에 갇혀 있는 현재 상황에 도움이 되지 않는다는 것을 깨닫는다. 그녀는 터미네이터와 함께 더 큰 위협에 맞서 싸우는 모델로 업데이트할 준비를 서두른다.

터미네이터의 최후통첩은 진정으로 자신을 변화시키려면 현실의 경험을 거부하는 자신의 일부를 부수고 세상을 받아들여야 한다는 것을 보여준다. 어느 시점에 다다르면 세 번째 단계에 들어가서 실제로 행동해야 한다. 그녀는 자신의 과거로부터 온 이 위험한 인물이 자신의 예상과는 달리 구세주로 부활했다는 사실을 처음으로 명확하게 이해하게 된다. 그녀는 자신이 알고 있는 것을 내려놓고 그 순간의 경험을 바탕으로 자신의 이야기를 다시 쓴다. 바로 그 순간, 그녀는 희생양에서 폭정에 저항하는 인류의 어머니로 변신한다. 르네가 레몬 맛이 나는 벌레를 발견한 것과는 많이 다르지만, 꽤 훌륭한 반전이지 않나?

다행히도 우리는 죽음을 위협하는 킬러 로봇 앞에서 감각 찾기를 할 필요가 없다. 하지만 유감스럽게도 상대적으로 안전한 위치에 있기 때문에 그런 상징적인 지시를 받을 일도 없을 것이다. 만족스럽지 못한 삶을 살 위험은 여전히 도사리고 있다. 그러니 지금은 우리를 좀 더 친근하고 덜 근육질인 아놀드라고 생각하라.

발바닥을 느껴라

마술사 톨리 버칸에 대해서는 들어보지 못했어도 그가 1970년대에 소개한 숯불 걷기firewalking에 대해서는 들어보았을 것이다. 이제는 세미나에서 빼놓을 수 없는 순서가 된 숯불 걷기는 4~6미터 길이의 불타는 숯불 위를 걷는 운동이다. 이것은 단순히 닉슨 시대의 문화적 유물이 아니다. 숯불 걷기는 성경과 로마 역사에 언급되어 있으며, 칼라하리 사막의 부시먼 쿵족 사이에서는 전통으로 내려오는 행위다.

버칸 자신도 숯불 걷기를 직접 시도해보기 전에는 속임수일 것이라고 생각했다. 그는 ABC 뉴스와의 인터뷰에서 "숯불 걷기를 해보자마자 여기에 사람들을 기존 사고의 틀에서 벗어나게 하는 잠재력이 있다고 생각했습니다 … 그것은 인생을 바꿀 만한 놀라운 경험이었습니다"라고 말했다.[3]

숯불 걷기는 정신이 물질을 지배한다는 것을 보여주는 마술이 아니다. 숯불 걷기를 안전하게 할 수 있는 이유를 물리적으로 명확히 설명할 수 있다. 숯불 걷기는 평평한 바닥을 걷는 것이 아니다. 실제 발바닥과 숯이 접촉되는 면은 그리 넓지 않은데, 숯불 위를 걸을 때 숯의 온도가 발로 전해지는 찰나 빠르게 발을 떼서 다음 걸음으로 옮기는 것이 중요하다. 그 사이에 숯불의 열기로 발바닥에는 땀이 생기고 땀은 수증기층을 형성해서 발로 온도가 전해지는 것을 막는다. 따라서 실제로 느껴지는 숯의 온도는 그리 뜨겁지 않다.

숯불 걷기는 정신이 정신을 지배한다는 것을 보여준다는 의미에서 마술이기도 하다. 뜨거운 것이 사람을 다치게 할 수 있다는 사실은 우리가 어렸을 때 가장 먼저 배우는 것 중 하나다. 따라서 숯불 걷기를 하려면 마음속 깊이 자리 잡은 지식을 근본적으로 수정할 의지가 있어야 한다. 평생 화상을 입지 않으려고 노력해온 사람에게 이것은 말처럼 쉬운 일이 아니다.

우리가 보기에 숯불 걷기는 극도의 집중력을 요하는 감각 찾기의 한 형태다. 숯불 걷기를 무사히 끝내려면 앞서 설명한 세 가지 단계를 따라야 한다.

- **자신이 갇힌 상태임을 알아차려라.** 당신은 불에 노출되면 해롭다는 강한 믿음을 가지고 있다. 이 기존의 믿음에 이의를 제기하려고 한다. 그러면 세상을 다르게 볼 동기가 생긴다.

- **감각을 탐색할 준비를 하라.** 숯불 위를 걸을 때 뜨거운 불길에 노출되는 면적을 최소화하는 기술이 있다. 통합의학의 선구자인 앤드루 와일은 처음으로 시도한 숯불 걷기에서 이 교훈을 어렵게 배웠다. "정신이 흩어지는 느낌

이 들었습니다. 고통은 거의 한계에 이르렀죠. 한 걸음도 더 나갈 수 없었을 것 같았어요."⁴ 그런데 그다음에는 순간에 더 잘 집중할 수 있었다. "열감은 없었고, 그냥 바삭바삭한 느낌이 들었습니다. 밤새도록 할 수 있겠다는 생각이 들었죠. 정말 놀라웠어요."

• **행동하라!** 숯불 걷기에 대해 듣기만 해도 호기심이 생기겠지만, 숯불 걷기를 하는 모습을 실제로 보거나 직접 해봐야만 마음속 깊이 자리 잡은 믿음을 바꿀 수 있을 것이다.

그렇다면 일상에서 화덕을 마주할 때 이와 같은 수용성과 호기심을 활용하려면 어떻게 해야 할까? 우리의 부정적인 감정은 불타는 숯불과 같다. 이를 극복하는 방법은 감정을 해결하거나 피하거나 소멸해야 할 문제로 보지 않고 가치 있는 것으로 보고 접근하는 것이다. 감정을 피하거나 통제하는 것을 멈춰야만 습관을 넘어 새로운 무언가가 될 기회를 얻을 수 있다. 그러기 위해서는 감각적 경험을 통해 습관을 관장하는 DMN의 지배를 무너뜨려야 한다. 감각 찾기를 시작하기 위한 간단한 연습을 해보자.

다른 방식으로 식사하기

어릴 때는 모든 것이 감각이다. 흑연과 점토로 채워진 작은 막대기인 연필을 조작하여 글자를 쓰는 것도 감각이다. 하지만 성장하면서 감각을 탐구하는 순간은 줄어든다. 근육의 기억이 감각을 대체하면서 연필을 정확히 잡기만 하면 글자가 써지기 시작한다. 하지만 삶은 우리를 다시 감각으로 끌어당긴다. 일이 계획대로 진행되지 않을 때는 더욱 그렇다.

삶이 순탄하게만 흘러갔던 사람이 아니라면 발목을 접질리거나 손목을 삐거나 뼈가 부러지는 등의 부상을 경험해본 적이 있을 것이다. 그때를 떠올리면서 다친 상태에서 걷거나 식사를 하는 경험이 어땠는지 떠올려보자. 습관적으로 움직였을 때 부상당한 부위에서 저항이나 통증을 느꼈을 것이다. 걸을 때나 침대에서 움직일 때 체중을 싣는 방향을 바꾸거나 안 쓰던 손으로 도구를 조작해야 했을 수도 있다. 그 과정에서 한때는 별다른 수고를 들이지 않아도 할 수 있었던 기능을 잃었다는 좌절감과 불확실성에 직면하고, 포크를 사용하는 것이 얼마나 어색한지, 식사를 하는 데 얼마나 많은 시간이 걸리는지 알게 되었을 것이다.

그런데 기본을 다시 배워야 하는 어려움과 좌절감에도 불구하고, 움직이거나 먹는 행위를 천천히 생각하고 성찰하는 데 흥미로운 점이 있지는 않았는가? 실제로 음식을 관찰하고 맛보는 데 전보다 많은 시간을 할애하지 않았는가? 걸을 때나 침대에서 일어날 때 체중을 이동시키고 균형을 잡는 것이 얼마나 복잡한지 처음으로 깨달았을 수도 있다. 시간이 지나면서 부상으로 인한 장애에도 불구하고 기능을 회복할 새로운 가능성을 확인하며 새롭게 자신감을 갖게 되었을지도 모른다.

무슨 말인지 모르겠다면 이 실험을 해보자. 다음에 식사를 할 때는 평소에 사용하지 않는 손을 사용해보자. 지금까지 해온 식사 중 가장 이상한 식사가 될지도 모른다. 하지만 이를 통해 식사가 상징하는 기본적인 자기 돌봄의 행위를 탐색하고 어떻게 성취하는 느낌을 주는지 탐구해보라. 느리고 서툴다는 자기비판에 반발하는 기분이 어떠한가? 음식을 접시에 떨어뜨리거나 평소보다 오래 걸리는 것에 대한 부끄러움을 받아들이니 어떠한가? 이렇게 감각과 탐색에 집중하고 매 순간을 음미하니 음식의 맛이 어떠한가? 그리고 다시 평소와 같은 방식으로 식사를 할 수 있게 되면, 약간의 상실감과 함께 오래된 습관에서 벗어나 낯선 방식이 주는 새로운 기분을 그리워할지도 모른다.

한 걸음 더 가보고 싶다면, 수저나 포크와 나이프 없이 식사하는 것을 고려해보라! 우리 대부분은 나이프, 포크로 식사를 하고 수저를 올바르게 사용하는 것이 세련됨의 척도라고 배우며 자랐다. 전 세계 인구의 약 4분의 1이 끼니마다 손으로 식사를 하고 있는데도 우리는 어렸을 때 손으로 먹는 것은 잘못된 행동이라고 배웠다.

하지만 포크와 나이프, 수저 문화가 우월하다는 가정에서 벗어나 손으로 음식을 먹을 때의 감각에 주목하면 놀라운 사실을 발견할 수 있다. 손으로 완두콩을 한 줌 집어 입에 넣을 때 '자아를 내려놓는' 기분이 들 수 있다. 더 심오한 일이 벌어질 수도 있는데 '깨끗하다'와 '더럽다'에 대한 우리의 가정, 손으로 음식을 만지는 것은 문명화된 성인에게는 부적절한 행위라는 믿음에 맞서는 것이다. 그런 경우라면 먼저 손을 씻으면 된다. 이렇게 하는 것이 어리석고 하찮게 느껴질 수도 있지만, 사실 그게 핵심이다. 잠시만이라도 다른 사람이 되어 볼 의향이 있는가?

이러한 감각 찾기 연습은 음식의 맛을 바꾸지는 못하겠지만, 당신이 앞으로 더 자유롭게 실험에 참여할 수 있게 해준다. 이는 우리가 직면한 더 큰 문제를 해결하기 위한 작은 걸음이 될 수 있다. 다시 말해, DMN의 지배에서 벗어나기 위해 습관의 집을 불태울 필요는 없다. 가장 고착화된 루틴에 장난을 거는 것만으로도 창문을 열어 신선한 공기를 들이마시는 것과 같은 효과를 얻을 수 있다. 그러니 한번 시도해보라. 달라진 자신의 모습에 놀라게 될지도 모른다.

감각 찾기를 위한 9가지 규칙

이 책이 역도에 관한 책이라면 이 부분은 기술과 형태에 관한 부분에 해당한다. 올림픽 역도 코치는 경험을 통해 안전하게 근력을 키우는 데 무엇이 효과적이고 무엇이 그렇지 않은지 잘 알고 있다. 건강과 웰니스 분야에서 일한 우리는 웰빙을 위한 다양한 형태의 정신 훈련에 적용되는 일반적인 원칙을 파악할 수 있었다. 다음 원칙은 좋은 감각 찾기 연습을 알아보는 데 도움이 될 것이다. 여기서는 식사 연습이 어떻게 이 원칙을 충족하는지 살펴본다.

1. 억지로 하지 않는다. 감각 찾기는 지각적 추론을 위한 조건을 최적화하는 기술이지만, 이미 무엇을 해야 할지 잘 알고 있다면 막막하지 않을 것이다. 감각 찾기의 결과를 통제할 수 있다는 생각을 버릴 수 있는지 확인하라.

2. 선택할 수 있다. 감각 찾기를 하려는 의도를 설정하기만 해도 감각 찾기를 할 수 있다. DMN을 깨고 감각을 위한 자원을 확보할 수 있는 단 한 번의 순간만 있으면 된다. 그리고 나면 무슨 일이 벌어지는지 지켜보기만 하면 된다.

3. 편재성. 의식이 있는 한 감각의 세계에는 언제나 주의를 기울일 만한 대상이 존재하기 때문에 감각 찾기 연습은 언제, 어디서나 가능하다. 감각 찾기는 특별한 자극을 찾는 것이 아니라 감각 세계를 항상 이용 가능하다고 보는 것이다.

와일더 펜필드가 뇌에 작은 전극을 이식하여 정신 활동을 변화시킬 수 있다는 사실을 입증하고 40년이 지난 후에 신경학자 헬렌 메이버그는 이 기술을 치료 저항성 우울증을 치료하는 데 사용했다.[5] 정신적 습관이 신경식물장애 증상으로 나타나는 우울증 환자의 경우 전극을 켜면 효과가 반전된다.

놀라운 점은 전극을 리모컨으로 *끄고* 켤 수 있다는 것이다. 전극은 심박 조율기처럼 작동하며 DMN의 허브 중 하나인 뇌 앞쪽 기저부에 있는 신경 회로를 오가는 정보의 흐름을 조절한다. 전극을 켰을 때 사람들이 보고한 경험은 놀랍다. 전극은 뇌의 감각 공장에 배치되지는 않았지만, 강한 감각적 효과를 불러일으켰고, DMN에 영향을 미치지 못해 스스로 감각을 받아들일 수 없는 사람들에게 더 큰 감각을 불러일으켰다.

환자들은 갑자기 색이 보인다거나 갑작스러운 평온함이나 가벼움, 공허함의 사라짐, 예리해진 의식, 흥미 증가, 연결감을 느꼈다고 보고했다. 시각적 디테일이 선명해지고 색이 강해졌다는 설명과 함께 갑자기 수술실이 밝아졌다고 보고한 사람도 있었다.

이 외과적 치료법은 극심한 우울증을 앓는 환자도 깊은 감각을 느끼는 능력이 억제되기는 하나 소멸되지는 않는다는 것을 보여준다. 이는 우리 모두에게 좋은 소식이다. 고통에 시달리는 사람들도 잃어버린 감각을 되찾을 수 있다. 다행히 우리 대부분은 그렇게 심각한 상태가 아니기 때문에 감각을 되찾기 위해 신경외과 진료 대기자 명단에 이름을 올릴 필요는 없다. 앞서 설명했듯이, 이 스위치를 스스로 켜는 것은 전혀 어렵지 않다.

4. 완전성. 당신이 느끼는 감각만으로 충분하다. 새로운 의미를 만들거나 감지한 것이 좋은지 나쁜지 평가할 필요는 없다. 그렇게 하면 예측의 덫에 다시 빠져들 수도 있다. 첨가물이나 방부제 없이 명확하게 감각을 느끼는 것, 그것이 바로 당신이 찾고 있는 것이다. 존 업다이크 소설의 주인공인 래빗 앵스트롬은 우연히 골프장에서 완벽한 드라이브를 치고 "바로 그거야!"라고 외친다. 그는 골프공을 치는 방법을 말한 것이 아니라 골프공의 느낌을 말한 것이다. 인생의 모든 것이 완벽하게 맞아떨어지는 찰나의 순간. 래빗은 감각의 순간이 그 자체로 완전할 수 있다는 가능성에 감탄한다. 감각 찾기를 통해 목표하는 바와 기대가 있을 수도 있지만, 순간의 감각 찾기를 연습하려면 모든 것을 내려놓아야 한다.

5. 구체성. 물리적 세계를 탐구하는 데 사용한 기술을 감정이나 생각에 적용할 수 있긴 하지만, 내적 경험의 일시적 특성 때문에 초보자에게는 어려운 목표가 된다. 굳이 어렵게 할 필요가 있을까? 주의를 집중하기 좋은 대상은 골프 아마추어의 스트로크처럼 구체적이고 분명해야 한다. 자기 자신이 그 대상에 계속 주의를 기울이고 있는지가 분명해야 한다.

6. 몰입. 감각 찾기는 색조의 단계적 차이를 보고 눈의 초점을 흐리게 해서 숨겨진 그림을 찾아내는 매직아이처럼 느껴져서는 안 된다. 엿보려고 애쓰는 외부 관찰자가 아니라, 편안하게 몰입하여 자신이 그 일부가 되었다고 느낄 수 있어야 한다.

7. 안전. 감각으로의 여행은 가능한 한 안전해야 한다. 위험이나 미스터리한 요소는 흥미를 유발하고 열정을 불러일으키는 데 도움이 될 수 있지만, 반드시 그런 요소가 필요한 것은 아니다. 경험을 통한 변화를 수용하는 것 자체가 이미 위험을 감수하는 일이다. 숙련된 사람과 함께 숯불 걷기를 한다고? 좋은 생각이다. 캠프장에서 술에 취한 채로 모닥불 위를 뛰어다니는 건? 글쎄, 그다지 좋은 생각이 아니다. 당신이 생각한 감각 찾기가 다른 사람에게 해를 끼치는 활동인 것 같다면 잠시 재고해보자.

8. 책임은 당신에게 있다. 감각 찾기는 세상을 탐구하고 배우는 인간의 기본적인 능력을 활용하는 기술이다. 그런데 자격증과 전문 지식을 내세워 이 능력을 사용하는 것을 가로막는 사람들이 있다. 그들은 감각 찾기를 하려면 값비싼 강좌를 듣거나 자격증을 취득해야 한다고 말한다. 물론 숲에서 버섯을 찾거나 힌두쿠시 산맥을 탐험하는 것이 당신이 선택한 감각 찾기 활동일 경우 전문가의 안내를 받기 위해 돈을 지불하는 것은 충분히 가치가 있다. 하지만 궁극적으로 감각을 찾는 능력은 스스로 향상시켜야 한다. 당신이 하는 감각 찾기에서는 당신이 최고의 전문가다. 당신의 식탁이 훌륭한 출발점이 될 수 있다는 사실을 기억하라.

9. 경외감이 든다. 제대로 된 감각 찾기를 하면, 경험에 대한 모델과 실제 감각한 경험의 차이가 사라지는 현존감을 느끼게 된다. 이렇게 기대와 감각 사이에 눈에 띄는 차이가 존재하지 않는 순간에 도달하면 신기한 일이 벌어지는데, 관찰자와 관찰 대상 간의 경계가 흐려지기 시작한다. 이러한 경험은 일반적으로 감정 중립적이지 않다. 이때 자아가 확장되거나 심지어는 해체되는 느낌이 들기도 하는데, 이는 굉장한 경험이다.

일련의 지각적 습관에서 벗어나면 두려움이나 경이로움을 느끼며 세상의 복잡함과 풍요로움을 목격할 수 있다. 일반적으로 우리는 이러한 감정을 피하려 하지만, 감각 찾기의 맥락에서는 감각 찾기를 연습할 안전한 공간을 만들고 이곳에서 이러한 감정을 발견의 길로 향하는 신호로 보게 된다. 평소에는 당연하게 생각했던 상황에서 자기 자신이 더 큰 시스템의 작은 일부에 불과하다는 놀라운 사실을 깨닫는 것은 감각 찾기가 지각적 추론으로 이어지고 있다는 청신호다.

감각 찾기라는 여정을 시작할 때 우리가 해줄 수 있는 최고의 조언은 쉽지만 간단하지는 않다는 것이다. 냄새를 맡고, 맛을 보고, 만지고, 보는 것은 쉽지만, 이 모든 것을 모델 업데이트로 이어지게 하는 것은 간단한 일이 아니다. 자신에게 맞는 접근 지점을 찾으면 즉시 변화가 일어나고, 그 변화는 작은 것에서부터 시작된다. 한 가지 사고방식에 갇혀 있는 느낌이 줄어들고, 습득한 지식의 무게를 상쇄할 감각적 자원이 있다는 사실을 깨닫기 시작하는 것이다. 이러한 선택지가 있음을 아는 것만으로도 예상하지 못한, 현존하고, 이용 가능하며, 놀랍도록 풍부한 세상이 펼쳐진다.

당장 아무 일이 벌어지지 않거나 발견한 것이 감동적이지 않다면, 당신의 정신적 루틴이 감각의 세계를 탐험하고 싶은 욕구보다 훨씬 오랫동안 자리 잡고 있었다는 사실을 상기하는 것이 도움이 된다. 감각 찾기를 위한 아홉 가지 규칙은 연습의 핵심적인 내용이면서 태도에 관한 것이기도 하다. 여기서 중요한 태도는 인내심이다. 여러 접근 지점을 시험해봐야 한다고 해서 놀라지 말라. 첫 번째 선택이 자신에게 가장 적합한 선택이 아닐 수도 있고, 앞서 언급한 항목 중 몇 가지만 해당할 수도 있다. 결국 자신에게 맞는 모델을 찾게 될 것이고, 연습을 반복하면 갇힌 느낌이 들 때 그것을 고유한 모델로 인식하고 '갇힌 느낌'과 감각의 사용을 연결할 수 있게 될 것이다. 이것은 일종의 근육 기억이다. 그러나 새로운 모델은 이미 알고 있는 것을 통합하거나 방어하거나 사용하는 것이 아니라 탐색과 업데이트를 지향하는 모델이기 때문에 특별하다.

우리가 세상을 이해해야 하는 한, 우리의 두뇌는 계속해서 기대로 가득한 모델을 만들어낼 것이다. 몇 번의 감각 찾기로 이러한 현실이 바뀌지는 않는다. 그러나 혼란스러운 감각의 세계에서 나와 엄격한 판단이 지배하는 세계로 들어가지 않고 이야기를 전개할 방법이 있다. 세상을 이해하는 모델에 감각 찾기를 도입하면 젊음의 경이로움을 유지하면서도 어렵게 얻은 통찰까지 활용할 수 있다.

1분 감각 찾기

대부분의 혁신적 관행에는 의식과 준비가 필요하지만, 감각 찾기는 언제든 할 수 있고 단 1분만 있어도 할 수 있다.

지금, 여기에서 바로 느낄 수 있는 것을 골라 도전해 보라.

손가락이 있는가? 좋다. 눈을 감는다. 손가락이 있다는 것을 어떻게 알 수 있을까? 손가락을 느낄 수 있는가?

발이 있는가? 좋다. 발을 굴러서 진동을 느껴보라.

숨을 쉬고 있는가? 확실한가? 자신이 숨을 쉬고 있는지 어떻게 아는가?

당신이 있는 곳의 냄새는 어떠한가? 한 번 크게 숨을 들이마시고 냄새를 맡은 다음 공기 중에 무엇이 있는지 설명해본다.

어떤 소리가 들리는가? 잠시 시간을 내어 귀를 기울여보자. 시끄러운 환경에서도 침묵의 공간은 존재하는가?

평소라면 관심을 두지 않았을 주변의 사물을 살펴본다.

이 연습은 감각 및 탐색 모드로 얼마나 빨리 전환할 수 있는지 보여준다. 감각 찾기에 들어가기 위해 많은 계획을 세울 필요는 없다. 루틴을 만드는 것도 좋지만, 개념적인 뇌가 부담이 될 때 언제든 빠르게 탐색 모드로 전환할 수 있다.

Chapter 8

인생을 레벨업하는 작은 스위치들

＝＝＝＝

**나는 내 삶의 폭이 좁아지는 것을
원하지 않는다.**

벨 훅스

갇힌 기분이나 충족되지 않은 느낌은 감각 찾기에 동기를 부여한다. 감각 찾기로 이러한 느낌을 충족시키고 일관성보다 유연성을 중시하는 법을 배우면 마법 같은 일이 벌어지기 시작한다. 본래 고집스러운 DMN이 유연해져서 상황을 전환시킬 수 있게 되는 것이다. 퇴근 후 집에 돌아오면 업무는 자연스럽게 가정생활로 대체된다. 여전히 DMN을 사용하고 있지만, 그 순간을 명료하고 중요하게 인식함으로써 DMN에게 과거나 미래의 염려가 아닌 현재에 적응하라는 신호를 보내는 것이다.

잡생각이 사라지는 이 신비스러운 느낌은 다양한 문화와 맥락에서 잘 설명되어 있다. 명상과 환각은 둘 다 자아의 죽음이나 초월이라는 개념을 설명하고, 사람들은 마취 상태나 꿈에서 종종 유체이탈을 경험하며, 팝과 스포츠 문화에서는 긍정 심리학자 미하이 칙센트미하이와 같은 작가들이 몰입 상태에 대한 아이디어를 대중화했다. 이러한 상태는 여러 접근 지점을 통해 도달할 수 있지만, 모두 감각 찾기의 원리를 이용한다. 자신의 역할을 잘 해내는 DMN은 사용자의 주의를 다른 곳으로 돌리는 것이 아니라 사용자가 집중하고 있는 것에 대한 맥락을 자동으로 제공해준다. 명상을 할 때 더 이상 휴대전화를 확인하라는 생각에 방해를 받지 않게 된다. 몽상가는 '하지만 이건 현실이 아니잖아'라는 생각을 더 이상 갖지 않게 되고, 운동선수의 경우 억지로 움직이기보다는 경기 상황에 반응하듯 움직이게 된다.

그러나 자신의 상황과 활동이 안전하다고 느끼는 정도에 따라 일관성을 포기하는 것이 다소 두려울 수 있다. DMN은 세상의 예측 불가능성으로부터 우리를 보호하기 위해 우리를 의미라는 담요로 감싼다. 감각 찾기는 이 담요의 느슨한 실타래를 잡아당긴다. 이 과정을 잘 수행하면 단단히 고정된 침대 시트를 느슨하게 풀어놓은 것처럼 더 편안하게 움직일 수 있게 된다. 갑자기 유연해진 사고로 인해 방향 감각을 잃거나 압도당하는 기분이 들 수도 있다. 어느 쪽이든, 이때 당신과 세상 사이에 놓여 있던 장벽이 사라진 자유를 인식하고 그것을 소중히 여기는 것은 효과적으로 감각 찾기를 하고 있다는 신호다.

그렇다면 어떻게 안전하고 지속 가능한 방법으로 DMN의 힘을 뺄 수 있을까? 비결은 실패를 정상화하는 것이다. 다이어트나 금연에 실패할 때면 이는 극복할 수 없다는 결론을 내리고 체념하기 쉽다. 그러나 연구에 따르면 뿌리 깊이 자리 잡은 습관을 바꾸려면 여러 번 시도해야 한다.[1] 운이 좋으면 한 번에 성공하기도 하지만, 대부분의 사람들은 자신에게 맞는 접근 지점을 찾기 전까지 여러 번 실패한다.

　구체적으로 어떤 접근 방식이 당신에게 적합한지 예측할 방법은 없다. 시도할 때마다 동기 부여나 지원 시스템이 동일하지 않을 수도 있다. 우리가 해줄 수 있는 최선의 조언은 변화하려는 마음가짐을 유지하되 한 방법만 고집하지 말라는 것이다. 대부분의 사람들이 올바른 방법을 바로 찾지 못한다는 점을 염두에 두고 7장에 제시된 방법들을 계속 시도하라. 거듭되는 시도에 실망할 수도 있지만, 한 가지만 존재하는 '올바른' 방법을 찾으면서 여전히 담배를 피우거나 오레오를 실컷 먹거나, 스마트폰으로 앵그리 버드를 하면서 자신을 실패자로 취급할 때만큼 실망하지는 않을 것이다. 우리는 감각 찾기 경험을 쌓을 수 있는 다양한 도구를 제공하지만, 당신에게 적합한 도구는 당신 스스로 찾아야 한다.

자연에서 풀 만지기

현대인들은 영상을 시청하는 데 많은 시간을 보낸다. 정신적으로 지나치게 가상 세계에 갇혀 있다면 밖으로 나가 현실 세계와 다시 연결되도록 '풀을 만져볼 것'을 권한다. 신경의학자이자 작가인 올리버 색스는 "40년 동안 의료 활동을 하면서 만성 신경 질환 환자에게 매우 중요한 비약물적 '치료법'은 음악과 정원, 두 가지뿐임을 알아냈다[2]"고 말하기도 했다.

정기적으로 '풀을 만지는 것'의 이점에 대한 과학 문헌은 엄청나게 많다. 호주 원주민들이 워크어바웃walkabout*에서 얻는 자기 발견부터 도시 거주자들이 하이킹과 캠핑에서 얻는 안도감까지, 자연환경에서 시간을 보내는 것은 시대를 초월하는 보편적인 혜택이다. 실험에 따르면 도시 공간보다는 녹지 공간에 있을 때 주의력 조절, 인지적 유연성, 작업 기억력, 회상력이 향상된다고 한다. 또한 학교 근처의 녹지 공간은 아이들의 인지 발달과 자제력을 향상시키는 것으로 밝혀졌다. 대규모 집단을 대상으로 실시한 연구에 따르면 녹지 공간은 긍정적 감정을 촉발하고 스트레스 호르몬 수치와 혈압을 낮추며, 근육의 긴장 완화와도 관련이 있다.[3]

인공적인 환경에서 생활하려면 집중력과 문제 해결 능력을 지속적으로 사용해야 하지만, 자연 속에서는 이러한 무거운 짐을 내려놓고 뇌를 재충전할 수 있으므로 회복력이 높아진다는 이론도 있다.

그런데 이러한 혜택을 누리려면 자연 속에서 얼마나 많은 시간을 보내야 할까? 2만 명을 대상으로 한 설문조사에 따르면,

* 호주 원주민 사회에서 성인으로 인정받기 위해 몇 달간 오지로 나가 생활하는 과정.

자연에서 보내는 시간이 1시간 늘어날 때마다 건강 상태가 좋아질 확률도 약 2.5퍼센트씩 높아진다고 한다. 이러한 이점은 일주일에 약 3시간 30분까지 계속 이어지다가 평준화되는데, 이는 하루에 30분 또는 매주 이보다 조금 긴 여행을 떠나는 것에 해당한다. 자연 속에서 시간을 전혀 보내지 않은 사람들에 비해 3시간 30분 이상 자연 속에서 시간을 보낸 사람들은 몸 상태가 좋다고 느낄 확률이 7퍼센트 높았다.[4] 한 번에 200분 정도의 긴 시간을 보내는지, 아니면 여러 번 짧은 시간을 보내는지는 중요하지 않았다. 이는 좋은 소식이다. 자신의 일정에 맞춰 유연하게 감각 찾기를 하면 되기 때문이다.

자연에서 시간을 보내는 것이 건강에 도움이 되는 이유를 알아보기 위해 크레이그 앤더슨과 동료들은 다양한 야외 활동의 효과를 비교했다. 연구진은 등산과 같은 특별한 활동이 건강에 도움이 되는지, 아니면 공원 산책처럼 평범한 활동도 도움이 되는지 조사했다. 결과는 활동을 어떻게 경험하느냐에 따라 달랐다. 연구자들은 활동이 자기 자신에 국한되는 것이 아니라 자기보다 더 큰 세상과 연결되어 있다는 느낌, 즉 경외감을 자아낼 때 자연의 회복력이 나타난다는 사실을 발견했다.[5] 이는 래프팅처럼 짜릿하거나 일몰을 보는 것처럼 아름다운 자연환경에 몰입할 때 느낄 수 있다. 위험에 처한 청소년, 퇴역 군인, 대학생 등 다양한 집단의 사람들을 대상으로 한 연구 결과도 마찬가지였다. 자연은 우리가 자아를 뛰어넘을 수 있도록 영감을 준다.

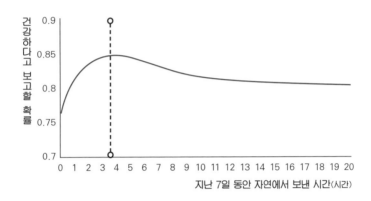

카타딘 산을 내려오는 경험은 헨리 데이비드 소로가 느꼈던 초월적인 경외감[6]을 선사하지만, 작은 아름다움, 놀라움, 열정의 순간들도 우리를 고정된 사고에서 벗어나게 하고 변혁으로 이끌 수 있다. 이것이 바로 사회심리학자 바버라 프레드릭슨이 널리 알린 긍정적 감정의 확장 및 구축 이론이다. 감각 찾기는 문득 떠오르는 긍정의 순간을 우리가 알아차리고 활용할 수 있도록 여건을 조성하는 일이다.

1993년에 《와이어드wired》 창간호는 '피곤한tired'과 '연결된wired'이라는 단어를 유행에 뒤처진 사람을 구분하는 사회적 지표로 사용하기 시작했다. 그 틀을 가지고 감각 찾기에 접근하는 두 가지 방식, 피곤한 방식과 연결된 방식을 설명해보겠다.

☹ **피곤한** 아이와 실내에만 있으려니 답답했던 당신은 '아이에게 좋을 것 같다'는 이유로 아이를 공원에 데리고 간다. 아이가 모래에서 노는 모습이 행복해 보이자 안도의 한숨을 내쉬고 공원 벤치에 털썩 주저앉는다. 스마트폰으로 이메일을 확인하지만 업무에 집중할 수 없다. 아이는 같이 놀아달라고 조르지만 사실상 당신은 그곳에 아이와 함께 있지 않다. 그러다 아이가 눈에 모래가 들어갔다고 소리를 지르기 시작하면 스트레스 지수가 치솟는다. '나는 형편없는 부모야. 하지만 잠깐 스마트폰을 봤을 뿐인데'라고 혼잣말을 하며 아이에게 달려간다. 집에 도착했더니 떠날 때보다 기분이 더 나쁜 상태가 되었다.

☺ **연결된** 어린 자녀와 실내에 갇혀 있으니 답답하다. 분노가 쌓이고 갇혀 있는 느낌이 들어 아이를 데리고 공원으로 나간다. 아이가 모래밭에서 놀고 싶다고 해서 아이와 함께 모래밭으로 내려가 모래의 패턴을 따라가기 시작한다. 새들의 지저귀는 소리와 나무가 흔들리는 소리가 들린다. 손가락 사이로 빠져나가는 모래를 느끼고 발을 파묻는 아이가 즐거워하는 게 느껴진다. 바람이 불어 모래가 눈에 조금 들어갔지만, 당신은 재빨리 아이를 안심시키고 근처 분수대에서 모래를 씻어낸다. 당신이 다른 부모들을 만나 즐거운 대화를 나누는 동안

아이는 새로운 친구를 사귄다. 상쾌해진 기분으로 집에 온다.

'풀 만지기'로 웰빙에 눈에 띄는 변화를 일으키려면 일주일에 최소 2시간은 투자해야 한다. 일주일이 168시간이라는 점을 고려하면 그렇게 큰 투자는 아니다. 단순하고 평범하고 다소 뻔한 접근 방식을 선택하는 것은 부끄러운 일이 아님을 기억하자.

- 분수대나 녹지 근처의 야외에서 점심을 먹는다.
- 공원이나 숲을 걷는다. 심호흡을 한다. 나무의 높이와 움직임, 햇빛이 어떻게 통과하는지에 주목한다.
- 신발을 벗고 맨발로 걷는다. 발바닥에 닿는 느낌을 천천히 살핀다.
- 알람시간을 설정하고 일출을 보거나 일몰을 볼 시간을 마련한다.
- 매일 식물에게 인사를 건네고 흙을 관리하고 필요할 때 물을 준다.
- 모이통을 설치하고 새들이 모이는 모습을 지켜본다. 매일 살펴보면서 익숙한 새가 있는지 찾아본다.
- 동네의 쓰레기를 치우다 보면 작은 변화를 만드는 데서 오는 예상치 못한 힘과 기쁨을 느낄 수 있다.
- 직장에서 자연을 접할 기회가 없을 수도 있다. 모든 고

용주가 탁 트인 전망을 제공하는 것은 아니다. 하지만 밖으로 나가는 것은 여전히 중요하다. 사무실에서 나와 커피를 사러 가거나 매일 산책을 할 이유를 만들어라. 복잡한 대도시에서도 날씨를 느끼거나 다른 환경을 체험할 기회는 있다.

- 호숫가에 나가 낚시를 즐긴다. 당신의 감각 환경이 주변 야생 동물의 행동을 어떻게 예측하는지에 대해 생각해볼 수 있는 환상적인 기회다.

감각 찾기의 과학적 근거를 상세히 소개한 이유는 당신이 "알았어요, 알았어. 산책하고, 장미향을 맡아라. 우리 할머니가 하실 만한 말이네요"라며 넘어갈 만한 단순한 행동들이 실제로 하면 극적인 효과가 있음을 보여주기 위해서다. 그리고 그 효과는 수차례 반복적으로 입증됐다.

근육을 느껴라

늘 앉아 지내는 생활 방식은 여러 질환을 초래하는 위험 요인으로 널리 알려져 있다. 신체 활동은 이러한 위험을 확실하게 줄여준다. 영국에서 36만 명 이상을 대상으로 실시한 대규모 조사에 따르면 하루에 2시간에서 6시간 정도 앉아 있다고 답한 사람들은 심장병, 간 질환, 갑상선 질환, 우울증, 편두통, 관절염 등 여러 비전염성 질환에 걸릴 위험이 27퍼센트 높았다.[7] 연구자들은 그 시간을 가벼운, 중간 정도 또는 격렬한 신체 활동으로 대체할 경우 어떤 일이 벌어지는지 조사했다. 조사 결과 운동 강도가 높을수록 앞서 설명한 비전염성 질환에 대한 보호 효과는 커지는 것으로 나타났다.[8]

신경 수준에서 보면 운동은 뇌의 효율성을 높여준다. 운동 후에 인지력을 측정하면, 자극에 주목하고 부적절한 반응을 억제하는 두뇌 활동이 증가한다.[9] 여기에 충동적인 반응을 억제하는 능력이 더해지면 능동적 추론에 대한 편견을 깨는 중요한 요소를 갖추게 된다.

운동을 하면 스트레스에 직면할 때 여유를 가지게 되고, 내적 판단과 행동 모두에서 더 많은 선택지가 생긴다. 연습을 통해 자신의 환경과 생리에 대한 반응성을 높이고 통제감을 키우는 것은 흔히 '몰입 상태'라고 하는 감각 찾기의 한 예다. 우리가 보기에 몰입이란 시간을 투자해 정확한 모델을 개발하고 그 모델이 알아서 처리해주는 일을 즐기는 것이다.

스포츠에서는 몰입의 사례를 흔히 볼 수 있다. 별다른 노력이나 지시 없이도 숙련된 신체 퍼포먼스가 전개된다. 야구 선수들은 이를 '공 보고 공 치기'라고 표현하고, 농구에서는 상대를 제압하는 슈팅 또는 '구역 지키기'라고 표현한다. 이러한 사례들을 통해 우리는 몰입이 빠르고 정확한 지각(지각적 추론)을 통해 상황과 기존 모델을 동적으로 일치시키는 감각 찾기의 역학이라는 사실을 알 수 있다. 진정한 몰입 상태에서는 정신 모델을 업데이트할 필요도 없다. 반응이 아무런 저항 없이 나오기 때문이다. 풍부한 스포츠 지식과 상황을 명확하게 파악하는 능력에 대한 신뢰를 가지고 수많은 연습과 준비를 통해 DMN에 입력된 반응에 의존할 수 있다. 몰입은 상황에 이상적으로 대응하도록 프로그래밍된 DMN을 통해 얻을 수 있는 성취감이다.

힘들고 피곤한 활동을 하면서도 몰입 상태가 매력적으로 다가오는 이유는 분투하고 있지만 편안함과 쾌감을 느끼기 때문이다. 많은 사람들이 몰입이 무엇이고 어떻게 작동하는지 설명하기 위해 노력해왔다. 격렬한 운동을 하면 체내에서 천연 진통제인 엔도르핀이 분비되어 통증을 줄여주고 따뜻하고 포근한 느낌을 준다는 주장도 있다. 그러나 일반적인 진통제가 감각을 둔화시키고 운동 능력을 저하시키는 반면, 몰입 상태에서는 마법처럼 운동 능력이 최고 수준으로 유지된다는 점에서 만족할 만한 설명은 아니다.

여기 우리가 간과하고 있는 통찰이 있다. 과학자들은 지각적 추론과 매우 유사한 몰입 상태에 이르는 방법을 알고 있다.[10] 연구에 따르면 몰입 경험은 두 가지 요소로 구성된다. 첫 번째는 활동에 기꺼이 몸을 내던지는 의지와 호기심, 긍정적인 참여다. 인내심이나 노력, 몰입의 강도는 두 번째 요소가 아니다. 몰입의 핵심 요소는 평온함, 더 이상 아무것도 할 필요가 없다는 느낌, 이미 하고 있는 행동의 레퍼토리를 넘어서려고 노력하거나 밀어붙일 필요 없이 그저 참여하는 느낌이다. 몰입 상태에서 평온함을 느끼는 이유는 기대치를 세밀하게 조정하고 세상과의 상호작용에 세심한 주의를 기울이기 때문에 어떤 일이 벌어져도 놀랍지 않은 상태여서다.

엘리트 운동선수와 공연가들은 혹독한 준비 과정을 거치면서 개념적 사고를 내려놓고 감각 찾기에 몰입한다. 올림픽에 출전하는 다운힐 스키 선수는 몰입 상태에서 속도와 지형을 정확하게 파악하고 안전하게 하강한다. 평범한 사람은 대응을 고민할 시간이 필요하다. 하지만 감각 찾기의 역학은 충분한 준비와 올바른 마음가짐만 있으면 어떤 상황에서도 몰입 상태가 될 수 있음을 시사한다.

'내 몸에 문제가 있으니 고쳐야지'라는 능동적 추론을 하고, 동작을 따라 하는 운동만 해도 건강에 도움이 된다. 하지만 몰입을 우선시하는 운동은 감각을 통해 주체성과 역량을 키우는 강력한 수단이 된다. 예를 들어, 기분이 좋지 않을 때 운동을 하면 신체 활동이 생리에 변화를 가져온다는 사실을 경험을 통해 알게 되고, 감정 조절을 위한 새로운 모델(지각적 추론)을 형성할 수 있다. 자신의 감각을 점검하다가 기분이 나빠지는 것을 알아차리고 이를 바꿀 수 있다는 자신감을 가지게 되는 것이다. 몰입 상태에 도달하면 신체 활동을 통해 기분이 개선되는 것을 지켜볼 수도 있다.

☺ **피곤한** 당신은 조깅을 시작했다. 조깅을 할 때마다 기분이 좋지 않다. 당신은 형편없는 자신의 몸매를 더는 두고 볼 수 없어 조깅을 한다. 노력해야 하는 것이 싫고, 조깅이 지루하다는 생각이 들고, 무릎이 아플까 봐 두렵다. 처음 몇 걸음을 억지로 내디뎌 보니 부정적인 예상이 맞았다. 이전에도 운동을 하면서 이런 적이 있었고 이를 극복할 수 있다는 것도 안다. 어떻게 하면 자동 조종 장치처럼 빠르게 달리기를 완주할 수 있을지 고민하다가 문제가 있는 동료에 대한 생각에 사로잡힌다. 겨우 조깅을 마치고, 조금은 머리가 맑아진 것을 느낀다. 하지만 오늘은 겨우 첫날이다. 샤워를 하고 다시 일상을 이어가기 위해 마음을 다잡는다.

☺ **연결된** 똑같이 기분이 좋지 않은 상태에서 출발한다. 하지만 몸에서 벌어지는 일에 귀를 기울이는 것을 잊지 않는다. 중간 정도 가니 집중력이 높아지는 게 느껴진다. 운동 수준과 몸이 보내는 피드백 사이에서 순간순간 협상을 벌인다. 운동은 일

종의 대화가 되고, 할 수 있는 일과 할 수 없는 일에 대한 거창한 생각과 의심은 무의미해진다. 중요한 것은 다음 보폭, 다음 언덕, 옆구리가 아픈데 호흡을 바꿔야 하는가이다. 더 세게 밀어붙이기로 결심하고, 러너스 하이*를 만들어내는 엔도르핀이 분비되는 것을 느낀다. 혈관에 산소가 공급되면서 더 큰 자유를 느끼고 통증과의 관계 변화와 통증을 관리하는 자신의 능력을 알아차린다. 신체적 성취는 문제를 관리하는 전반적인 능력에 대해 새롭게 자신감을 불어넣는다. 샤워를 하는데, 전에 중요해 보였던 문제들이 더 이상 중요해 보이지 않는다. 방금 몰입 상태를 유지하고 도전을 성취하는 능력을 실제로 경험한 덕분이다.

당신이 이 지점에 도달할 수 있었던 것은 냉혹한 결단력과 마조히즘적인 추진력(습관의 집의 특징)이 아닌, 순간순간 들어오는 감각 정보들을 받아들이는 데 집중한 덕분임을 기억해야 한다. 감각을 차단하지 않고 경험을 통제하려는 욕구를 포기하는 것만으로도 DMN의 노예가 되지 않고 몸과 협력할 수 있다. 그렇게 하면 체력뿐 아니라 삶 전반을 변화시킬 수 있다.

이미 즐겨 하는 운동이 있다면, 그 운동을 신체 활동을 감각

* 신체적 스트레스로 인해 발생하는 행복감.

찾기로 전환하는 출발점으로 삼을 수 있다. 다음은 몇 가지 예시다.

가벼운 신체 활동

가벼운 걷기, 스트레칭, 천천히 춤추기, 정원 가꾸기, 낚시. 또는 색다른 아이디어가 있다. 집에는 반드시 해야 하는 집안일이 많다. 집안일을 감각을 찾는 기회로 삼고 그 과정에서 새로운 발견을 해보는 게 어떨까?

적당한 신체 활동

빠르게 걷기, 하이킹, 오르막길 걷기, 자전거 타기, 저강도 에어로빅, 요가, 골프, 그리고 걸레질, 진공청소기 돌리기, 청소, 수세미질, 눈 치우기, 잔디 깎기 등 움직임이 필요한 고강도의 집안일.

격렬한 신체 활동

달리기, 휠체어 밀기, 배낭여행, 등산, 일립티컬 머신, 고정식 자전거, 가라테, 유도, 태권도, 줄넘기, 웨이트 트레이닝, 농구, 축구, 하키, 수영, 다운힐 또는 크로스컨트리 스키, 무거운 것을 들어야 하는 작업.

예술에 몰입하기

아무리 존경받는 예술 작품이라도 그 자체로 보는 이나 듣는 이를 변화시키는 것은 아니다. 예술을 접할 때 어떻게 감각적으로 참여하느냐가 중요하다. 표면적인 수준의 즐거움을 누리는 사람도 있지만, 감상을 자기 성찰과 잠재적 성장으로 받아들이는 사람도 있다.

누구에게나 순수한 미적 경험을 넘어 도전 정신과 감정을 불러일으키는 예술 작품이 있다. 예술은 빠르게 틀을 찾는 DMN에 저항하고 감각 경험을 부각시켜 현상 유지를 방해하는 강력한 파괴자 역할을 할 수 있다. 외부의 패턴이 내면에 영향을 미치는 것을 저지하지 않고 호기심을 갖는 것은 감각 찾기와 지각적 추론을 유도하는 훌륭한 방법이다.

우리에게 진정으로 말을 건네는 예술은 우리를 참신함과 놀라움의 세계로 안내하는 감각 찾기의 통로가 될 수 있다. 흰색 캔버스에 검은색 정사각형 하나를 그려 넣은 흔한 미니멀리즘 작품도 이러한 역할을 할 수 있다. 작품의 기술적인 숙련도 때문이 아니라 그 작품을 보면 가치가 어디에서 오는지 성찰하게 되고, 우리 자신이 가치 있게 여기는 것의 자의성에 의문을 갖게 되기 때문이다. 철학적으로 접근하지 않아도 본질적으로 모든 예술 작품은 감각을 전달한다. 관찰하고 감상할 것인가, 아니면 있는 그대로 보고 들을 것인가의 문제다.

예술 치료는 임상적 개입으로 자리를 잡았다. 젊은 사람이나 의사소통이 어려운 사람들은 전통적인 치료법보다 예술 치료를 선호한다. 연구에 따르면 아름답다고 평가되는 자극은 전두엽을 비교적 덜 자극하는데, 이는 인지적인 처리도 덜 이루어진다는 의미다.[11] 자연에서 감각 찾기를 할 때 '경외감'을 느끼는 것과 유사하다. 아름다움은 판단을 유예하고 감각적 몰입을 촉진한다.

미적 경험의 주관성은 감각 찾기를 촉발하는 예술의 최소 조건에 의문을 제기한다. 클래식 명곡과 팝송, 페드로 알모도바르의 영화와 마블 유니버스의 최신작 사이에는 큰 차이가 있다. 오늘날 많은 미디어가 미적 감각보다는 욕망을 자극하기 때문에 미디어는 그저 '죽을 때까지 즐기는' 오락거리로 전락하고 있다. 습관을 형성하도록 설계되어 있는 미디어에 노출되면, DMN은 반사적으로 우리를 온라인에 몰아넣는다. 영화를 시청하는 도중에 스마트폰으로 소셜 미디어를 하는 사람도 있다. 몰입을 방해하는 한 요소에서 또 다른 방해 요소로 이동하는 것이다.

영화, 음악, 무용, 그림, 조각을 감각 찾기의 통로로 활용할 때 고려할 두 가지 중요한 질문이 있다. 작품이 내면의 반응을 불러일으키는가? 그 작품이 당신을 어디로 이끌지 탐구할 의향이 있는가? 예측 가능한 총격전이나 로맨틱 코미디의 해피엔딩보다는 불확실성을 마주할 기회를 주는 예술 작품이 효과적이다.

☹ **피곤한** 유명한 추상 미술가의 작품 전시회에 갔는데 사람들이 환호성을 지른다. 열광하는 사람들을 이해할 수 없는 당신은 잠자코 있다. 다섯 살짜리 아이도 그릴 그림이라고 생각하며, 그런 열광을 가식적인 집단 사고로 (조용히) 치부한다. 두 시간 정도 전시장 안을 어슬렁거리다가 마음에 드는 작품을 한두 점 발견한다. 약간의 문화생활을 했다는 데 만족하고 돌아간다.

☺ **연결된** 같은 미술 전시회에 갔다가 환호성을 지르는 사람들과 대화를 나눈다. 순전한 호기심에서 작품의 어떤 점이 좋은지 진지하게 묻고, 자신은 그 정도의 열정은 없다고 솔직하게 표현한다. 사람들의 의견을 듣고 나서 왜 어떤 사람은 작품에서 아름다움을 보고, 어떤 사람은 상술을 보게 되는지 생각하게 된다. 다양한 해석이 가능하다는 데 동의한 당신은 작품이 자신의 취향은 아니지만 미적 신념을 탐구하게 하는 데 가치가 있다고 생각하며, 다양한 취향을 수용할 여지를 갖는다. 미술관을 나서면서 입구에 전시된 표현주의 작품을 보고 10분 동안 감탄하며 감상한다. 한 점의 그림이 불러일으키는 강력한 감정에 압도되어 천천히 감정의 폭포를 음미한다.

미술 작품을 감상하기 위해 꼭 미술관에 갈 필요는 없다. 대부분의 박물관 웹사이트나 구글 이미지에서 유명한 작품의 고해상도 이미지를 볼 수 있다. 마음에 드는 작품을 검색하고 작품을 들여다보라. 모네의 〈수련〉이나 줄루족의 구슬 장식 팔찌부터 시작해도 된다. 화면에 작품을 띄워놓고 잠시 작품에 집중해보자. 처음에는 '모네의 그림에는 파란색이 많이 사용되었네', '구슬 색깔이 엄청 화려하네' 같은 익숙한 생각이 떠오를 것이다. 이제 색을 탐구하면서 자세히 살펴보자. 모네의 〈수련〉에서 명암이 다른 네 가지 파란색을 골라낼 수 있는가? 명암이 다른 네 가지 빨간색은 어떤가? 팔찌를 보고 있다면 색을 구분하고 윤곽을 나타내는 검은색 구슬을 찾았는가? 기하학적 모양 세 가지를 골라낼 수 있는가? 색채를 탐색하면서 원래 있었는데 처음 본 특징들이 있다는 사실을 알게 된다.

시각 예술에 관심이 없어도 괜찮다. 관심이 가는 미디어는 있을 것이다. 음악이나 영화, 무용, 공연 중 당신의 감각을 자극하는 작품을 고르면 된다. 감각 찾기를 염두에 두고 선택한 작품을 마치 처음 보는 것처럼 다시 만나본다. 익숙한 작품이지만 이번에는 작품에 완전히 집중하고 그 작품을 깊이 들여다볼 수 있는가? 외부에서 느끼는 감각뿐 아니라 내면에서 끓어오르는 감정과 그 감정이 시간이 지나면서 어떻게 전개되는지 탐구할 수 있는가? 정답은 없다. 감각 찾기에 몰입하면 지각적 추론을 위한 조건을 형성하고 변화를 받아들일 준비를 할 수 있다. 다음은 도움이 되는 몇 가지 활동이다.

- 좋아하는 노래를 틀어놓고 새로운 요소를 음미해본다. 베이스나 드럼에만 집중해 보는 것도 좋다.
- 싫어하는 장르의 노래를 틀어도 괜찮다. 노래를 들으면서 당신의 반응을 살펴본다. 당신을 불편하게 하는 것은 무엇인가? 마음에 들지 않는다는 것 외에 노래를 싫어하는 다른 이유가 있는가? 반사적으로 거부하는 습관 때문에 그 노래에서 발견하지 못했던 매력이 보이는가?
- 좋아하는 프로그램이나 영화를 시청하면서 어떤 순간이 그 프로그램이나 영화를 특별하게 만드는지 생각해본다. 각 장면에서 당신은 어떤 기대를 하고 그 기대가 어떻게 채워지는지 주목한다.
- 직접 예술 작품을 만들어본다. 색연필을 사서 흰 종이에 동그라미, 세모, 네모를 그리거나 색칠공부 책에 있는 도안에 색칠을 하거나 두꺼운 종이에 수채화 물감이나 아크릴 물감을 칠해본다. 어떤 색들을 선택했는가? 어떤 생각, 감정, 감각이 색칠이나 창작 과정에 영향을 주었는가?
- 어려운 상황에서 당신의 강인함이 드러났던 순간을 떠

올려본다. 그 상황에 대한 노래나 시를 써보자. 누가 보지 못하도록 나중에 태워버리겠지만, 위험을 감수하고 자신을 표현해보자. 어떤 일을 겪었는가? 기분은 어떠했나? 상황은 어떻게 마무리되었는가? 때로는 익숙한 내면의 독백을 쓰는 것보다 서정적이거나 시적인 형식으로 표현하는 것이 더 자유롭게 느껴질 수 있다.

- 마술은 순수 예술은 아니지만 숙련된 공연이며, 감각 찾기를 할 수 있는 기회를 제공한다. 놀라움, 경외감, 경이로움을 자아내는 경험은 예측 오류를 초래한다. 물리적으로 불가능해 보이는 일을 수행하는 마술사를 보면서 놀라움과 당혹감을 느껴보라.

- 좋아하는 노래를 사운드트랙으로 사용한 틱톡 댄스를 시청한다. 댄스 루틴을 30초 정도 따라 해본다.

- 효과적인 방법이 없었다면, 마지막으로 샤워를 하면서 빗이나 샴푸를 마이크 삼아 노래를 부른 게 언제였는가?

어디든 여행하기

즐거움을 위한 여행은 감각을 깨우는 친숙한 접근 방식이다. 연구에 따르면 새로운 곳에 3일만 머물러도 생리적 수준에서 더

큰 의미를 느끼게 되고 스트레스도 감소한다고 한다.[12]

그 이유는 뻔하다. 감각 인식의 측면에서 자유롭게 선택한 새로운 환경의 풍경과 소리, 냄새는 익숙하지 않기 때문이다. 습관적인 행동을 불러일으키는 환경적 단서도 없다. 매일 오후 3시만 되면 절망감이 밀려오던 당신의 책상은 저 멀리에 있다. 억지로 잠을 깨워 당신에게 분노와 피로를 불러일으키는 알람시계는 당신 집의 협탁 위에 있다. 당신을 불안하게 했던 사람들은 어디에도 없다.

익숙한 환경에서는 기분 좋은 것을 포함한 모든 감각적인 세부사항들이 배경으로 사라져버리고 감정적으로 자극적인 정보(일반적으로 위협이 되는 것들과 마감일)에 집중하게 되며, DMN은 이것에 어떻게 대응할지 예측한다. 반면에 낯선 장소에서는 햇빛과 산들바람, 새소리, 음식의 맛, 숙면 등에 주목하고 감사하게 된다.

여행으로 진정한 '이동'을 경험하려면 감각 찾기와 지각적 추론, 새로운 정신 모델에 집중해야 한다. 그렇지 않으면 파리의 한적한 거리를 산책하거나 로키산맥에서 하이킹을 하더라도 장애물에 부딪힐 때마다 똑같은 DMN의 서사가 떠오르고 말 것이다.

연구자들은 최근 유행하는 스테이케이션*처럼 상대적으로

---

* 집이나 근처에서 보내는 휴가.

덜 격렬한 형태의 여행도 동일한 안도감과 회복감을 주는지 연구했다.[13] 반나절 동안 관광버스 투어를 한 사람들을 대상으로 살펴본 결과 고통에서 희망, 낙관주의, 회복탄력성으로의 전환을 예측하는 몇 가지 요인을 발견했다. 투어를 한 모든 참가자의 기분이 전반적으로 좋아졌지만, 일상에서 벗어나려는 동기가 강하고 새로운 것에 개방적이며 투어 지역에 진지하게 관심을 보인 참가자의 경우 효과는 훨씬 강력했다. 여행을 단순히 휴식과 일탈이 아닌 새로운 정보를 습득할 기회로 인식한 사람일수록 효과는 증폭되었다. 적합한 여행 동기가 있다면, 큰돈을 들이지 않아도 여행이 주는 혜택을 충분히 누릴 수 있다. 자유로워지고자 하는 욕구와 감각에 몰입하는 것에 대한 설렘만 있으면 된다. 세상을 관찰하는 것이 아니라 그저 바라보는 것이 중요하다.

☺ **피곤한** 직장에서 스트레스를 받은 당신은 어디론가 떠나기로 결심한다. 이국적인 곳으로 떠나기 위해 모아둔 돈을 다 썼는데, 모든 것이 낯설기만 해 짜증이 난다. 사람은 많고, 음식은 낯설고(메뉴가 외국어로 되어 있는 것은 말할 것도 없고), 화장실 상태는 생각조차 하기 싫다. 새로운 환경의 위험과 불편함을 계속 마주해야 한다는 생각에 불안하다. 결국 맥도날드에 온 당신은 친구들에게 맥도날드를 찾은 것이 여행의 하이라이트였

다고 말한다.

☺ **연결된** 직장에서 스트레스를 받은 당신은 어디론가 떠나기로 결심한다. 동네에서 고스트 투어를 한다는 소식을 듣고 신청한 당신은 약속 장소로 가는 길에 낯선 골목길로 들어선다. 투어를 통해 상상도 못 했던 동네의 역사를 자세히 알게 되고, 이국적인 지역에서 온 흥미로운 사람들을 만난다. 모퉁이에 있는 큰 집에 유령이 나온다는 말을 듣고 나서부터는 그 집 앞을 지날 때마다 소름이 돋는다.

다음은 몇 가지 제안하는 활동이다.

- 세상을 구경하는 것도 좋지만 경험 많은 여행자가 아니라면 집 근처에서 감각 찾기를 시작하는 것을 추천한다.
- 동네에서 한 번도 가보지 않은 지역, 특히 무슨 일이 벌어질지 예상할 수 없는 곳으로 떠나보라.
- 앞에서 언급한 역사적인 고스트 투어나 현지 음식, 예술, 건축, 야생동물 투어와 같이 잘 알지 못하는 분야에 초점을 맞춘 현지 투어에 참여해보라. 세계 어느 지역이나 대부분 관광 산업이 있는데, 우리는 현지의 특색을 무시하는 경향이 있다.

- 특히 가까운 자연 보호 구역이나 유적지를 방문하면 가이드의 안내를 받을 수 있고 혼자 가면 놓칠 수도 있는 것까지 볼 수 있다.
- 3시간짜리 현지 투어든, 한 달간의 해외여행이든, 여행 중 놀라웠던 일을 기록해 두거나 일지를 작성해보는 것도 좋다.

지금, 여기에 머무르기

명상과 요가와 같이 영적이고 관조적인 수행법은 아시아에서 시작되었지만, 현대생활의 끊임없는 요구 속에서 몸과 마음을 안정시키려는 사람들의 호기심과 열망에 힘입어 서양에서 꽃을 피웠다.

이러한 수련법들은 모두 주의 집중이라는 개념을 탐구한다. 명상과 요가의 출발점은 내가 어디에 주의를 두고 있는지 알아차리고, 그 주의를 다시 현재의 순간으로 가져올 수 있음을 인식한 다음, 발견한 것을 판단하지 않고 알아차린 것을 탐색하는 것이다. 평가, 비교, 회피, 고치려는 노력, 성취하려는 노력 등 DMN가 만든 틀에서 벗어나면 이전에 가려져 있던 경험의 색다른 측면을 볼 수 있게 된다. 이것이 바로 명상이 지각적 추론에 접근하는 독창적인 방법으로 간주되는 이유다.

'명상'이라는 용어는 태극권, 기공, 요가 등 다양한 수행법을 지칭하지만, 모두 개념적인 마음 상태를 넘어 인식을 확장하고 자신의 경험을 직접적으로 드러내는 정신 수련을 원리로 삼는다. 이 모든 수행법은 마음챙김의 호흡과 몸의 느낌, 일련의 요가 자세를 통한 움직임, 뿌리인 대지와의 연결감 등 관심 대상을 탐구하기 위해 목표를 잠시 내려놓고 순간순간의 감각을 찾아보기를 장려한다. 이러한 수행법은 앞서 설명한 운동의 이점 중 일부를 제공하는데, 가장 큰 장점은 신체적 움직임이 불가능할 때에도 감각 찾기를 할 수 있다는 점이다.

'호흡에 주의를 기울이는 것'을 일반적인 지침으로 하는 간단한 명상을 예로 들어보겠다. 호흡은 자동으로 조절되기 때문에 우리는 호흡 곤란을 겪을 때를 제외하고는 호흡에 주의를 기울이는 경우가 거의 없다. 호흡 명상은 들숨과 날숨에 집중하며 공기가 몸 안으로 들어오고 나갈 때 느껴지는 감각에 주의를 기울이도록 유도한다. 우리는 더 이상 '호흡'이라는 개념에 얽매이지 않게 되고, 가슴이 올라가고, 복부가 들리고, 콧구멍에서 마찰이 일어날 때 살아 움직이는 것의 각 부분을 인식하게 된다. 몇 초 이상 세심한 주의를 기울이는 것이 얼마나 어려운 일인지도 깨닫게 된다.

연구에 따르면, 인내심은 마음챙김과 기타 명상 수행을 통해 우리가 얻을 수 있는 큰 혜택 중 하나이다. 여기서 말하는 인내심은 7대 죄악에 반대되는 7대 주선 중 하나인 인내를 의미하는 것이 아니다. 행동 연구에서 인내심은 부적절하다고 판단되는 반응을 얼마나 잘 억제할 수 있는지를 나타내는 용어이다. 인내심을 측정하기 위해 고안된 '예/아니요' 과제는 컴퓨터 화면에서 한 가지 자극(예: O)이 보이면 버튼을 누르고, 다른 자극(예: X)이 보이면 버튼을 누르지 말아야 한다. 오류가 적을수록 반응 억제가 잘 되는 것이다.

명상가들은 일반인보다 반응 억제 능력이 뛰어날까? 신경과학자 캐서린 안드레우와 동료들은 운동선수들을 대조군으로 설정하고 긍정적, 중립적, 부정적 사진을 사용한 예/아니요 과제에서 이 질문을 테스트했다.[14] 운동선수들이 받는 멘탈 트레이닝은 억제 조절을 포함한 인지 기능을 개선하므로 운동선수들이 테스트를 매우 능숙하게 해낼 것으로 예측했다. 그러나 명상가들이 선수들보다 실수가 적었고, '아니요' 신호가 나타났을 때 반응을 억제하는 능력은 더 뛰어났다.

14세기 후반에 인내를 '어떤 일이 일어나기를 조용하고 침착하게 기다리는 것'이라고 정의한 것은 이러한 연구 결과와 매우 잘 어울린다.[15] 명상 수련은 잠시 멈추고, 사전에 프로그램된 반응성을 통제하고, 다음에 할 일을 선택하는 능력을 길러준다. 이러한 인내심은 가치와 의도를 생각하는 공간을 형성해 DMN

이 지시하는 기본 행동에 돌입하기 전에 다음 순간을 기다릴 수 있게 해준다.

😩 **피곤한** 평점이 높은 명상앱을 찾아 스마트폰에 다운로드했다. 사용하기 불편하고 과연 무엇을 얻을 수 있을지 의문이 들지만 앱에서 하라는 대로 따라 한다. 어쨌든 30일 동안 오디오 명상 가이드를 들으며 이 앱이 '나를 고쳐주었으면' 하는 바람을 품는다.

😊 **연결된** 앉아서 하는 명상뿐만 아니라 요가나 태극권처럼 움직임에 기반한 명상 등 다양한 명상법을 탐색한다. 자신에게 잘 맞고 하고 싶은 욕구를 불러일으키는 수행 방식을 찾는다. 이 수행법이 '나를 고칠 수 있는지'는 확실하지 않지만, 답답한 기분이 나아졌다. 여정을 시작하는 기분이 들고 이 여정이 어디로 이어질지 궁금해진다.

명상 수련을 시작하려면 안내가 필요하다. 수행법은 겉으로 보기에는 매우 단순해 보인다. 숨을 들이쉬고 내쉬는 데 집중하고, 천천히 걸으며 발자국 하나하나를 느끼고, 조용히 다른 사람들과 함께 몸을 스트레칭한다. 하지만 안내를 받으면 깊이 숨겨져 있는 변화를 위한 자신의 잠재력을 발견할 수 있다.

기본적인 원칙은 다른 접근법에도 적용될 수 있지만, 우리의 배경은 주로 마음챙김 명상에 있으므로 예시는 마음챙김 명상으로 제한하겠다.

혼자서 단일 세션 탐색 유튜브에서 요가, 태극권 또는 기공 수련을 가르치는 사람을 찾을 수 있다. 마음챙김 식사, 걷기, 앉은 상태로 호흡하기 등을 안내해주는 사람도 있다. 당신은 재생 버튼을 누르기만 하면 된다. 한 가지 주의할 점은 온라인에서 무료로 제공되는 영상은 품질과 전문성 면에서 차이가 있을 수 있다. 건전한 의구심을 가지고 여러 사이트를 둘러보라.

혼자서 다중 세션 탐색 명상 앱이나 책을 통해 체계적이고 전문적인 안내를 받을 수 있다. 특정 앱을 지지하는 것은 아니지만, 경험이 풍부한 명상 지도자가 있는 앱을 추천한다. 인사이트 타이머, 텐 퍼센트 해피어, 캄, 헤드스페이스, 존 카밧진 명상, AmDTx 등이 이에 해당한다. 존 카밧진의 『당신이 어디를 가든 거기엔 당신이 있다Wherever You Go, There You Are』, 샤론 살츠버그의 『자애심Lovingkindness』, 조셉 골드스타인과 잭 콘필드의 『통찰 명상The Path of Insight Meditation』, 틱낫한의 『모든 발걸음마다 평화Peace Is Every Step』 등 이론과 실제를 모두 이해하는 데 도움이 되는 책들도 있다. 시걸이 마크 윌리엄스, 존 티스데일, 존 카밧진과 공동 저술한 『우울증을 극복하는 마음챙김 방법The Mindful Way through Depression』처럼 정신 건강, 양육 등 특정 주제에 대한 명상 가이드도 있다. 일반적인 주제에서 시작해서 점차 구체적인 주제로 좁혀가기를 권장한다.

선생님과 함께 배우기 앱이나 책에서 배운 내용을 더 깊이 배우고 싶다면 실제 수업에서 더 많은 지원과 개인적인 피드백을 받으며 학습할 수 있다. 마음챙김 기반 스트레스 감소MBSR 및 마음챙김 기반 인지치료MBCT와 같은 체계적인 프로그램은 마음챙김을 실천하고 더 큰 회복력과 웰빙을 구축하는 방법을 배우는 8주 과정의 그룹 프로그램이다.

명상, 요가, 태극권 센터에서 지도자에게 배우는 전통적인 방식이 마음에 들 수도 있다. 새로운 것을 배우기 위해 사원, 명상 센터, 커뮤니티 센터를 찾는 것이 부담스러울 수도 있지만, 대부분의 센터가 프로그램을 소개하고 스스로 결정할 수 있도록 돕는 입문 강좌를 제공한다.

오가는 게 번거로운 사람들을 위한 현지 강사가 제공하는 온라인 세션도 늘고 있는 추세다. 다시 한 번 말하지만, 우리는 특정 사이트를 지지하는 것이 아니라 당신이 스스로 탐색을 시작할 수 있도록 돕고자 한다.

나만의 스타일 찾기

우리는 잠재적인 접근 지점에 대한 설문조사를 제공했다. 중요한 것은 '올바른' 접근 지점이 아니라 자신에게 적합한 접근 지점을 찾는 것이다. 자신에게 맞는 활동을 선택하는 것도 중요하지만, 자신의 학습 스타일에 맞는 방식으로 활동을 하는 것도 중요하다.

예를 들어 성격이 외향적과 내향적 성격으로 나뉘는 것은 누구나 아는 사실이며, 이를 뒷받침하는 데이터는 엄청나게 많다. 사람들과 어울리며 배우는 것을 좋아하는 사람들이 있는 반면, 사회 활동에 피로감을 느끼고 개인적인 시간을 중시하는 사람도 있다. 연습을 할 때마다 타인의 도움과 피드백을 받는 것을 좋아하는 사람이 있는가 하면, 상호작용은 싫고 혼자서 문제 푸는 것을 좋아하는 사람도 있다. 자신이 선호하는 접근 지점을 고려하여 지도자나 가이드의 도움이 어느 정도 필요한지 생각해보는 것이 좋다.

감각 찾기를 할 때 타인의 도움을 받는 데는 장단점이 있다. 일부 초보자들에게는 전문가라고 생각되는 사람의 도움이 유용하다. 반면에 적절한 상황이 조성되어 있고 정신적으로 준비가 되어 있다면 별다른 도움이 필요하지 않을 수도 있다.

접근의 용이성도 고려 사항이다. 요즘 사람들은 가치와 가격을 동의어로 생각하는 경향이 있다. 싸면 좋을 리가 없고 비싸면 그만한 가치가 있어야 한다고 생각한다. 하지만 감각 찾기를 시작하기 위해 과감하고 값비싼 무언가를 할 필요는 없다. 감각 찾기의 원리 원칙 중 편재성과 몰입은 언제나 할 수 있다는 뜻이다. 다음 표는 지원 수준과 접근성을 기준으로 정리한 다양한 접근 지점들이다.

당신은 어떤 스타일인가? 그룹으로 하는 것이 좋은가? 아니면 혼자서 하는 것이 좋은가? 이미 감각 찾기 연습을 하고 있는

	자율적인 활동		지원이 필요한 활동	
	접근성 높음	접근성 낮음	접근성 높음	접근성 낮음
자연	공원에서 산책 즐기기	산에 오르기	식물원 둘러보기	가이드와 함께 버섯 채집하기
운동	공원을 활기차게 산책하기	서핑하기	동네 러닝 동호회 가입하기	코치와 함께 서킷 트레이닝하기
예술	성인용 컬러링북 색칠하기	박물관 방문하기	도자기 또는 와인 시음 강좌 신청하기	오프라인 마스터 클래스 수강하기
여행	내가 사는 동네에 있는 관광지 방문하기	외국에 있는 관광지 방문하기	지역 명소를 둘러보는 역사 투어하기	가이드와 함께 세계 오지에서 트레킹하기
명상	집중 수련하기 (호흡수 세기)	명상 프로그램(장기간의 집중적이고 자기 주도적인 명상) 참여하기	명상, 요가, 태극권 등을 위한 가이드 앱 또는 녹음 사용하기	명상 코스(MBSR, MBCT) 또는 침묵 수양회 참여하기
당신이 선택한 활동	지금 당장 스스로 할 수 있는 활동	약간의 계획만 세우면 스스로 할 수 있는 활동	지금 바로 찾을 수 있는 수업, 가이드 또는 그룹	찾아서 예약해야 하는 수업, 가이드 또는 그룹

느낌인가? 아니면 어떻게 시작할지 모르겠는가? 당신의 접근 수준은 어느 정도인가? 바로 문 밖에 자연이 있는가? 아니면 교통편과 묵을 곳을 마련해야 하는가? 원하는 도움의 수준과 상관없이 접근성이 좋은 활동부터 시작하는 것이 좋다. 여행은 좋지만, 몇 년은 기다려야 하는 상황이라면 그동안에는 무엇을 할 계획인가?

⬤ 스위치 ON

감각 찾기에 전념하기

이 장을 마무리하는 연습은 열린 결말이다. 지금까지 살펴본 접근 지점 중에서 이번 주에 탐구할 만한 접근 지점을 하나 이상 선택하라. 목록에는 없지만 앞서 살펴본 원칙에 부합하면서 감각 찾기 모드로 전환하는 데 도움이 되는 활동이 있다면 그것을 하면 된다. 특정 접근 지점을 하나 정하고, 그 활동을 통해 감각의 세계에 접근한다는 것을 명확히 인식하길 바란다. 자전거를 타는 등의 일상적 경험을 행위로 전환하는 것이 핵심이다. 쌓여가는 근육의 피로감, 인터벌 완주의 불확실성, 호흡수의 변화를 느낀다. 역동적으로 느껴지는 심박수 모니터의 피드백도 매 순간의 신체적 노력과 연관되어 있다.

이제 기회가 왔다. 다음 주에 시도해볼 감각 찾기 연습 한 가지를 적어보라. 안전하고 자신이 할 수 있는 활동이어야 하며, 미지의 감각 찾기에 몰입할 수 있는 기회를 제공하는 활동이어야 한다. 예측 가능한 활동보다는 가급적 새로운 시도를 해보는 것이 좋다.

이번 주에는 감각을 키우는 연습으로 _____ 을 선택했다. 이번 주에는 감각 찾기 기술을 배우고 익히는 데 최소 _____ 분을 투자할 것이다. 이 작업에 방해가 될 만한 가장 큰 요인은 _____ 이지만, _____ 덕분에 해낼 수 있을 것 같다.

Chapter 9

감각과 습관 사이를 오가다

―――

무언가를 옹호하지 않으면
어떤 것에도 넘어가게 될 것이다.

고든 A. 이디

감각 찾기는 습관의 집에서 탈출하는 것을 도와주고, 경직된 생각과 가능성에 대한 관점을 느슨하게 해 어느 정도 안도감을 준다. 습관의 집은 문제이고 감각 찾기는 해결책이라는 이분법적인 사고에 유혹을 느끼지만 이런 식의 흑백 논리로는 전체 그림을 볼 수 없다. 좋든 싫든 습관의 집은 의미를 발견하는 곳이다. 습관은 때로는 개조하고 때로는 버려야 하지만, 결국 인간은 습관의 집에서 평화롭게 지내야 하며, 이는 세상의 개념적 모델을 통해 사는 것을 의미한다. 습관과 감각 사이에서 스위치를 전환하는 것은 이 두 기본 모드 사이에서 균형을 찾는 것을 말한다.

습관의 집과 감각 사이에서 스위치를 전환하다 보면 한 가지 모드에만 머무를 때는 세상을 정확하게 예측할 수 없다는 사실을 알게 된다. 감각 찾기가 감각적인 경험을 수용하고 습관의 힘을 약화시킨다면, 전환은 새로운 의미를 찾고 삶이 예상과 다르게 전개될 때도 "좋아!"라고 외칠 수 있는 습관을 형성하는 것을 의미한다.

스위치 전환

어린아이들은 감각 정보를 통해 보호자가 서두르고 있다는 사실을 인지하면서도 잃어버린 물건을 잘 찾지 못한다. 원래 자리가 아닌 조금 떨어진 선반 위에 있는 모자를 찾지 못하는 아이 앞에서 부모는 고개를 절레절레 흔든다. 4세 미만의 아이들은 감각 세계를 탐색하고 새로운 규칙을 배우며 세상에 대한 기본 모델을 구축하는 데 능숙하다. 하지만 어렵게 습득한 지식이 부정확한 것으로 드러나면 기존 모델을 업데이트하기 위해 다시 감각을 활용하는 데는 서툴다. 예를 들어, 특정 음식을 싫어하기로 일찌감치 결정한 아이는 그 음식이 들어간 요리는 다른 방식으로 조리를 했더라도 먹으려는 생각조차 하지 않는다. 이렇게 형성된 정신 모델은 성인이 되어 입맛과 선호도가 크게 변해도 지속되기도 한다.

1990년대의 발달 심리학자들은 아이들의 뛰어난 모델 구축 능력과 이러한 모델을 업데이트하는 데 있어서의 어려움을 연구했다. 아이들은 3세가 되면 모자를 어디에 보관해야 하는지 등의 간단한 규칙을 배우고 가르칠 수 있다. 하지만 아이들이 힘들게 습득한 지식을 업데이트하고 규칙을 바꾸는 방법을 배우는 데는 1~2년이 더 걸린다. 3세 아동에게 모자가 A위치에 있어야 한다는 정신 모델이 구축되면, 모델을 업데이트하여 모자가 B 위치에 있을 가능성을 열어두는 것은 매우 어려운 일이다.

필 젤라조 교수와 동료들은 카드 분류 과제를 통해 아이들이 왜 모델을 업데이트할 수 없는지 설명했다. 연구팀은 아이들에게 모양(삼각형과 원) 또는 색상(빨간색과 파란색)에 따라 카드를 두 더미로 분류해달라고 했다. 아이들은 카드를 빨간색 또는 파란색으로 분류하거나 삼각형 또는 원으로 분류하는 방법을 쉽게 배웠다. 그러나 한 가지 기준(예: 색상)으로만 카드를 분류하는 법을 배운 3세 아동은 다른 기준(예: 모양)으로 전환하는 것을 어려워했다. 색으로 분류하는 데 익숙한 아이는 새로운 모양 규칙을 큰 소리로 외쳐도 분류 행동을 바꾸지는 못했다. 반면에 5세 아동은 대부분 즉시 분류 규칙을 전환하고 모델 업데이트 모드로 전환한 다음 새로운 규칙들을 활용해 과제를 완수했다.[1]

간단히 말해, 세상에 대한 정신 모델을 형성하고 활용하는 능력은 그 모델을 업데이트하는 능력에 우선하고, 해당 능력을 방해한다. 하지만 기존 지식을 활용하는 것에서 모델 업데이트로 전환하는 능력은 후천적으로 발달하는 능력이지만 보편적인 능력이다. 실제로 어린아이들의 경우 세계는 계속 확장되므로 지속적으로 모델을 업데이트해야 한다. 부모, 교육자, 자연적인 상황들은 끊임없이 모델 업데이트를 요구한다. 어느 시점부터 산타 할아버지에 의심을 품기 시작하고 식탁 밑에 숨어 몰래 핼

러윈 사탕을 먹은 것을 숨길 수 없다는 사실을 알게 된다.

업데이트 능력은 어린 시절 내내 계속 발달한다. 청소년은 결과가 불확실한 상황을 견디는 능력이 어린이보다 뛰어나며, 예측할 수 없는 학습 과제에서 객관적으로 더 수월하게 새로운 해결책을 찾는다.[2] 또한 이전 규칙이 더 이상 유효하지 않을 때 성공의 규칙이 바뀌었음을 알고 실수로부터 배운다.[3] 놀랍게도 성인은 청소년보다 고착화될 가능성이 높은데, 이는 단골 식당에서 나오는 음식이 더 이상 맛이 없는데도 계속 먹으러 가는 것과 비슷하다.

청소년들은 스트레스에 더 민감하게 반응하므로 감각 찾기가 양날의 검이 될 수도 있다.[4] 어쩌면 우리가 성인이 되면서 경이로움과 놀라움을 늘어나는 책임에 효과적으로 대처하는 능력과 맞바꾸고 확실성을 추구하는 이유는 이러한 반응성으로부터 스스로를 보호하기 위한 것일지도 모른다. 그래서 우리는 DMN의 '습관의 집'이 제공하는 안정감을 우선시한다. 하지만 이러한 안락함에는 대가가 따른다. 정신 모델을 업데이트하는 능력은 세 살짜리 아이보다 뛰어날지 몰라도, 감각 찾기와 기존 지식의 활용 사이를 오가는 능력이 다섯 살짜리 아이보다 뛰어난지는 논쟁의 여지가 있다.

익숙한 장소로 운전해 간다고 상상해보자. 평소 다니던 경로를 이용하면 붐비는 대로를 피해 사무실에 금방 도착할 수 있다. 그런데 어느 날 도로 공사로 교통 상황이 악몽이 된다. 약간의 수고를 들여 공사 현장을 우회하는 새로운 경로를 이용하면 제 시간에 도착할 수 있다. 그런데 주의가 산만해지면 자기도 모르게 다시 예전 경로로 돌아가게 된다. 길이 막힐 줄 아는 데도 그렇게 된다. 한번 뿌리내린 정신 모델은 그 자체로 생명을 지니고 있어 완전히 제거하기 어렵다.

성인이 되면 정신 모델을 업데이트할 능력은 있지만 동기가 부족한 경우가 많다. 실제로 어떤 것에 대해 마음을 바꾸라는 말을 들으면 분개하고, 자신의 오류나 모순에 직면하면 엉뚱한 데 화풀이를 한다. 배우자가 이러다 늦겠다고 말하면, 시간 관리의 필요성을 인정하기보다는 "나도 알아!"라며 소리를 지른다. 노란불에 과속을 해서 앞길을 가로막는 운전자에게 화를 내지만, 자신이 그런 행동을 몇 번이나 했는지는 생각하지 않는다. 자기 자신의 과실을 인정하고 정신 모델을 업데이트하는 것은 어려운 일이다. 타인의 책임이라고 생각하는 편이 훨씬 쉽다. 우리는 모델을 업데이트할 능력이 있지만, 대부분은 감각찾기로 전환해 새로운 규칙을 배우는 데는 익숙하지 않다.

뇌손상 때문에 정신 모델을 업데이트하지 못하는 극단적인 경우가 있을 수도 있다. 색상/모양 카드 분류 과제의 성인용 아날로그 버전이 있는데, 위스콘신 카드 분류 검사wcst로 알려진 이 테스트는 브레인터크brainturk 홈페이지에서 직접 해볼 수 있다.

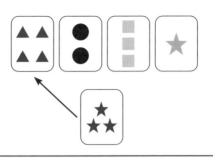

WCST 평가판 예시

이 과제에서는 여러 속성(색상이나 모양 또는 카드에 그려진 물건의 수) 중 하나에 따라 카드를 정렬해야 한다. 한 번 파악한 규칙(예: 색상에 따라 분류함)은 한동안 작동하다가 변경된다. 그러면 스위치를 전환해야 하는데, 이 경우 색상에 따라 분류하던 것을 멈추고 새 규칙(모양 또는 숫자)을 찾고, 다시 그 규칙에 대한 지식을 활용하는 것으로 스위치를 전환한다. 당신은 한 규칙을 더 이상 작동하지 않을 때까지 얼마나 오래 사용하는가?

뇌의 앞부분이 손상된 사람은 규칙에 대해 이성적으로 토론할 수는 있지만 규칙을 업데이트하는 능력은 상실된다. 인간으로서 기능하려면 세상을 이해해야 하는데, 이는 가지고 있는 정신 모델을 적절한 시기에 업데이트하는 것을 의미한다.

어떻게 조화를 이룰 것인가

전환이 지각적 추론과 능동적 추론의 이상적인 조합이라고 주장하는 근거는 오랜 세월 동안 철학자들이 이 두 능력을 인간의 삶의 본질이라고 설명해왔기 때문이다. 독일의 철학자 프리드리히 니체는 『비극의 탄생』에서 논리적이고 질서정연하며 구조화된 아폴론적 본성과 감성적이고 감각적이며 광적인 디오니소스적 본성이라는 두 상반된 본성에 대해 설명한다. 아마도 당신은 아폴론의 안정시키는 힘과 디오니소스적 경계 해체의 달콤한 혼돈 사이의 긴장을 뇌의 앞과 뒤의 차이로 인식하고 있을 것이다.

니체는 두 힘의 통합이 이상적이지만, 그렇게 되는 경우는 거의 없다고 봤다. 그는 삶이 우리에게 요구하는 바로 인해 우리가 성찰과 규칙 기반 논리에 더 의존하며, 이것이 결과적으로 측면적 사고와 창의성을 몰아낸다고 한탄했다. 니체는 두 체계 사이를 성공적으로 전환한 예로 그리스 비극을 꼽았다. 그리스 비극의 등장인물들은 종종 자신의 열정과 욕망에 의해 지배되는 디오니소스적인 서사를 따르는데, 이는 감각 찾기의 모범이다. 그러나 배우의 계략을 냉정하게 설명하는 그리스 코러스는 관객이 드라마에 완전히 휩쓸리지 않고 인간 행동에 대한 개념적 모델을 탐구하도록 도와준다. 연극의 마법은 관객에게 디오니소스적인 것과 아폴론적인 것 사이를 오갈 수 있는 틀을 제공하는 데 있다. 종교적 의례에서 유래된 이 공연들은 등장인물의 구체적이고 열정적인 경험과 감각의 장을 제공하는 동시에 한 걸음 뒤로 물러나 일반적인 도덕적 원리를 탐구할 수 있는 공간까지 제공한다.

대부분의 철학자와 마찬가지로 자신의 생각을 제시한 니체는 현실 세계의 함의를 채우는 것은 다른 사람들에게 맡겼다. 그리스 비극의 문제점은 도덕적 교훈은 언제나 큰 상실 뒤에 따라온다는 것이다. 삶이 파국으로 치닫기 전에 우리는 삶을 이해해야 한다. 따라서 우리는 개인적인 가치, 기꺼이 수고하고 싸울 만한 것, 즉 우리의 인생을 살 만한 가치가 있는 것으로 만드는 것들을 발견해야 한다. 이는 다른 사람들이 우리에게 강요하는 성공의 비결을 거부하고 자신만의 비결을 찾는 것을 의미한다.

'나'라는 스튜

방콕 중심부의 붐비는 상점들 사이에서 소고기와 향신료의 구수한 냄새가 풍겨온다. 냄새의 진원지는 왓타나 파니치 레스토랑 안에서 끓고 있는 거대한 수프 가마솥이다. 이것은 평범한 스튜가 아니다. 40년 이상 끓고 있는 가마솥에서 나온다는 사실에서 타의 추종을 불허하는 깊이와 복잡성이 느껴진다. 전 세계 많은 문화권에서 며칠, 몇 달, 심지어 몇 년에 걸쳐 매일 재료를 추가하여 계속 끓여온 육수로 만든 이 영원한 스튜를 즐긴다.

이 과정은 음식에 깊고 풍부한 풍미를 더할 뿐만 아니라 지역의 지속감sense of continuity을 유지하는 데도 도움이 된다. 영원한 스튜는 불을 새로 피우기 어렵고 매일 신선한 음식을 먹는 것이 불가능했던 시대에서 유래했다. 스튜는 탐색대와 사냥꾼들이 가져온 먹이를 불려주는 공동체에 의해 만들어진, 공동체를 지탱하는 식량 공급원이었다.

이 진기한 요리는 DMN이 우리에게 어떻게 의미감을 제공하는지 설명하기 좋은 은유다. 과학자들은 자기 자신과 세상에 대한 익숙한 진실들조차도 우리가 경험할 때마다 즉석에서 조립되는 것이라는 사실을 깨달았다. 이렇게 형성된 '사실'은 끓고 있는 방콕의 스튜처럼 구할 수 있는 모든 재료의 산물이다. 고정된 부품(프로세서, 하드 드라이브)과 변경 가능한 내용물(데이터)로 구성된 컴퓨터와 달리, 영원한 '자기 스튜'는 입력(재료)과 출력(맛)이 모두 변경 가능하다. 나라는 느낌을 만드는 단 하나의 레시피는 존재하지 않고 어떤 요리책에도 기록되어 있지 않다. '나'가 누구인지에 대한 느낌은 특정 시점에 가마솥에 던져진 재료들이 서로 섞이면서 만들어지는 것 그 이상, 그 이하도 아니다. '나'라는 느낌은 주어진 순간에 DMN이 내놓는 스튜다.

현실이 매 순간 생긴다는 발상은 수십 년에 걸쳐 등장했다. 현대 심리학의 아버지라 불리는 윌리엄 제임스는 1890년에 의식의 흐름이라는 개념을 고안해냈다. 의식이 '나'라는 감정을 수반한 흐름이라면, 우리가 누구인가는 고정되어 있는 것이 아니다. 자아는 고정되어 있기는커녕 끊임없이 변화하며 그때그때 다른 요소(맛)가 나타난다. 제임스는 "나The I는 영혼처럼 변하지 않는 형이상학적 실체나 '시간을 초월하는' 순수한 자아pure Ego가 될 수 없다"고 했다. 나는 생각Thought이다. 매 순간의 생각은 지난 순간의 생각과 다르지만, 우리는 이 모든 생각과 함께 가장 최근의 생각을 자기 자신으로 여긴다.[5]

한 세기가 지난 지금, 우리는 제임스가 무언가를 발견했음을 알 수 있다. 가치 있는 경험을 하려면 뇌가 활성화되어야 하며, 매 순간의 뇌 활동은 직전 순간에 대한 적응이다. 우리는 각각의 경험과 성공 또는 실패에 대한 인식, 칭찬 또는 판단을 자기 관련 지식의 냄비에 추가한다. 모든 것이 통합되는 순간에야 비로소 우리는 이전에 있었던 모든 것의 총합을 되돌아보는 성찰의 과정 속에서 자기 자신에 대한 감각인 자아정체감을 얻게 된다. 그러나 '나'라는 감각을 만들기 위해서는 계속 성찰해야 한다.

현대 신경과학은 이러한 설명을 뒷받침해준다. DMN은 우리 자신과 세상에 대해 생각하는 유형에 일관성을 부여하여, 마치 우리 머릿속에 진짜 '자아'가 존재하고 몸이라는 경계 너머에 있는 진정한 세계를 알게 된 것처럼 느끼게 한다. 그러나 이러한 불변의 느낌은 착각이다. 뇌는 결코 고정된 '자아'를 형성하지 않는다. 우리가 우리 자신에 대해 알고 있는 것은 습관의 집에 의해 수고 없이 자동적으로 주어진, 우리의 감정과 행동을 예측하는 현재의 정신 모델일 뿐이다. 우리를 정의하는 속성의 목록이 우리의 뇌에 저장되어 있는 것이 아니다. '나는 이걸 좋아해', '이건 나랑 안 맞아'라고 생각하는 매 순간은 감지된 환경과 기억을 비교하고 즉석에서 자신과의 적합성 판단을 구성하는 행위다. 이러한 구성은 우리의 경험에 근거하므로 임의적이지는 않지만, 불변하는 것도 아니다. 어떤 기억에 초점을 맞출 것이냐, 변화와 일관성 중 어느 것을 얼마나 우선시하느냐에 따라 바뀔 여지가 있다.

우리가 정체성을 위해 '나'라는 스튜를 계속 맛본다는 사실은 자기 변혁으로 향하는 문을 열어준다. 재료를 바꾸면 서서히 스튜의 맛을 바꿀 수 있다. 하지만 기존의 스튜를 버리고 다시 만들 수는 없다. 스튜는 메뉴 중 하나가 아니라 유일한 메뉴. fMRI 연구에 참여한 명상가들이 DMN의 자기 참조 기능을 제거하지 않고 레퍼토리에 추가한 것처럼, 뇌의 지식 시스템을 완전히 바꿀 수는 없다. 지금 있는 곳에서부터 시작해야 한다.

습관과 잘 지내는 법

두 명의 라이더가 바이크에 올라타자 두 개의 모터사이클의 고글이 햇빛에 반짝인다. 손목을 아래로 한 번 꺾자 엔진의 우렁찬 굉음이 울려 퍼지고, 뒤꿈치로 받침대를 치자 받침대가 올라간다. 미국 안티히어로의 전형인 두 사람은 도로를 달릴 준비를 마친다. 마지막 제스처로 한 명이 아무렇지 않게 손목에서 시계를 빼서 던져 버린다. 더 이상 시간에 얽매이지 않는 둘은 책임감에서 벗어나 자유롭게 살아간다. 새로운 삶의 방식이 그들을 기다리고 있다.

20년 후, 델마와 루이스는 위압적이고 부정한 남편 대릴과 식당 웨이트리스의 바쁜 일상을 뒤로하고 주말 낚시 여행을 떠난다. 루이스의 차 포드 선더버드 컨버터블에 올라타기 전, 두 사람은 일상을 뒤로하고 떠날 준비를 하며 새로운 모험의 여정을 폴라로이드에 담는다.

20년 후, 관객들은 광고계의 귀재인 돈 드레이퍼가 전 재산을 기부하고 캘리포니아의 언덕에 다리를 꼬고 앉아 있는 〈매드맨〉의 마지막 장면을 보게 된다.

영화 〈이지 라이더〉와 〈델마와 루이스〉, 최근 인기리에 방영된 TV 시리즈 〈매드맨〉에 등장하는 상징적인 장면들은 시간이 흘러도 변치 않는 클리셰로 자리 잡았다. 각 장면은 캐릭터가 성장하고 변화하여 영웅적 서사를 완성하기 위해서는 습관의 굴레에서 벗어나 새로운 감각의 광야로 나가야 한다는 한 세대의 공통된 이해를 대변한다.

하지만 감각 찾기의 즐거움에 빠져들 때 주의할 점이 있다. 세 영화 모두 탈출하는 장면은 보여주지만 돌아오는 장면은 보여주지 않는다. 우리는 대부분 왕복 티켓을 선호한다. 전통적인 자기 발견 서사는 주인공이 탐험을 떠났다가 다시 돌아오는 것을 포함한다.

모든 것을 파괴하는 서사에는 매혹적인 요소가 있지만, 집으로 돌아온 주인공이 더 나은 쪽으로 변화하며 서사가 완성되는 행복한 결말이 더 위안을 준다. 오즈를 여행한 후 다시 캔자스의 농장에서 깨어난 도로시는 공감할 줄 아는 사람이 된다. 〈반지의 제왕〉에서 샤이어로 돌아온 프로도는 그곳을 점령한 부패한 주민들에게 맞서 싸울 힘을 얻는다. 이와 같이 참된 영웅은 감각 찾기를 통해 성장하고, 일상을 개선할 목적으로 경험을 사용할 방법을 찾는다.

영웅의 여정을 완성하려면 감각 찾기로 전환했다가 다시 (약간 수정된) 습관의 세계로 돌아가는 방법을 배워야 한다. 전환이란 감각 찾기를 활용하여 개념 모델을 업데이트하고 감각 찾기를 단순히 탈출을 위한 것이 아니라 성장을 위해 사용하는 것을 의미한다. 최근 신경과학 연구를 통해 감각과 습관은 적대적인 관계가 될 필요가 없다는 것이 명확히 밝혀졌다. 우리의 뇌는 잘 정립된 루틴에 새로운 정보를 제공함으로써 습관을 점진적으로 업데이트하도록 되어 있다.

처음으로 주택을 구입하는 젊은 부부를 생각해보자. 부부는 모기지 금리, 중개인 수수료, 계약금을 계산하여 예산을 책정한 다음, 벽돌, 원목 바닥, 데크의 종류, 도보로 갈 수 있는 트렌디한 레스토랑이 많은지 등 원하는 기준에 따라 주택의 순위를 매긴다. 하지만 아이가 태어날 예정이라는 사실을 알게 되면 더 넓은 평수, 여러 개의 욕실, 놀이터, 좋은 학군 등으로 기준을 수정한다.

마이클 맥과 동료들은 위스콘신 카드 분류 검사의 다른 버전을 사용하여 두뇌의 전환을 연구했다.[6] 참가자들은 다리 크기, 입 모양, 더듬이 길이에 따라 곤충 사진을 분류해달라는 요청을 받았다. 하지만 규칙이 바뀌면서 참가자들은 새로운 분류 기준을 배워야 했다. 참가자들이 정신 모델을 업데이트할 때, 배측주의신경망은 환경적 맥락에 대한 감각을 지원하는 DMN의 일부인 해마와 연결되었다. 참가자들이 새로운 분류 규칙을 학습하자 DMN은 다시 배측주의신경망의 영향 없이 작동하기 시작했고, 해마는 새로운 규칙을 반영하여 곤충에 대한 반응을 바꾸었다. 이제 참가자들은 수고를 들이거나 전전두엽 피질에서 추가적인 업데이트를 할 필요 없이 DMN이 제공하는 자동 반응에 의존했다.

이 연구를 통해 우리는 약간의 노력으로 습관을 개선할 수 있다는 확신을 갖게 되었다. DMN은 세상에 대한 예측 모델을 제공하지만, 돌에 새겨진 계명보다는 세상에 대한 우리의 이해가 변하면 이에 맞춰 업데이트할 수 있는 영원한 스튜처럼 작동한다. 감각을 활용하여 우리의 정신 모델을 업데이트할 수 있다는 사실은 감각 찾기가 종착점이 아님을 상기시켜 준다. 삶은 계속된다. 르네는 부엌으로 돌아갔고, 아르키메데스와 뉴턴은 다시 발명을 이어갔다. 감각 찾기를 통해 새로운 재료를 얻을 수 있지만, 지속적인 가치를 얻기 위해서는 얻은 재료들을 조립해야 하는 것이다. 감각 찾기 활동을 지도하는 명상 지도자 잭 콘필드는 '황홀감을 느낀 이후에는 빨래가 뒤따른다'라고 했다.

산 정상에서 내려오기

뇌의 관점에서 볼 때, 콘필드가 말하는 '황홀경'은 뇌가 통제 욕구에서 벗어날 수 있을 만큼 충분히 안정된 상태를 말한다. 이는 무거운 짐을 내려놓는 것과 같은 안도감, DMN이 과도하게 활동하는 습관의 집에서 탈출한다는 발상과 잘 들어맞는다. 이해하기 어려운 것은 '빨래' 부분이다. 급진적인 자유를 맛본 사람이 어떻게 다시 일상적인 집안일로 돌아간단 말인가? 그 이유를 앞서 우리가 한 논의에서 찾을 수 있다. 우리 대부분은 우리의 직장이나 관계, 정체성에서 완전히 벗어나려는 것이 아니라 그것들에 의해 덜 망가지려고 노력한다. 습관에서 벗어난 감각 찾기 초보자는 '바로 이거야. 내 삶은 이제 예전과 같지 않을 거야'라고 생각하지만, 숙련자는 통찰을 얻고 정신 모델을 업데이트한 이후에도 삶은 계속된다는 사실을 깨닫는다.

신경과학적 관점에서 이러한 현상이 어떻게 나타나는 건지는 밝혀지지 않았다. 우리는 연구원인 신시아 프라이스와 함께 초보자와 숙련자가 습관의 집을 탈출하는 방법을 비교하기 위한 뇌 영상 실험을 설계했다.[7] 우리는 숙련자가 보다 깊고 강렬한 수준의 감각적 표상에 접근하여 감각 공장의 활동이 늘어날 것이라는 가설을 세웠다. 시각적 자극을 처리하는 것은 우리가 매일 하는 일이다. 루틴에서 벗어나 주의를 호흡에 집중하면 어떤 일이 벌어질까?

우리는 fMRI 스캐너를 관찰하는 동안 연구 참가자들에게 키패드를 지급하고 두 행동 중 하나를 수행해달라고 요청했다. 첫 번째는 자신의 호흡을 추적하는 것, 두 번째는 화면에 나타난 맥박에 따라 움직이는 원을 추적하는 것이었다.

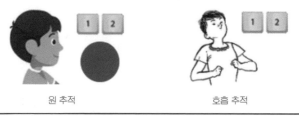

원 추적　　　　　　　　호흡 추적

실험 과제에 대한 안내 화면 예시

　그 자체로 하나의 패턴이 된 실험 결과는 우리의 예상을 깨뜨렸다. 참가자들이 원이 아닌 호흡에 집중했을 때, 뇌의 많은 부분이 덜 활성화되었다. 참가자들은 원을 추적할 때와 마찬가지로 자신의 호흡을 정확하게 추적했지만, 호흡을 추적할 때 정신적 활동은 덜 활발했다. 호흡에 집중하는 것이 왜 습관의 집에서 벗어나는 데 도움이 되는지에 대한 증거를 여기서 확인할 수 있었다. 편재하는 호흡의 감각에 몰입하기만 해도 충분히 반추, 판단, 기대에 들어가는 에너지를 끌어낼 수 있었다.

　우리는 영화 〈이지 라이더〉, 〈델마와 루이스〉, 〈매드맨〉의 탈출 장면에 버금가는 뇌를 가지고 있다. 호흡을 통한 감각 찾기는 이 탈출 장면들처럼 갑갑한 생각의 세계에서 벗어나는 탈출구를 제공했다. 하지만 의문은 여전히 남는다. 숙련자들은 이러한 경험을 감각의 황야로 떠나는 비행 이상으로 만들기 위해 무엇을 할까? 안도감이 찾아온 후에도 여전히 개야 할 빨랫감은 남아 있다는 사실을 깨달은 숙련자들은 황야에서의 시간을 어떻게 활용할까?

숙련자들의 시간 활용을 평가하기 위해 참가자들에게 다차원 신체자각척도MAIA로 알려진 설문지를 작성해달라고 요청했다. 설문지에 대한 응답은 개인이 자신의 신체 감각을 얼마나 잘 느끼고 신뢰하는지를 나타낸다. 예를 들어, MAIA 점수가 높은 사람은 "화가 나면 내 몸이 어떻게 느끼는지 살펴보는 시간을 갖는다"나 "주의를 생각에서 몸의 감각으로 돌릴 수 있다" 등의 문구에 동의할 것이다. 점수가 높을수록 정신 건강이 좋으며, 마음챙김 명상, 요가, 물리 치료 등의 신체 인식 훈련을 받을수록 점수가 높아지는 경향이 있다.[8]

우리는 MAIA 점수의 변화로 호흡 추적 중에 관찰된 뇌의 셧다운 효과를 예측할 수 있는지 살펴봤다. 결과는 놀라웠다. MAIA 점수가 높은 사람의 대뇌 피질은 여전히 대부분 셧다운 상태였지만, 뇌의 현저성 네트워크는 그렇지 않았다. 모든 사람이 습관적 사고 패턴에서 벗어날 수 있는 것 같았지만 감각 찾기에 익숙한 사람들은 현저성 네트워크의 활동을 유지하면서 조용한 정신 공간에서 새로운 감각을 인식했다.

뇌는 거의 항상 감각 정보를 처리하는데, 대부분 우리가 의식하지 못하는 사이에 처리된다. DMN은 우리의 생각, 외부 감각, 계획, 기억, 미래에 대한 걱정 등 다른 처리가 원활히 이루어지도록 하며, 이 모든 활동은 피질 소음을 유발한다. 피질 소음은 어디에나 존재하지만 감지하기 힘든 원시적 감각의 표상보다 큰 소음이다. 감각 찾기는 매우 중요한 기술이지만, 소음을 차단하려다가 새로운 의미를 만들어내는 능력까지 차단하면 우리가 이루어낸 성공의 희생양이 될 수도 있다. 행동을 장려하는 모델 업데이트 유형은 감각 찾기가 제공하는 새로움을 넘어 미지의 세계로 들어가는 황홀감과 안도감에 빠져 길을 잃지는 않는 유형이다.

7장에서는 감각 찾기로 이어지는 세 단계인 간힌 것 인식하기, 감각 찾기를 하는 의도 설정하기, 실행하기를 소개했다. 감각 찾기에서 전환하기 위해서는 다음 세 단계를 거쳐야 한다.

4단계 이름 붙이기

각계각층에는 감각에 예민한 사람들이 있다. 숙련된 마사지사는 단 한 번의 터치로 몸의 긴장을 정확히 파악하고, 어느 부위에 통증이 있는지 당사자보다 잘 안다. 숙련된 요리사는 평범한 식재료를 조합해 우리가 상상하지 못했던 요리를 만들어낸다. 통계학자는 차트에 나타난 점들의 집합을 보고 모두가 놓친 상관관계의 패턴을 찾아낸다. 심리 치료사는 내담자의 어조에서 미묘한 변화를 포착하고 장황한 이야기 속에서 내담자가 피하는 주제를 파악한다.

그러나 전문가들의 가치는 단순히 감각의 세계를 활용하는 능력이 아니라, 발견한 것을 문제에 적용하는 능력에 있다. 전문가들은 감각 찾기를 통해 일반적으로 수용될 수 있는 모범 사례를 개발한다. 각 분야의 전문가는 모범 사례를 공식화하는 과정에서 세분화된 감각적 구분을 명확하게 표현하는 어휘를 발전시킨다. 소믈리에는 미묘한 맛의 차이를 잡아내고 특정 음식과 와인을 페어링한다. 무용수는 어떻게 풍부한 움직임을 관객에게 내러티브나 감정으로 전달할지를 알고 있다.

하지만 이렇게 향상된 감각 어휘를 유용하게 사용하려면, 감각 찾기를 실행 가능한 지식과 연결해야 한다. 이 연결 고리를 만드는 첫 번째 단계는 경험에 이름을 붙이는 것이다. 이름을 붙이면 혼란스러운 감각 찾기의 세계로 뛰어들 때 모호함을 줄일 수 있다.

얼굴 표정을 해석하는 것은 이름 붙이기가 작동한다는 명백한 사례다. 이전 연구에 따르면 이름을 붙이지 않으면 DMN에 의해 의미가 결정되는 경우가 많다고 한다. 예를 들어, 화난 얼굴, 공포에 질려 눈을 크게 뜬 얼굴과 같이 감정이 표현된 얼굴은 뇌의 경고 신호 역할을 하는 현저성 네트워크의 구성 요소인 편도체를 활성화하는 경향이 있다. 이러한 표정들은 주의를 요하고 뚜렷한 해결책 없는 경각심을 불러일으켜 뇌를 혼란스럽게 한다. 이때 추가적인 개입이 없으면 현저성 네트워크가 활성화되어 DMN이 주도하는 습관적인 반응을 유발할 가능성이 높다. 우리는 불안해하는 친구를 보면 즉시 문제 해결 모드로 전환하여 친구가 속상해하는 원인과 해결 방법을 찾으려 한다. 하지만 배측주의신경망의 지원을 받은 경고 신호는 우리를 탐구와 의도적인 숙고로 이끌 수도 있다. 친구가 속상해할 때 일반적으로 관계를 원활하게 만드는 방법은 문제 해결에 뛰어들기보다는 그저 경청하고 이해하려 노력하는 것이다. 그 과정에서 감정이 드러날 수 있다. 이때는 당신이 새로운 것을 배우고 새로운 방식으로 대응할 준비가 되었는지가 새로운 문제가 된다.

우리에게 자동적으로 의미를 부여하는 DMN의 경향에 대응하기 위해, 매튜 리버만과 그의 동료들은 얼굴의 특징에 이름을 붙이는 것이 뇌에서 그 얼굴을 처리하는 방식을 결정하는지 조사했다.[9] 리버만의 연구팀은 우리가 감정적 정보에 반응하는 방식을 탐구하는 동안 이것을 바꿀 수 있는 공식을 발견했다. 핵심은 감정에 이름을 붙이는 것이었다. 참가자들에게 얼굴의 감정 정보를 무시하고 성별을 구분해달라고 요청했을 때, 뇌의 현저성 네트워크는 계속해서 경고 신호를 발동했다. 반면 얼굴에 드러난 감정에 이름을 붙이라는 지시를 받았을 때는 현저성 네트워크가 알람을 끈 것처럼 비활성화되었다.[10]

추가적인 연구에서(마음챙김 설문조사에서) 감각 찾기를 중요시하는 사람들의 경우 감정에 이름을 붙일 때 현저성 네트워크가 일시적으로 비활성화되는 정도가 훨씬 큰 것으로 나타났다. 또한 이들은 개념적 추론을 위해 뇌의 앞부분을 활성화했다. 현저한 감각 정보를 언어로 분석하면, 벌어지고 있는 일의 핵심을 파악하는 동시에 반응해야 할 긴급성을 줄일 수 있다. 따라서 개념 체계가 순간의 감정에 반대할 필요가 없어진다. 이름 붙이기는 우리가 감정을 더 잘 이해하는 데 도움을 준다. 곧바로 문제 해결에 뛰어들거나 대화의 주제를 바꾸기보다는 우리의 경험을 이해하고 인정하려고 노력하는 좋은 친구처럼 말이다.

감각을 언어로 전환하는 것은 감각 찾기의 결과를 업데이트된 정신 모델에 통합하는 구체적인 행위다. 감각에 이름을 붙이는 것은 경험보다 예측을 바탕으로 지각을 구성하려는 DMN의 경향에 저항하는 데 큰 도움을 준다. 뜻밖의 감각은 언제나 뇌가 반응하고 상황을 이해하도록 유도한다. 개가 집을 지키기 위해 짖는 것처럼, 현저성 네트워크는 일부러 우리를 괴롭히는 것이 아니다. 우리의 의식이 깨어 있고 사건을 주시하고 있다는 신호를 보내줄 지원군을 기다리고 있는 것이다. 우리가 창의적으로 반응하든 습관적으로 반응하든, 현저성 네트워크에게 중요한 것은 우리가 반응하는 것이다. 이름 붙이기는 현저성 네트워크의 '짖기'를 지나칠 만한 사소한 일이 아닌, 중요하고 조사할 가치가 있는 일로 취급하기로 선택하는 것이다.

감각 찾기의 이점을 알게 된 사람에게 이름 붙이기는 경험에 관한 이야기를 만드는 데 뛰어들기 전에 경험을 온전히 목격하겠다고 약속하는 것을 의미한다. 목격은 경험을 완전히 이해하고 통제하는 것(능동적 추론)이라고 생각하기 쉽지만, 속단하기에는 이르다. 여기서 말하는 목격이란 '4장의 감각의 변화 탐색하기'에서 설명한 대로 감각 찾기를 하는 것이다. 우리의 목표는 예상치 못한 느낌을 구성하는 변화하는 부분을 파악하고 그것에 익숙해지는 것이다. 모든 느낌에는 고유한 감각의 역동성, 강도, 신체 위치가 있으며, 이를 통해 우리는 어떤 느낌이 무엇을 의미하는지 속단하는 습관에도 불구하고 그 느낌을 감각의 수준에서 탐색할 수 있다. 여기서 설명하는 이름 붙이기는 이러한 감각의 의미가 아닌 특성을 포착하기 위해 언어를 사용하는 것이다. 좀 더 구체적으로 설명하기 위해 예를 들어보겠다.

크리스티나는 퇴근 후 집에 도착했을 때 뭔가 잘못되었다는 느낌이 들었다. 그녀는 로제 와인 한 잔을 따르려다가 감각 찾기를 하기로 결심했다. 그녀는 잠시 앉아서 자신의 경험이 전개되도록 내버려두기로 하고, 무언가 잘못되었다는 느낌을 깊숙이 파고들어 수면 아래에서 흐르는 몸속 어두운 감각을 탐구하기로 했다. 처음에는 그저 속이 불편한 느낌이었지만, 몇 분이 지나자 밀물과 썰물처럼 한순간 강렬하게, 이어서 미묘하게 바뀌는 에너지의 흐름을 느꼈다. 그녀는 하복부에서 느껴지는 감각을 찾았는데, 아랫배에서 팽팽한 긴장이, 날카로운 통증보다는 둔한 통증이, 냉기보다는 진흙탕 같은 온기가 느껴졌다. 그리고 천천히 그 느낌을 알게 되었다. 왜 이런 느낌이 드는지, 무슨 의미인지 알 수는 없었지만 적어도 그 느낌이 있고 없을 때를 알아차릴 수 있었다. 그녀는 이 감정을 '회색'이라고 부르기로 결정하고 앞으로는 이 감정을 조심하기로 결심했다.

이름 붙이기는 경험에 이름을 붙여 그 경험을 인식하는 행위다. 이는 경험을 피하거나 지나치지 않고 그 감각의 수준에 머물도록 도와주어 경험에 더 가까이 다가갈 수 있게 해준다. 크리스티나의 이름 붙이기는 자의적이었지만, 몸속 깊은 곳에서 느껴지는 그 느낌의 정체성을 만들어주었다. 크리스티나는 이름 붙이기를 사용해 무슨 일이 벌어지고 있는지 모르는 상황에서 감각을 설명하고 통제해야 한다는 압박(능동적 추론)에 굴복하지 않고, 감각에 머무르며 탐색할 시간을 벌었다. 이름 붙이기는 능동적 추론의 일종이지만, 지금은 설명하거나 해결하지 않고 인식하는 것만으로도 충분하다고 주장하는 추론이다.

5단계 선택권 부여하기

우리는 일반적으로 예상치 못한 느낌을 즉시 이해하고 무엇을 할지 결정해야 한다는 필요성에 따라 감정을 내면의 서사에 통합한다. 그렇게 하면 예상치 못한 느낌을 설명할 수 있어 만족스럽지만, 다른 관점을 고려할 기회를 놓치기도 한다. 감각에 이름을 붙이는 것은 감각에서 판단이나 문제 해결로 즉시 넘어가는 습관을 방해하는 행위다. 신경학적 측면에서 보면, 감각에 이름 붙이기는 DMN이 예상치 못한 느낌의 복잡성을 습관적인 해석으로 얼버무리는 것을 막는다. 이는 우리의 정신 모델로 현재 상황을 설명할 수 없음을 인정하고 억지로 설명하려 하지 않는 것이다.

이렇게 하면 약간의 불안감이 들 수도 있지만, 우리 입장에서는 좋은 일이다. 곧바로 해석하지 않고 이름을 붙이는 것은 미래의 통찰을 위한 문을 열어두는 것이기 때문이다. 그 느낌이 다시 나타나지 않는다면 아무런 문제가 없지만, 그 느낌이 다시 나타난다면 도움이 될 수 있다. 이름 붙이기는 새로운 느낌을 빠르게 인식하고 그 느낌이 우리 주변에서 벌어지는 일과 어떤 관련이 있는지 탐색하는 데 도움을 준다. 또한 그 느낌이 실제로 무엇인지에 대해 놀랍고 새로운 해석을 발견할 수도 있다.

크리스티나는 자신의 경험을 탐색하고 경험에 이름을 붙이며 저녁 시간을 보냈다. 그 후 며칠 동안 삶은 평소와 다름없이 전개되었지만 크리스티나는 '회색' 느낌을 계속 주시했다. 아침에 침대에서 힘겹게 일어날 때도, 출퇴근길에도, 상사가 자신의 아이디어를 동료의 공으로 돌릴 때도 그 느낌은 나타나지 않았다. 그러던 어느 날 퇴근길에 공원을 지나가다가 아이들이 떠드는 소리와 개들이 짖는 소리를 듣게 되었는데, 바로 그때 그 느낌이 왔다. 공원에서 신나게 뛰어노는 개들을 보면서 그녀는 '회색'이라는 느낌을 받았다. '어, 이상하네.' 그녀는 생각했다. 잠시 감각 찾기를 해본 결과 며칠 전에 느꼈던 것과 거의 같은 느낌이라는 확신이 들었다.

그 후 몇 주 동안 크리스티나는 '회색'이 나타났을 때 자신이 어디에 있었고 무엇을 하고 있었는지 기록하려고 노력했다. 점심에 매운 음식을 먹거나 전날 밤에 술을 마신 것과는 관련이 없었다. 그러다가 주인과 함께 놀고 있는 개들을 볼 때 '회색'이 자주 나타난다는 사실을 알아차렸다. 어떤 면에서는 이해가 되는 일이었다. 그녀의 소중한 반려견이었던 알피라는 이름의 와이어 폭스테리어가 몇 달 전에 세상을 떠났기 때문이다. 당시 그녀는 슬픔에 잠겼지만 극복했다고 생각했다. 하지만 가슴 한구석에서 느껴지는 '회색'의 느낌은 그녀의 생각만큼 그녀가 괜찮지 않다는 사실을 알려주는 것이었다. 그녀는 여전히 알피를 그리워하고 있었다.

6단계 현명한 선택을 하기

먼저 감각 찾기를 하는 데 시간을 소비하더라도 결국은 느낀 감각에 대한 적극적인 추론을 해야 할 것이다. 우리는 문제를 해결하도록 설계되어 있고, 예상치 못한 느낌이나 사건은 해결해야 할 문제를 제시한다. 이때 우리가 올바른 문제를 해결하고 있는지 여부가 중요하다. 크리스티나가 감각 찾기를 하기 전에 인터넷에 접속하여 '복통'을 검색했다고 상상해보자. 그녀는 궤양, 과민성 대장 증후군, 위염, 게실염, 위암 등의 의학 문제와 마주하게 되었을 것이다. 의학적 선택지를 고려하며 문제를 해결하려 할 때 그녀가 느낄 걱정, 시간, 고통, 좌절감을 떠올려보라. 빠른 분석을 통해 많은 가능성을 배제할 수 있다고 해도 여전히 시간과 노력, 염려가 소요되며, 슬픔이라는 뜻밖의 원인은 밝혀내지 못할 것이다.

전환은 인간이 문제를 해결하도록 설계되어 있지만, 행동하기 전에 해결할 문제가 무엇인지 생각해볼 공간이 필요하다는 사실을 이해하는 데서 출발한다. 감각 찾기는 이러한 공간을 제공해주고, 지각 업데이트는 뜻밖의 원인을 발견할 수 있게 해준다. 예상치 못한 느낌에 직면하면 능동적 조치가 필요하다고 느낄 수 있지만, 가장 먼저 해야 할 능동적 추론은 설명과 해결이 아닌 감각 찾기다. 느낌을 개념이 아닌 감각으로 분류하면 익숙한 내러티브에 빠져들지 않고 경험에서 패턴을 감지할 수 있다.

크리스티나는 느낌에 '회색'이라는 이름을 붙이고 감각이 다시 나타났을 때 감각에 머물렀다. 덕분에 의학 정보 웹사이트에서 찾은 설명대로 하지 않고 자신이 경험한 감각의 특징을 탐구할 수 있었다. 그녀는 감각에 주의를 집중하면서 관련이 있는 뜻밖의 맥락(공원의 개)을 알아차렸다. 다시 '회색'을 떠올렸을 때는 여러 해석을 해볼 수 있었다. 모든 해석이 동일하지는 않았다. 겉으로 보고 예상할 수 있는 의학적 소견도 있었지만, 반려동물로 인한 슬픔일 가능성은 내면을 들여다봐야만 알 수 있는 것이었다. 그녀는 감각에 집중해 익숙한 느낌을 식별하고 근본적인 맥락을 발견해냈다.

결국 크리스티나는 '회색'을 해석해냈다. 우리는 삶을 탐험할 때 지도나 도로 중 어디에 주의를 기울일지 선택해야 한다. 지도는 전문가가 A지점과 B지점 사이에서 일반적으로 일어나는 일을 설명해주지만, 뜻밖의 돌부리나 우회로, 위험에 대해 알려주지는 않는다. 목적지를 염두에 두는 것만큼이나 도로에서 눈을 떼지 않는 것도 중요하다. 여러 선택지 중 현명한 선택을 하는 마법이나 비결이 따로 있는 것은 아니다. 앞길을 주시하면서 예측 지도를 맹목적으로 따르지 않는 조건을 만드는 것이 지혜로운 일이다.

몇 년 전 우리는 암스테르담에서 열린 콘퍼런스에 참석해 감각 찾기와 우울증 취약성에 대한 연구 결과를 발표했다. 이때 아마라와티 수도원의 수도원장 아잔 아마로 스님과 명상 수행의 효과에 관한 이야기를 나누었다. 아마로 스님은 명상을 가르친 풍부한 경험을 바탕으로 비유를 들어 설명했다. "명상은 자동차 관리와 같습니다. 잘못된 방향으로 운전하고 있다면 세심한 정비가 무슨 소용이 있을까요?"

아마로 스님은 특정 명상법을 고수하기보다 언제 명상을 해야 하는지 이해하는 것이 더 중요하다고 말했다. 명상은 피할 수 없는 스트레스 요인을 견뎌야 할 때는 효과적이지만, 빠른 개입이 필요할 때는 행동할 에너지를 빼앗아 간다. 대부분의 경우 평정심을 유지하는 것은 옳은 방법이지만, 번잡한 도로에 뛰어드는 아이를 보았다면 평정심을 지킬 때가 아니다. 중요한 것은 문제를 해결하려고 시도하기 전에 진짜 문제를 파악하는 것이다. 아이러니하지만 효과적인 행동을 하기 전에 먼저 능동적 추론에서 지각적 추론으로의 전환이 필요하다.

◯◯ 스위치 ON

엎질러진 와인 때문에 울지 않기

DMN은 전략을 선택하기 전에 상황을 살펴보기보다는 뜻밖의 상황에 대한 해결책을 먼저 계획한다. 평판이나 자존감이 영향을 받는 상황에서는 더욱 그렇다. 우리는 기본적으로 자아를 보호하는 데 주의를 집중하고, 타인에게 인식되는 모습을 반추하고 염려하도록 설계되어 있기 때문에 속상한 상황의 원인을 해결하기보다 인식을 통제하려 한다. 그 효과가 어떻게 나타나는지 알고 싶다면 다음 시나리오를 상상해보자.

당신은 몇 주 전부터 오늘 저녁을 기다려 왔다. 당신이 가장 좋아하는 바에서 지역 담당 관리자로 승진한 제니퍼를 축하하는 행사가 있기 때문이다. 친구, 동료들과 함께 다트 게임도 하면서 즐거운 시간을 보낼 예정이다. 테이블에서 이야기가 오가고, 웨이터가 전채요리를 담은 쟁반을 내오고, 사람들은 계속 제니퍼에게 축하의 말을 건넨다. 제니퍼의 맞은편에 앉아 있는 당신은 소음 속에서 물 한 잔을 마시려 손을 뻗었다가 실수로 옆에 있는 와인잔을 친다. 와인이 테이블 위로 쏟아지는 모습이 슬로 모션으로 재생된다. 당신은 서둘러 제니퍼에게 조심하라고 말했지만 그녀가 너무 늦게 반응한 탓에 그녀의 드레스에 와인이 몇 방울 떨어졌다.

자신이 무슨 짓을 했는지 깨달은 순간 당신은 이렇게 생각할 수 있다.

- 그 일이 자신과 자신에 대한 인식에 미칠 결과를 생각한다.

- 자신이 느낄 죄책감을 생각한다.
- 자신이 생각보다 덜렁대는 사람인지 생각한다.
- 다른 사람들의 저녁 시간을 망치지 않았는지 생각한다.

이 모든 생각은 어디로 이어질까? 아마 당신은 저녁 내내 사람들에게 그 사건을 상기시키고 동정심을 불러일으키기 위해 자기 비하적인 발언을 할지도 모른다. 그날 밤 잠자리에 들 때도 사건을 복기하며 후회한다. 또한 다른 저녁 파티에 초대받으면 이때 일로 다시 불안감을 느낀다. 와인을 쏟은 자신을 스스로 용서하지 못해서다.

앞의 답변에서 당신은 자신의 평판에 닥친 위기를 해결하기 위해 판단과 자기 비난에 집중했다. 하지만 평판이 정말 해결해야 하는 문제가 맞는 걸까? 다른 선택지도 있다. 잠시 시간을 내어 다시 시나리오를 떠올려보자. 당신은 제니퍼, 동료, 친구들과 레스토랑에 함께 있다. 당신이 손으로 와인잔을 치는 바람에 와인이 쏟아지면서 제니퍼의 드레스에 묻었다. 이번에는 자기 자신이 아닌 그 순간에 집중해 온전히 감각을 느껴본다. 그러면 같은 경험에 전혀 다른 이름을 붙일 수 있다.

- 무언가를 쏟았다.
- 얼굴에 피가 쏠려 붉게 변하는 것이 느껴진다.

- 모든 사람이 나를 쳐다보는 시선이 느껴진다.
- 감각에 '당황'이라는 이름을 붙인다.
- '당황'을 해결하는 게 아니라 다른 선택지를 탐색한다.
- 주변에서 무슨 일이 벌어지고 있는지 살펴본다.
- 쏟아진 와인이 테이블을 따라 계속 퍼지고 있는 것을 발견한다.
- 주변 사람들은 화가 난 게 아니라 놀란 표정을 짓고 있다. 약간 즐거워하는 사람도 있다.
- 감각 찾기에서 전환하고 사과할지, 계속 퍼지는 와인을 수습할지 판단한다.
- 와인을 닦는 것을 돕고 분위기를 수습하기 위해 농담을 하기로 선택한다.
- 제니퍼와 눈을 맞추고 겸연쩍은 미소를 지으며 드라이클리닝 영수증을 보내달라고 한다.
- 쏟아진 와인을 닦고 나서 더 사과할 필요는 없다는 것을 깨닫는다.

예상하지 못한 상황에 직면했을 때 감각 찾기로 전환하면 두 가지를 성취할 수 있다. 먼저, 반복적으로 사과하고 저녁 내내 사건에 집중하는 등 습관적 행위에서 벗어날 수 있다. 요즘 젊은이들이 '주인공 증후군'이라고 부르는 이러한 경향은 결코 좋은 습관이 아니다. 자기 집착에서 벗어나면 사람들이 와인을 쏟은 것을 크게 신경 쓰지 않으며, 쏟아진 와인을 닦는 것이 해결할 문제라는 사실을 볼 수 있게 된다. 이러한 깨달음은 다시 능동적 추론으로 전환할 힘을 준다. 자신의 내면을 들여다보기보다는 사람들을 위해 행동하고, 자신의 이미지가 나빠질까 걱정하기보다는 분위기를 수습하는 데 집중할 수 있다. 실제로 벌어진 일과 감각적 인식('분위기 파악'이라고도 함) 사이를 전환하면서 감정적 조율과 지적 판단을 통해 쏟아진 와인을 해결하고 마음을 내려놓고 저녁을 즐길 수 있다.

감각 찾기를 할 때와 행동할 때

감각 찾기의 전체 과정을 보지 않고 마음에 드는 요소만 뽑아서 수용하기가 쉽다. 하지만 앞서 설명한 것처럼 감각 찾기는 기존 지식에 의존하는 것과 새로운 것을 탐색하는 것 사이에서 균형을 잡는 큰 순환의 일부분이다. 전환은 감각 찾기로 도망치는 것이 아니라 균형을 추구하는 것이다. 기존 지식에 전부 문제가 있고, 모든 기존 지식을 업데이트해야 하는 것은 아니다. 기본 지도가 적합할 때도 있고, 우리를 미궁으로 이끌 수도 있다. 감각과 의미 형성을 반복적으로 오가다 보면 시간이 걸리겠지만 결국 세상을 보는 새로운 방식을 더 잘 다루게 된다.

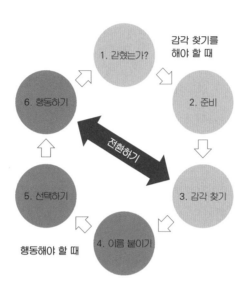

심리 치료는 프로이트 시대부터 정서적으로 명확하게 인식하고 이해하는 강력한 순간을 통찰이라는 대중적인 개념으로 장려해 왔다. 4장에서 설명한 것처럼 통찰이 감각 찾기의 중요한 산물이라는 점에는 동의한다. 하지만 정신 건강 분야에서 일해 본 사람이라면 누구라도 통찰을 얻은 깨달음의 순간이 오래 지속되지 않는다고 말할 것이다. 지속되는 것은 경험을 처리하는 지루하고 따분한 과정이다. 순간적인 통찰의 빛이 사라진 뒤에도 경험의 의미는 계속해서 성찰해야 한다. 감각 찾기, 전환, 정신 모델 업데이트가 피드백 루프를 구성하는 단계들이라면, 이

순환 주기에서 자신이 어디에 있는지 생각해보는 것이 중요하다. 감각이 필요한가? 아니면 행동할 때인가?

많은 사람들이 놀랍거나 불편한 순간에 양자택일을 하는 데 익숙하다. 미국의 신학자 라인홀드 니버가 쓴 '평온을 비는 기도'에는 12단계 회복 프로그램의 핵심인 양자택일이 명확하게 표현되어 있다.

하나님, 우리가 바꿀 수 없는 것은 받아들이는 평온을
바꿀 수 있는 것은 바꾸는 용기를
또한 그 차이를 구별하는 지혜를 주소서

평온은 주어진 순간에 주체성과 현존감을 극대화하는 데서 나온다. 주체성은 우리가 바꿀 수 있는 것을 바꾸는 것이고, 현존감은 세상을 바꿀 수 없을 때 그 상태를 그대로 받아들이는 것이며, 지혜는 속상한 상황에 놓였을 때 언제나 두 가지 선택지가 있으며, 현명한 선택을 하지 않을 때 불일치로 인해 고통받게 되는 것을 깨닫는 통찰, 직관, 삶의 경험이다. 이것이 바로 전환이 의미하는 것의 본질이다.

물론 지혜롭게 산다는 것이 말처럼 쉬운 일은 아니다. 우리가 두 선택지를 모두 진지하게 받아들이는 법을 배웠는지 생각해보는 것도 흥미롭다. 우리는 주체성이 가장 중요하고, 문제를 움켜쥐고 바닥에 때려눕혀야만 성공적인 삶을 살 수 있다고 배웠다. 이러한 관점에서 보면 수동성은 약점에 불과하다. "뭐든 내가 하고 싶은 대로 하면 돼!"라는 유명한 말을 남긴 애니메이션 〈사우스 파크〉의 에릭 카트먼이 주체적 사고방식의 대표적인 예다. 아니면 살면서 수동적인 매개체가 되어야 한다고 생각하도록 주입되었는지도 모른다. 일부 전통적인 사회에서는 특히 여성들이 수동적이어야 하며, 억압받거나 해를 입어도 수용하는 것이 미덕이라고 강조한다. 담요를 뒤집어쓴 찰리 브라운의 친구 라이너스는 카트먼과 정반대 선상에 있다. 라이너스는 '무시는 내면의 평화로 가는 위대한 길 중 하나'라고 주장하며 거만한 누나 루시의 조롱을 참는 수동적인 태도를 보인다.

'평온을 비는 기도'는 우리의 예상과 경험이 일치하지 않을 때 극단에 빠지지 않아도 선택지가 존재한다는 사실을 상기시켜 준다. 동기는 우리 두뇌의 작동 방식에서 발생하지만, 우리에겐 동기를 가지고 무엇을 할지 아는 지혜가 필요하다. 평온을 비는 기도가 특별한 이유는 예측과 감각 사이의 단절이 불편함을 유발한다는 사실을 인정하고 이 딜레마를 해결하려 한다는 것이다. 나의 기대나 현실 중 어느 것이 바뀌어야 할까?

각각의 추론 방식 모두 분노를 불러일으키는 어두운 면이 존재한다는 점을 짚고 넘어가야겠다. 능동적 추론은 목표를 달성할 때 주체성을 부여하지만, 목표 달성에 실패하면 전보다 심한 무기력감을 불러일으킨다. 우리는 종종 심리학자들이 말하는 학습된 무기력에 빠지는데, 이는 우울증으로 가는 관문이다. 지각적 추론은 원하지 않았던 것을 받아들이는 용기다. 그러나 마음 깊은 곳에 있던 욕망을 포기하면, 자아 감각이 협소해지고 깊은 단절과 고립에 빠지게 된다. 한때 세상에 있었던 내 자리가 더 이상 존재하지 않는다는 사실에 분개할지도 모른다.

그렇다면 이 패러다임 내에서 각자를 위한 지혜는 무엇일까? 이는 자기 자신을 이해하고 삶의 목적과 의미를 찾기 위해 던져야 하는 핵심 질문이다. '나'라는 느낌은 세상을 헤치고 나아가며 바꿀 수 있는 것은 바꾸고 바꿀 수 없는 것은 적응하면서 능동적 추론과 지각적 추론을 조정해온 역사에 불과할지도 모른다.

일과 감각 스위치

다시 샤니스의 사례를 보자. 그녀는 펫스마트를 떠나기로 결심한 뒤에 젊은 기업가들의 각본을 따랐고 모든 것은 순조로웠다. 그러나 그녀의 각본에는 사업 초기의 빠른 성장에 따른 대안이 빠져 있었다. 만약 그녀가 비즈니스의 성장 속도를 따라가지 못하는 자기 자신을 비난하지 않고 다른 방식으로 대처했다면, 번아웃에 빠지지는 않았을 것이다.

다행히 한동안 계단에서 울고 난 그녀는 동료들의 피드백을 수용하게 되었고 잠시 상황을 정리하는 시간을 갖기로 결심했다. 그녀는 무력감과 번아웃이 새로운 현상이라는 사실을 깨달았다. 창업 초기에는 야근에 지칠 때도 최선을 다해 하루를 보냈다는 만족감을 느꼈다. 그러나 압도적인 의무감 앞에서 그 좋았던 느낌은 두려움과 체념으로 바뀐 상태였다. 체념과 불안이 그녀의 에너지를 대체했다.

그녀는 자신이 목표를 달성하는 다른 방법은 찾아보지 않고 기존 지식만 활용하는 패턴에 갇혔다는 것을 인식하게 되었다. 위협감에 의해 촉발된 그녀의 DMN이 이전과 동일한 방식으로만 문제를 해결하려 했다. 스트레스는 창의력을 발휘하고 선택지를 탐색하는 능력을 차단해버렸다.

그녀의 엄마와 단짝 친구가 회복과 휴식의 중요성에 대해 일깨워 주었는데도 그녀는 일상적인 회복과 휴식을 사소한 것으로 치부했다. 이런 상황에서 반나절 동안 스파에 가거나, 호숫가에 앉아 있거나, 하이킹을 할 만한 여유가 있는 사람이 있을까? 시간은 없고 할 일은 많았다.

약간 짜증이 나기는 했지만 좋은 의도로 한 조언임을 그녀도 알고 있었다. 그녀는 체중 감소, 피로감, 끊임없는 자기 회의감 등 주변 사람들이 관찰한 많은 것들이 진짜라는 것을 인정해야 했다. 사실 너무 익숙해진 문제들에 그녀는 피로라는 이름을 붙였다. 그녀는 오후에 카페에 앉아 가만히 창밖을 보며 다음에 할 일들을 생각할 때 피로감을 느꼈다. 그녀는 '사는 게 너무 피곤해 쉽사리 헤어나지 못할 것 같다'고 생각했다.

엄마의 조언에 따라 기분 전환을 하기로 결심한 그녀는 경영 대학원 시절부터 친구였던 마샤에게 같이 영화를 볼 생각이 있는지 물었다. 마샤는 흔쾌히 응했고 둘은 금요일 밤에 약속을 잡았다. 극장에 먼저 도착한 샤니스는 마샤를 기다렸지만, 마샤는 나타나지 않았다. 시간이 얼마 남지 않자 샤니스는 일단 혼자 영화관에 들어가기로 결정했다. 처음에는 어두운 곳에 앉아 영화를 보고 있으니 걱정이 사라지는 듯했다. 그러다가 '혼자서 다 할 필요는 없어. 사람을 고용해야겠어'라는 생각이 들기 시작했다. 그러자 또다시 피로가 몰려왔다. 몸이 축 늘어지고 손은 안절부절못했다. 하지만 이번에는 뭔가 달랐다. 샤니스는 아무런 도움도 받지 못하는 혼자인 상태라는 느낌과 피로감 사이에 연결고리가 있다는 것을 알게 되었다. 처음으로 어려움을 나눌 수 있는 신뢰할 만한 사람을 찾는 것이 이 원치 않고 달갑지 않은 느낌을 해소하기 위해 할 수 있는 행동이라는 생각이 들었다.

그날 저녁, 영화를 보고 집에 돌아온 샤니스는 운영 관리자를 고용하기로 결정했다. 그러자 혼자서 모든 일을 처리해야 한다는 강박관념이 사라지고 포장, 배송, 재고 관리, 회계와 관련된 일상적인 의사결정도 다른 사람에게 맡겨야겠다는 생각이 들었다. 그녀는 자신이 가장 잘하는 영업과 사업의 성장에만 집중하게 되었다.

관리자를 고용하고 교육하는 일은 힘들었지만 성공적이었다. 그녀는 전보다 훨씬 덜 피곤했고 예전의 낙천적인 자신을 되찾았다. 필요할 때 놀라운 능력을 발휘할 수 있었고 주변 세상의 아름다움을 탐색할 시간과 공간을 확보할 수 있었다. 그녀는 열심히 일하는 사업가의 페르소나를 유지하는 것과 감각 찾기 사이를 전환하며 바퀴를 굴리는 햄스터가 아닌 감각 세계에 참여하는 개인으로서 보다 큰 자아에 머물 수 있었다.

육아와 감각 스위치

지금까지 변화를 위해 싸우는 것보다는 상황을 받아들이는 것에 대해 많은 이야기를 했지만, 전환을 하는 것이 단지 수용하기 위해서만은 아니다. 감각 찾기로 전환한 뒤에도 기존 지식에 근거한 행동을 하려는 성향이 여전히 옳은 것처럼 보일 때가 있는데, 우리를 해결책에 전념하지 못하도록 막아주는 유일한 힘은 불확실성이다. 평온을 비는 기도의 또 다른 축인 변화가 필요할 때 무언가를 수용해야 한다는 생각에 갇힐 수도 있다. 이는 중요한 무언가가 위태로운 상황에 놓일 때 발생하는데, 이때 행동하지 않으면 위험을 감수하고 세상을 바꾸려 들 때보다 많은 것을 잃게 될 수도 있다. 다음 예를 생각해보자.

'나는 위선자인가?' 자비에는 경영 비즈니스 코치로서 자기 성찰의 이점에 대해 교육해왔다. 바로 지난주에도 고객에게 지각이 자극과 반응을 이간질시킨다고 강조했었다. 주의를 기울이고 눈에 보이는 것을 받아들이기만 하면 된다고 말했다.

하지만 자기 자신도 반응을 반복하고 있었다. 그가 아이들에게 소리를 지르자 목에는 핏대가 서고 목소리에는 분노가 묻어나왔다. 신발을 신지 않고 서 있는 아이들은 학교에 지각할 작정인 것 같았다. 일찌감치 준비를 해도 소용이 없었다. 아이들은 자비에가 화를 낼 때까지 계속 게으름을 피웠다. 모두가 스트레스를 받는 아침이었다.

'잘하는 짓이다. 문제 해결 전문가라면서. 지각적 추론이 해결해줘야 하는 것 아니야? 너는 모든 고객에게 지각적 추론을 처방하고 있잖아.' 자비에는 아이들이 늦는 것을 그냥 수용해야 한다고 생각했다. 아이들의 자기조직화 능력은 운명에 맡기는 편이 최선 같았고, 자신이 통제할 수 없는 범위에 있는 것이 분명했다.

자비에는 감각 찾기를 하기로 결심했다. 몇 주 동안 그는 이른 아침에 발에 닿는 차가운 타일을 이용해 욕실에서 감각 찾기를 할 계획을 세웠다. 그는 매일 아침 아이들을 문밖으로 내보

내려 애쓰는 자기 자신을 지켜보겠다고 다짐했다. 모든 것을 지각적 추론에 맡길 참이었다.

하지만 아침마다 무능한 부모, 고압적인 부모라는 두 꼬리표 사이에서 분노와 좌절감을 느꼈다. 그러던 어느 날 예상하지 못한 곳에서 깨달음을 얻은 그는 정신 모델을 업데이트했다. 예상하지 못한 곳에서가 핵심일 것이다. 자비에는 자신이 아이들이 지각하는 것을 원하지 않는다는 사실을 깨달았다. 동시에 그는 좌절과 분노가 지각에 대처하는 자신의 정신 모델이며, 그 모델이 효과적이지 않다는 것을 이해하게 되었다. 그는 지각이 아니라 자신의 모델이 효과가 없다는 사실을 수용하면서 변화할 준비를 할 수 있었다. 그는 갇혀 있었다.

그래서 전환을 했다. 문제가 무엇인지 명확하게 파악했으니 행동에 나설 차례였다. 그는 매일 아침 아이들을 문밖으로 내보낼 아이디어를 떠올리기 시작했다. 재미있어야 한다는 것이 유일한 기준이었다. 어느 날 아침 그는 부엌으로 불쑥 들어가 아이들에게 집이 굶주린 비버들에게 포위되었으니(캐나다니까, 그렇지 않나?) 뒷문으로 재빨리 탈출해야만 살아남을 수 있다고 경고했다. 한 번은 무시무시한 짐승으로 변신해 복도에서 신발을 신지 않은 아이들을 간지럽히기도 했다.

노력이 필요했지만 효과는 있었다. 문밖으로 아이들을 내보내는 일은 서서히 싸움에서 즉흥적인 놀이로 바뀌었다.

변화를 위한 헌신

감각 찾기 연습을 하다 보면 결국 두 가지를 발견하게 된다. 첫째, 자신을 지배하는 패턴을 알아보게 된다. 둘째, 이러한 패턴 중 적어도 하나는 바꾸고 싶다는 마음이 들게 된다. 예를 들어, 체중이 불만인데도 매일 저녁 디저트를 먹는 자신의 모습을 발견한다. 남을 판단하고 싶지 않다고 생각하면서도 동료에 대한 험담을 늘어놓는 자신을 발견한다. 앉아서 보내는 시간이 많은 자신의 생활 방식을 한탄하면서도 매일 저녁 텔레비전을 보고 있는 자신을 발견한다. 어떤 경우든 업데이트가 필요한 자기 돌봄 모델을 찾게 된다. 어떻게 업데이트할지 잘 모르겠다고 하더라도 말이다.

익숙한 패턴을 감지하고 패턴에 이름을 붙이면서 '예' 또는 '아니요'를 만나는 순간이 있다. 감각에서 평가로 전환되는 순간이다. 계속되어도 괜찮은 패턴인가? 대답이 '예'라면 그 패턴은 그대로 놔두고 새로운 감각과 가능한 패턴을 찾기 위한 탐색으로 전환할 수 있다. 하지만 대답이 '아니요'라면 기존 모델을 이해하는 것에서 더 나은 모델을 찾는 방향으로 전환해야 한다.

다음은 패턴을 발견하고 변화가 필요하다는 것을 깨달았을 때를 위한 연습이다. 빈 칸에 제시된 문장에 대한 대답을 적어라.

익숙하지만 원치 않는 패턴은:

_____

_____

시도했지만 효과가 없었던 전략은:

_____

_____

아직 시도하지는 않았지만 효과가 있을 만한 전략은:

_____

_____

시도해보지 않은 전략 중 하나를 골라 문제 해결에 도움이 되는지 시도해보고, 도움이 되지 않는다면 '실패' 목록에 추가한다. 변화가 중요하다면 시도하지 않은 목록으로 돌아가서 다음 전략을 시도해보자. 언젠가는 성공할 것이다. 자비에가 되어 보라! 당신이 원하는 것이 무엇인지 명확하게 파악했다면, 그것을 찾을 때까지 계속 시도할 용기만 있으면 된다.

Chapter 10

감각하는 미래가 펼쳐지다

―――

**미래의 의사는 환자에게 약을 처방하지 않고
환자가 자신의 체형과 식단 관리,
질병의 원인과 예방에 관심을 가지도록 할 것이다.**

토마스 A. 에디슨

코로나19 팬데믹은 습관의 집 지붕을 관통한 나뭇가지 같았다. 제각각이었던 직장 내 루틴이 전 세계인의 DMN에 예측 오류 쓰나미를 일으켰고, 예전과 같은 비즈니스 방식은 더 이상 의미가 없어졌다. 팬데믹 제한 조치가 완화되면서 고용주들은 전례 없는 직원들의 기대 변화에 직면했다. 재택근무에 적응하는 어려움을 극복한 사람들은 변화를 맛보고 기존의 업무 모델로 돌아가는 것을 거부했다.

삶이 달라질 수 있다는 지각적 추론은 삶은 달라져야 한다는 능동적 추론에 힘을 실어줬고, 이는 대퇴사의 형태로 나타났다. 오랜만에 구직보다 구인이 훨씬 많아지면서 채용 경쟁도 매우 치열해졌다. 현명한 기업들은 고용 모델이 바뀐 현실을 깨닫고 새로운 인센티브를 도입하는 것으로 대응했다. 과거 기업들은 단체 의료보험으로 건강에 필요한 비용만 지원했지만, 이제 자포스, 구글, 인튜이트 같은 기업들은 음악 레슨, 헬스장 가입, 요리 배우기 등의 비용까지 지원하고 있다.[1] 이는 기업 문화를 보여주기도 하지만, 여전히 의문이 드는 행보다. 재정 문제에는 신중하고 보수적인 보험사들이 어째서 선택적 여가 활동을 지원하는 걸까?

이 장의 시작 부분에 나오는 토머스 에디슨의 예언에 해답의 일부가 담겨 있다. 팬데믹은 자기 돌봄과 위험 관리에 대한 기대치를 높이는 계기가 됐다. 보험계리사들은 직원들 스스로 문제를 예방하는 접근 지점을 제공해 직원 건강을 증진하는 것이 더 저렴하며, 향후 의료비 절감으로 이어져 회사와 직원 모두에게 수익으로 돌아온다는 것을 깨달았다. 이는 단순히 코로나19 팬데믹의 영향이라기보다 수십 년에 걸쳐 구축된 변화다. 건강 유지에 대한 개인의 책임이 의학 용어에 스며들고 있다. 의료 서비스 제공자들은 의사의 치료를 기다리는 '환자'라는 호칭 대신 자기 돌봄 파트너로서의 '고객'이라는 호칭을 사용하고 있다.

사람들에게 스스로를 돌보는 주체성을 부여하면 질병관리 차원이 아니라 건강 증진의 문이 열린다. 심박수와 활동 수준을 추적하는 스마트워치와 반지 등의 차세대 바이오 해킹 기술*을 사용하면 임상적 장애가 나타나기 전에 위험 징후를 감지할 수 있다. 하지만 의료계가 항상 이랬던 것은 아니다. 역사적으로 의료계는 의사가 급성 질환에 대응하는 개입주의적 접근을 선호했고 일반인의 건강 증진에는 소홀했다. 한 세기 전, 예방 의학을 연구하는 의사들을 폄하할 때 흔히 했던 말이 "어떻게 건강한 사람을 돌보면서 돈을 벌 수 있느냐?"였다.

그러나 일반인들은 의학의 혜택을 받을 필요가 없을 정도로 건강하다는 가정은 풍문이었다. 제2차 세계대전 이후 실시한 여러 설문조사에 따르면 사람들, 적어도 미국인들은 그다지 건강하지 않았다. 고등학교 체력 검정(허리 굽히기, 윗몸 일으키기, 다리 들기)의 등장으로 미국 청소년과 유럽 청소년 사이의 충격적인 체력 격차가 드러났다. 미국 고등학생의 무려 56퍼센트가 체력 검정을 통과하지 못한 반면, 유럽 학생은 8퍼센트에 불과했다.[2]

70년대와 80년대의 피트니스 열풍은 이 모든 것을 바꾸어 놓았다. 켄 쿠퍼와 같은 혁신가들의 주도로 서구 세계는 개인의 주체성과 질병 예방의 근본적인 결합을 경험했고, 이는 전 세계로 확대되었다. 켄은 사람들에게 운동 동기를 부여하고 오늘날 우리가 '에어로빅'이라고 부르는 심혈관 운동 분야를 개척했다. 그는 러닝머신 기반의 평가 프로그램과 운동 프로그램을 처방하여 심장마비를 예방할 수 있다고 설파했다. 이러한 접근 방식은 오늘날 심장학에서 표준 관행으로 자리 잡았지만, 60년대 중반만 해도 이미 한계점에 이른 신체에 스트레스만 가중시키는 위험하고 잘못된 방법으로 여겨졌다. 실제로 쿠퍼는 심장병 환자에게 러닝머신을 뛰게 해 위험에 빠뜨렸다는 이유로 주 의료

---

* 건강과 웰빙을 위해 스스로 바이오 기술을 활용하는 것.

징계위원회에 회부된 적도 있다.

그러나 시간이 지나면서 임상 연구 결과들이 심혈관에 약간의 스트레스를 가하는 것이 관상동맥 우회술에 맞먹는 효과가 있다는 쿠퍼의 주장을 뒷받침하면서 가슴 통증을 완화하려면 식습관과 운동 습관을 재고해야 하는 것이 분명해졌다.[3] 쿠퍼가 한 말의 핵심은 훈련을 통해 체력을 향상시킬 수 있고 또 향상시켜야 한다는 것이다. 여기에는 우리의 신경해부학 여정이 설명할 수 있는 도전 과제가 있다. 사람들의 DMN은 건강에 대해 '기계적인' 정신 모델을 가지고 있었다. 사람들은 가끔 하는 튜닝을 제외하고는 문제가 생길 때에만 자동차를 정비소에 맡겼고, 자동차 내부를 들여다보는 것은 전문가나 애호가들의 일로 여겼다. 쿠퍼는 식물을 건강하게 키우려면 평생 관심과 노력이 필요하듯이 우리도 스스로 건강을 돌봐야 함을 강조했다. 하지만 수백만 명의 정신 모델을 업데이트하고 개인이 건강을 관리하고 증진하는 것이 가능하다는 사실을 증명하려면 감각 찾기를 할 수 있는 새로운 피트니스 공간이라는 접근 지점이 필요했다.

쿠퍼는 자신이 선호하는 훈련 요법을 설파했고, 이는 70년대에 크게 유행했다. 테니스, 요가, 역도, 에어로빅 수업의 참여자가 크게 증가했으며, 자기 계발 서적과 방송을 통한 수업에 대한 독립적인 시장도 형성되었다. 피트니스 붐은 운동의 주도권을 개인에게 넘겨주고 건강을 개선하는 수단을 개인의 손에 쥐여주었다. 제인 폰다의 운동 동영상이나 리처드 시몬스의 텔레비전 쇼 같은 다양한 접근 지점이 생기고 이를 판매하는 시장이 형성되면서 대중을 위한 피트니스 교육이 확대되었다. 사람들이 운동을 통해 감각 찾기를 하고 힘을 얻게 되면서 금연부터 마티니 대신 밀싹 주스를 마시는 것까지 건강 관리에도 비슷한 혁명이 일어났다. 이러한 접근 지점들과 롤모델의 결합은 건강한 라이프 스타일을 추구하는 것이 자신에게 좋고 달성 가능하다는 믿음을 부추겼다. 수십 년이 지난 지금은 많은 사람들이 건강에 대한 책임이 자신에게 있다는 개념을 내면화하고 있다. 우리는 영양, 체육, 성교육 프로그램을 통해 불운한 모터사이클 라이더가 아닌 성실한 정원사처럼 행동해야 한다고 배웠다.

오늘날 정신 건강도 비슷한 변화의 시기를 맞이하고 있다. 점점 더 많은 사람들이 기존 의학이 우울증이나 불안을 치료할 수 있다는 주장에 대한 신뢰를 잃어버리고 더 나은 치료법을 갈망하고 있다. 행복에 대한 기대와 현실 사이의 간극을 인식한 수많은 DMN이 예측 오류를 던진다. 우리는 프랑스 철학자 미셸 푸코가 대중화시킨 용어 '자기 기술'의 벼랑 끝에 서 있는 것처럼 느낀다.[4]

푸코는 일기와 같은 간단한 '기술'로 자신의 정신적 습관을 들여다볼 수 있다고 주장했다. 전제는 간단하다. 과거의 자아를 판단하는 것은 현재의 자아를 판단하는 것만큼 위협적이지 않다. 과소비와 미루기를 일삼는 과거의 자신을 비난한 적 없는 사람이 있을까? 일주일 전에 쓴 글을 읽다 보면 '과거의 나'를 엿볼 수 있고, '현재의 나'는 크게 기분 나빠하지 않고 과거의 나에 대해 생각할 수 있다. 다시 말해, 자신의 일기를 검토하는 행위는 감각 찾기의 핵심 메커니즘 중 하나인 탈중심화를 촉진한다. 결과적으로 우리는 이러한 관행을 통해 성찰과 변화의 동기를 부여하는 통찰을 얻고 원하는 삶을 구축하는 데 있어 더 큰 주체성과 현존감을 부여받는다.

좋은 제안이지 않은가? 하지만 푸코의 제안이 나온 지 수십 년이 지났다. 일기를 쓰는 것만으로 정신 건강을 개선할 수 있다면 지금쯤 노력의 결실이 보여야 한다. 변화에 대한 열망은 있는데, 우리가 놓치고 있는 것은 무엇일까?

중요한 실패들

웰니스 루틴의 부족함을 지적한 사람은 푸코뿐만이 아니다. 예를 들어, 피트니스 붐과 최근 인기를 끌고 있는 마음챙김 명상 사이에는 뚜렷한 유사점이 있다. 두 운동 모두 대중의 상상력을 자극하고, 널리 홍보되었으며, 일상에서 벗어나라고 하고, 약물을 사용하지 않고도 실질적인 건강상의 이점을 얻을 수 있다고 약속한다. 실제로 마음챙김의 이점을 뒷받침하는 증거는 매우 설득력이 있었고, 그 필요성이 매우 컸기 때문에 영국 정부는 마음챙김을 학교에 도입하는 대규모 실험을 지원했다. 마음챙김은 청소년의 정신 건강을 보호하는 사회적, 정서적 기술을 가르치는 보편적인 프로그램으로 제시되었다.[5] 연구자들은 지역 학교 시스템과 협력하여 40분짜리 수업 10개를 커리큘럼에 포함시키는 데 성공했다. 청소년기의 회복탄력성MYRIAD 연구는 100명의 연구자가 영국의 85개 학교에서 2만 8,000명의 청소년과 650명의 교사와 8년 동안 진행했다.

그러나 이러한 노력과 혁신에도 불구하고 학교에서 마음챙김 교육을 받은 학생들의 상태가 교육을 받지 않은 학생들보다 더 좋은 것은 아니었다. 일부 학생들의 정신 건강은 더 나빠진 것으로 나타났다. 당황한 연구자들이 더 자세히 조사한 결과, 배운 기술을 실천하는 학생이 거의 없다는 사실이 밝혀졌다. 실천한 학생들은 기대했던 효과를 얻었지만 극소수에 불과했다.

짧은 알림을 통한 넛지* 연습뿐만 아니라 학교에서 실시한 다른 대규모 연구도 비슷하게 실망스러운 결과를 보여주었다.[6] 문제는 정신 건강을 증진하려는 시도들이 여러 접근 지점을 제공하기보다 한 가지 방법만을 추구한다는 것이다. 학생들의 설문

---

* 자연스러운 상황을 만들어 옳은 선택을 하도록 유도하는 것.

조사 답변에서 이 점이 명확하게 드러났다. 학생들은 커리큘럼에 회복탄력성 과정이 포함될 만큼 누군가가 자신의 정신 건강에 관심을 가져주는 것은 고맙지만 강제로 하는 명상은 지루했고 그보다는 관심 있는 활동을 할 자유 시간이 있었으면 좋았을 것이라고 답했다.[7]

회복탄력성 연구에서 정신 건강을 지원하는 선택지가 부족했던 것은 정부가 팔굽혀펴기를 의무화했던 1950년대 미국인의 체력 상태에 비유할 수 있다. 다른 프로그램이나 홍보 캠페인은 없었다. 그저 팔굽혀펴기만을 강요했다. 그러나 다행히도 운동 옹호자들이 '미국 청소년의 체력에 관한 대통령 직속 시민 자문위원회'를 구성하고 대대적인 홍보 캠페인에 자금을 지원했다.[8] 그들은 어떤 형태의 운동을 해야 하는지 독단적으로 강요하지 않았다. 시간이 지나면서 앉아서 생활하는 생활 방식이 문제라는 인식과 운동이 해결책이라는 인식이 확산되었다. 1980년대부터 체육관, 헬스클럽, 10K 자선 레이스, 자전거 팀이 도처에 생겨났다. 한 가지 접근 지점이 아닌 건강 문화를 옹호한 것이 이 운동을 성공으로 이끌었다.

이처럼 도움이 되지 않는 패턴에 갇힌 것이 문제이며, 감각 찾기로의 전환이 해결책이 될 수 있다고 믿는다면, 당신에게 적합한 접근 지점도 있을 것이다. 약간의 탐색이 필요할 수도 있지만, 찾으면 알게 될 것이다.

성공은 어떤 모습인가?

> 당신은 당신이 관심을 기울이는 것이 될 것이다. 스스로 어떤 생각과 이미지에 자신을 노출시킬지 선택하지 않으면 다른 사람이 선택해줄 것인데, 그들의 동기는 당신에게 가장 좋은 동기가 아닐 수도 있다.

이는 에픽테토스의 말이다. 당신에게 적합한 접근 지점을 찾았다면 어떤 변화를 기대할 수 있을까? 그것은 대부분 당신이 어떤 종류의 변화를 원하느냐에 달려 있다.

최근 마음챙김 훈련에 관한 한 연구 결과에 대해 언론에서 명상이 사람들을 더 이기적으로 만든다는 증거라고 해석 보도해 큰 화제를 불러일으켰다. 하지만 클릭을 유도하는 제목 뒤에는 미묘한 이야기가 숨어 있었다. 명상을 마친 참가자들은 노숙자 없는 세상을 위한 자선 캠페인의 기금 마련을 돕기 위해 봉투를 접는 시간을 가졌다. 하지만 모든 사람이 기꺼이 시간을 내어 도운 것은 아니었다. 명상의 효과는 참가자들의 기존 태도에 따라 크게 달랐다.[9] 타인과의 관계를 통해 자기 자신을 묘사한 사람들(나는 딸이다, 나는 관리인이다)은 대조군보다 봉투를 17퍼센트 더 많이 접었다. 그러나 개인적 특성(나는 단호하다, 나는 수완이 좋다)으로 자신을 묘사한 사람들은 봉투를 15퍼센트 더 적게 접었다.

명상이 보편적으로 이타적 연민과 친사회성을 유발한다는 클리셰를 뒤집은 이 연구 결과는 일부 마음챙김 운동가들 사이에 소요를 일으켰다. 그러나 마음챙김 운동을 옹호하는 입장에서 말하자면, 비평가들은 모든 사람이 마음챙김 훈련을 통해 같은 것을 얻고 싶어 한다고 가정하는 오류를 범했다. 데이터는 분명했다. 명상의 '성공'은 지도자와 이론가들이 기대하는 것과는 상관없이 내적 가치를 표현하는 것이다.

우리가 보기에는 괜찮은 명상 결과다. 개인의 감각 찾기를 강화하는 것은 타인의 가치 체계를 사는 것과는 다르다. 에픽테토스의 말처럼 감각 찾기는 다양한 결과로 이어져야 한다. 우리 각자는 자신만의 우선순위와 가치관을 가지고 있다. 여기에 주의를 기울이는 법을 배웠다면 성공이다.

다행히 우리는 선천적으로 우리가 가장 가치 있게 여기는 것을 인식하도록 되어 있다. 다음의 (인지 신경과학자 피터 울릭 체의 이름을 딴) 체 착각Tse illusion에서 볼 수 있듯이 뇌의 현저성 네트워크는 관련 있는 것과 관련 없는 것을 구분하는 데 능숙하다.[10] 이미지 한가운데 있는 흰색 점에 집중하라. 이제 흰색 점에서 눈을 떼지 말고 세 개의 큰 회색 원 중 하나에 주의를 집중해보자. 눈을 움직여도 괜찮다. 다시 흰색 점에 초점을 맞추고 흰색 점에 시선을 고정한 채로 세 개의 큰 회색 원 중 하나에 주의를 기울인다.

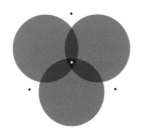

다른 두 개의 원과 비교했을 때 내가 주시하고 있는 원에 어떤 변화가 있는가? 대부분의 사람들은 집중하는 원의 색은 어두워지는 반면, 다른 두 개의 원은 배경으로 희미해지는 현상을 경험한다. 한 가지를 선택하면 눈을 움직이거나 조명을 바꾸지 않아도 관련성이 높은 것은 전경으로, 방해가 될 만한 정보는 자동으로 배경에 배치된다. 이처럼 체 착각은 우리의 기대가 어떻게 자기 강화되는지 보여준다. DMN은 뇌의 현저성 네트워크에 지각에 대한 기대를 제공하고 익숙한 것에 대한 지각을 강화하는데, 이는 다시 기대를 검증하고 DMN의 프로그래밍을 강화한다.

특정한 목표를 염두에 두지 않으면, 우리에게 가장 익숙한 인식과 반응 방식에 더 깊이 빠져들게 된다는 말이다. 요식업자인 르네는 숲에서 감각 찾기를 할 때 새소리나 동물의 배설물에는 관심을 기울이지 않고 잠재적인 식재료에 집중했다. 우리도 마찬가지로 중요하다고 생각하는 것에 주의를 집중하게 되고 다른 자원은 배경으로 남겨두게 된다.

감각 찾기에 성공한다는 것은 이 과정을 어느 정도 통제할 수 있게 된다는 뜻이다. 주어진 순간에 무엇이 중요하고 중요하지 않은지에 대한 모델을 업데이트하는 것이다. 거창한 행동을 할 필요는 없다. 경험의 영역에서 무엇을 찾아낼지 선택하면 된다. 그럴 때마다 현저성 네트워크는 선택과 일치하는 감각을 전경에 둘 것이다. 시간이 지나 이러한 감각에 익숙해지면 DMN은 사용자가 선택한 항목에 우선순위를 부여하고 나머지는 자동으로 관련 없는 항목으로 분류한다.

잠깐만, 또다시 갇히는 느낌이라고? 그것은 모두 무엇이 당신의 가치관과 자동적으로 일치하는지에 달려 있다. 갇히는 느낌은 우리의 습관이 우리를 원치 않는 결과나 사각지대로 이끄는 것을 목격할 때 발생한다. 우리는 자전거에서 균형을 잡거나 잠시만 시간을 내 달라는 텔레마케터의 말을 듣지 않은 것에 개의치 않는다. 우리는 복잡한 삶을 헤쳐 나가기 위해 습관에 깊이 의존한다. 혼란스러운 세상에서 질서와 예측 가능성을 원하는 습관은 우리의 일부이며 계속해서 존재할 것이다. 목표는 DMN을 없애는 게 아니라, DMN의 프로그래밍에 문제가 생겨 갇힌 기분일 때, DMN을 약화하고 재구성할 선택지를 감각 찾기가 제공한다는 사실을 깨닫는 것이다. 프로그래밍이 잘 작동하면 갇힌 기분이 아니라 흐르는 기분을 느끼게 된다.

어떻게 하면 흐를 수 있을까? 먼저 무엇을 위해 감각 찾기를 하는지 파악해야 한다. 도전하고 있고 성장하고 있다는 느낌은 올바른 길을 가고 있다는 중요한 신호다.

하지만 전환의 원칙은 늘 우리에게 묻는다. "나는 올바른 방향으로 가고 있는가? 나는 습관에서 벗어나 내가 가치 있게 여기는 삶을 향해 나아가고 있는가? 아니면 타인의 우선순위를 충족시키기 위해 감각 찾기를 하고 있는가?"

다양한 상황과 다양한 목표

무엇을 위해 감각 찾기를 할지 선택할 때 중요한 것은 환경이다. 방금 카펫에 오트밀을 흘린 아이에게 칭찬을 하거나, 가혹한 평가를 받은 직후에 창의력을 발휘하기는 어렵다. 이러한 상황에서는 감각 찾기라는 비현실적인 조치보다는 현실적이고 건설적인 해결 방법을 찾는 게 적절하다. 우리의 기본 습관과 성향이 잘 작동할 때 감각 찾기를 하는 것도 의미가 없다. 고속도로에서 앞차의 브레이크등이 보이는 순간에는 이런저런 생각을 할 틈이 없다. 그럴 때는 앞에 있는 뜻밖의 빨간불에 대해 철학적인 사유를 할 게 아니라 차의 속도를 줄여야 한다.

반면에 기존 지식을 활용하기보다는 감각 찾기가 필요한 상황도 있다. 오트밀 얼룩이 졌을 때 습관적으로 분노가 폭발한다면 갇힌 기분이 들 수도 있다. 부정적인 피드백을 받은 뒤에 절망감을 느낄 수도 있다. 사고에 대한 두려움 때문에 운전을 피하기 시작할 수도 있다. 우리의 프로그래밍이 우리를 바람직하지 않은 결과로 이끈다면 감각 찾기가 필요한 것이 분명하다. 그러나 아무런 의도 없이 감각 찾기에 뛰어들면 혼란스러워질 수 있다. 최소한 몇 가지 기본적인 것을 결정하고 나서 감각 찾기에 들어가야 효과가 좋다.

감각 찾기를 하려면 기본적으로 안도감과 통찰 가운데 어느 것이 목적인지 선택해야 한다. 감각 찾기에서 우리는 습관에서 벗어나 감각이라는 상대적인 자유를 맛보면서 스트레스를 해소한다. 안도감을 얻기 위한 목적으로 감각 찾기를 하는 것은 능동적 추론의 한 형태로 스트레스와 생리적 각성 수준을 완화한다. 우리는 DMN의 습관을 방해해 개념 모델을 업데이트하지 않고도 생리를 조절할 수 있게 한다. 이는 이상적인 감각 찾기가 아닌 것처럼 보일지도 모른다. 단지 습관의 집에서 벗어나기 위해 감각의 황야로 뛰어든다면 현실 세계의 문제를 건설적으로 다룰 준비를 하는 것이 아니니까. 우리는 세상에 대한 선입견에서 벗어나 새로운 의미를 찾는 것이 이상적인 감각 찾기의 목적이라고 생각한다. 이러한 감각 찾기는 개념 모델을 업데이트하여 지각적 추론을 강화한다. 이때 우리는 미지의 것을 수용하며 불편함을 느낀다.

그러나 연구에 따르면 사람들은 좋은 선택지가 무엇인가에 대해 매우 다른 생각을 가지고 있다. 우리는 과학자, 임상의학자, 학생들이 '마음챙김'이라는 용어를 어떻게 사용하는지 조사했다.[11] 과학자와 임상의학자에게 마음챙김은 지각적 추론을 실행하는 이상적인 방법이다. 사람은 인식을 사용해 세상을 탐험하고, 발견한 것을 수용하여 자기 자신과 세계관을 확장하는 통찰을 얻는다. 그러나 대부분의 사람들은 성장과 발전에 대해 생각하기보다 그저 하루하루를 이겨내려고 애쓰고 있을 뿐이다. 일반적으로 학생과 일반 대중에게 마음챙김은 새로운 것을 배우려는 의도가 아니라 스트레스를 유발하는 정신적 습관을 저지하고 안도감을 얻으려는 의도로 실행하는 능동적 추론이다.

이러한 구별은 명상 홀뿐만 아니라 카지노에도 적용할 수 있다. 한 연구에서, 가상 슬롯머신 게임에 판돈 50달러를 걸었던 참가자들은 단조롭지만 편안하게 현재의 기계에 몰입하거나 돈을 따기 위해 '매력적'으로 보이는 새로운 기계를 찾는 것 둘 중 하나를 선택할 수 있었다. 연구자들은 편안한 몰입과 광범위한 탐색이라는 선택 사이에서 사람들이 내리는 결정이 기계보다는 상황과 관련이 높다는 것을 발견했다.[12] 대부분의 플레이어는 새로운 기계를 탐구하고 싶어 했지만, 기억할 게 많아 부담을 느낄 때는 생각지도 못한 문제에 휘말리기보다는 현재 상황에 머무르는 것을 선호했다.

선천적으로 호기심이 많은 사람이라도 연로한 부모를 돌봐야 하는 상황에 있다면, 자신이 겪는 인지 부하를 평가하고 현명한 선택을 내려야 한다. 무엇을 위해 전환하느냐는 일상적인 요구가 우리의 정신적 공간을 얼마나 많이 차지하느냐에 강력한 영향을 받는다.

그렇다면 안도감과 통찰 중 어느 것을 위해 감각 찾기를 하는 것이 나은가? 두 접근 방식 모두 완벽하게 수용 가능하다는 것이 답이다. 중요한 점은 '제대로 해야 한다'는 스트레스를 내려놓고 무엇을 위해 감각 찾기를 하는지를 분명히 하는 것이다.

⬤ 스위치 ON

나는 어떤 상태일까?

감각 찾기를 이해하는 데 도움이 되는 간단한 자가 진단을 소개한다.[13]

1~5번은 '아니다'라고 답한 항목에 1점을, 6~12번은 '그렇다'라고 답한 항목에 1점을 부여하라. 점수를 합산하고 아래 삶의 만족도에서 자신이 어디에 해당하는지 찾아보자. 0~4점을

평상시 당신은 어떠한가	그렇다	아니다
1. 일상의 요구가 당신을 우울하게 하는가?		
2. 표류하는 인생이라는 생각이 드는가?		
3. 살면서 이룬 성취에 실망감을 느끼는가?		
4. 관계를 유지하는 것이 어렵게 느껴지는가?		
5. 하루하루를 적당히 되는 대로 살아가고 있는가?		
6. 자신을 베푸는 사람이라고 생각하는가?		
7. 삶이 변화와 성장을 위한 지속적인 기회를 제공한다고 보는가?		
8. 자신 있게 자신의 견해와 의견을 표현할 수 있는가?		
9. 자신이 삶의 방향과 목적에 대한 감각을 갖고 있다고 믿는가?		
10. 자신의 성격이 대체로 마음에 드는가?		
11. 자신을 끊임없이 배우는 사람이라고 생각하는가?		
12. 자신이 지역사회에 변화를 일으키고 기여할 수 있다고 생각하는가?		

얻은 사람은 살면서 여러 가지 문제를 처리할 때 어려움을 겪거나 의기소침해진다. 5~8점이면 괜찮은 상황이다. 9~12점이 나왔으면 최적의 상태에 가깝다.

삶의 만족도 상의 위치는 당신이 짊어지고 있는 정신적 부담의 크기를 파악하는 데 도움이 된다. 부하가 높은 상황에서는 기존 지식을 활용해야 한다는 압박이 크고, 습관에 의존하는 것이 생존을 위해 할 수 있는 전부라고 느낄 것이다. 예를 들어 교통사고가 나면 경미한 교통사고라도 할 일이 많다. 차를 세우고, 상대 운전자와 연락처를 교환하며, 손상 부위를 사진 찍고, 다친 데가 없는지 살피고, 차질이 생긴 계획을 수정해야 한다. 분노, 원망, 실망감을 느낄 수 있고, 자동차 수리에 엄청난 비용이 들어갈 수도 있다. 이런 상황에서 도로를 안전하게 만들겠다며 사회 참여적인 리더가 되는 방법을 모색할 수는 없다. 스트레스 수준이 높을 때는 감각 찾기의 역할이 바뀐다. 그래도 감각 찾기를 할 필요가 있지만, 이 상황에서 가장 합리적인 것은 초조한 마음을 다독일 감각적 피난처를 찾는 것이다. 잠시 자신의 몸을 확인하고, 즉각적인 위험에 처해 있지 않다면 마음을 가라앉히고 행동하는 데 필요한 자원을 회복해야 한다.

스트레스를 받은 상태에서 감각 찾기를 하면 결국 안도감을 얻게 된다. 갈등이 생길 때 습관적으로 드러나는 것들은 감각이라는 원초적인 에너지 앞에서 배경으로 사라진다. 그러면 앞서 말한 탈중심화를 위한 공간을 더 많이 확보할 수 있고 삶의 만족도 맨 왼쪽에 있는 저항 모드에서 경험에 대한 호기심이 생기는 중간 정도의 위치로 이동할 수 있다. 호기심을 갖고 조사할 능력이 생겼다고 느낄 때 비로소 통찰을 얻을 수 있다. 감각 찾기로 새로운 경험을 하고 스트레스를 덜 받으면, 감각 찾기의 목표는 가진 것에 감사하고, 일상의 상호작용에 즐거워하며, 타인의 삶을 개선하는 데 기여하는 등 보다 큰 목표로 바뀐다. 자기 자신을 보호해야 한다는 압박이 없어지면, 보다 큰 것을 열망할 수 있게 되는 것이다.

차단하는 습관 버리기

우울증 취약성에 대해 연구한 바에 따르면 스트레스를 받을 때 감각을 차단하는 습관을 버리는 것도 시간이 걸리는 일이다. 다른 습관들을 바꾸는 데는 훨씬 더 많은 시간이 걸린다. 과도하게 사용한 근육이 팽팽해질 때 느껴지는 통증과도 같다. 그때는 근육 운동을 매일 지칠 때까지 하는 것을 그만둬야 한다. 그런 다음 긴장한 근육이 풀릴 때까지 스트레칭을 하고 물리치료를 받아본다. '마음 근육'을 쉽게 하기 위해 안도감을 찾은 다음, 마음 근육을 이완시키기 위해 통찰을 찾아 나설 수 있다. 감각 찾기를 하려고 마음먹었다면, 어떤 목적으로 감각 찾기를 할 것인지 생각해볼 수 있다. 실제로 어떻게 하는지 다음의 사례를 통해 살펴보자.

'이 최면술사가 타인의 행동을 자유자재로 해석할 수 있단 말이지. 그게 말이나 돼. 광대 같으니라고.' 브렌든은 속으로 최면술사를 조롱했다. 그는 오늘 밤 자신이 운영하는 행사장에서 이 최면술사를 소개할 예정이었다. 그가 문 열쇠를 만지작거리고 있을 때 최면술사가 무심코 말했다. "열쇠나 문과 관련한 문제가 있으신 것 같은데, 어릴 때 방에 갇힌 적이 있으셨나요?" 브렌든은 그날 아침 일찍 최면술사를 데리러 호텔에 갔을 때에도 차 문을 더듬더듬 열었다. 그렇다고 어린 시절의 트라우마라니… 진심인가?

최면술사가 무심코 던진 말에 자극을 받은 브렌든은 극장 옆에 있는 공원에 잠깐 나가 산책을 하기로 결심했다. 몇 분 동안 자연의 풍경과 소리에 빠져들자 조금 전의 일이 대수롭지 않게 생각되었고, 그는 하루 일과를 계속했다.

몇 주 후, 비 오는 가을 아침 주차비를 지불하는데 돌연 최면술사의 말이 떠올랐다. 열쇠를 다룰 때처럼 주차 요금 정산기도 잘 작동하지 않았다. 차가운 비를 맞으며 기계 앞에 서서 터치스크린에 차량 번호를 입력했지만 정보가 인식되지 않았다. 그는 극장이나 자동차 문을 열려고 버벅댔을 때처럼 좌절했다. "기계가 고장 난 게 분명해. 이런 고생을 하느니 차라리 딱지를 끊는 게 낫겠네."

브렌든은 잠시 숨을 고르고 그대로 자리를 뜨는 것이 좋을지 생각했다. 다시 기계로 돌아갔을 때, 그는 빗물에 가려진 화면의 맨 위쪽, 자신이 보지 못했던 곳에 자신의 차량 번호판 정보가 표시되어 있음을 발견했다.

"처음부터 거기 있었는데 머리가 멍해지는 바람에 보지 못했네." 그러자 과거에 똑같이 멍해졌던 순간이 떠올랐다. 십자말풀이를 하다가 막혔을 때, 조카가 루빅스 큐브를 풀어달라고 했을 때 그랬다. 보통 좌절감을 느끼고 포기하기 직전에 찾아오는 현상이었다.

깨달음을 얻은 브렌든은 자신이 '멍한 상태'일 때 몸에서 어떤 느낌이 드는지 탐구했다. 이마에 힘이 들어가고 눈이 찡그려지며, 심장이 발딱거리고, 관자놀이에서 맥박이 뛰는 듯한 느낌이었다. '다음에 갇힌 느낌이 들거나 해결책이 보이지 않으면 어떤 일이 벌어질지 궁금하네. 멍한 느낌이 드는지 확인해야겠다. 그러면 한 발 뒤로 물러나서 내가 놓치고 있는 것을 볼 수 있을 거야.'

브렌든이 숨을 고르고 우아하게 문을 열거나 뺨에 스치는 바람을 느끼며 주차 정산 기계를 재미있는 퍼즐이나 낱말 맞추기, 스도쿠 따위로 생각했다면 좋았겠지만 그렇게 되지는 않았다. 그가 무슨 일이 벌어지는지 알았을 때 그의 신경계는 이미 작동하고 스트레스는 극에 달한 상태였으며, DMN이 분노와 분개로 얼룩진 방어적인 해결책을 뱉어내고 있었다.

이때 브렌든은 감각 찾기를 떠올렸다. '이러면 안 되는데'라며 벽에 머리를 박는 것이 아니라 마음 둘 곳을 찾았다. 잠시나마 능동적 추론을 버리고 지각적 추론의 가치를 탐구하고자 했다. 그러자 생생하게 박동하는 감각적 경험을 통해 다른 데 집중할 수 있었고, 잠시 좌절감을 내려놓고 탐색 모드에 들어가 안도감을 느꼈다. 다시 돌아왔을 때는 일을 서둘러 처리하는 기본 정신 모델은 작동하지 않았다. 상황을 파악한 브렌든은 속도를 늦추고 자물쇠에 열쇠를 넣을 수 있었고, 예상치 못한 주차 정산기의 화면에서 단서를 찾을 수 있었다. 감각 찾기는 브렌든에게 현상 유지에서 주의를 환기할 수 있도록 건설적인 혼란을 제공했다.

또한 이러한 문제를 반복적으로 겪는 것은 통찰력이 자라는 씨앗이 되었다. 브렌든은 주차 정산기와 씨름하면서 좌절감, 즉 '멍해지는' 느낌을 알아차리기 시작했다. 그 발견 이후 그는 멍해지는 느낌을 경계할 수 있었다. 이 단서는 그가 속도를 늦출 필요성을 더 빨리 인식하는 데 도움을 줄 것이다. 그는 아직 서두르는 습관에서 벗어나지 못했지만, 서두르다가 좌절과 분노에 빠지기를 반복하는 운명에서는 벗어났다.

최고의 것을 선택하라

목표를 정하는 것이 중요하다. 브렌든은 성급하게 좌절감에 빠지는 습관과 씨름하고 있었다. 샤니스는 녹초가 될 때까지 일하지 않고도 성공적인 비즈니스를 운영할 수 있기를 바랐다. 두 사람 다 뭘 해야 할지 몰랐고, 갇힌 느낌에서 벗어나고 싶은 마음뿐이었다. 하지만 세상이 어떻게 돌아가는지 알아내고자 했던 뉴턴처럼, 순금과 쇳가루를 구분해낸 아르키메데스처럼 두 사람 모두 목표를 가지고 있었다. 그 목표에 도달하는 방법을 몰랐을 뿐이다. 그들은 자신들이 놓치고 있는 무언가가 있다는 사실을 알아차리고 그것을 찾으려고 노력했다.

자신이 삶에서 놓치고 있는 것을 명확히 파악하는 일은 중요하지만, '아, 복권만 당첨된다면', '새로 들어온 멋진 마케팅 매니저와 사귈 수만 있다면' 하는 마음을 가지라는 뜻은 아니다. 행복하지 않을 때 마음속 깊은 곳에 뭔가 놓치고 있다는 느낌이 들면서도 결핍을 인정하기가 두려울 수 있다는 뜻이다. 평온하지 않거나, 존경받지 못하거나, 똑똑하지 않다거나, 성공하지 못했다거나, 사랑받지 못하는 기분이 들지도 모른다. 시인들이 말하는 기쁨이나 설렘, 낭만을 갈구할지도 모른다. 조용히 시간을 보내다 보면 결핍 상태가 슬픔이나 짜증, 분노, 산만함을 유발한다는 사실을 알아차리게 된다. 이러한 갈망이 나를 지배하고 있다는 사실을 인정하는 것은 두려운 일이다.

그러나 원하는 것을 찾지 못할까 봐 미리 걱정하는 것은 습관의 집으로 들어가 블라인드를 치고 문을 잠근 상태에서 실패를 걱정하는 것과 같다. 고기가 잡히지 않을까 두려워 배를 기피하는 어부나 실수를 할까 봐 두려워 스프레드시트를 기피하는 회계사는 없다. 감각 찾기를 시작하면 용기를 내어 무언가를 옹호할 수 있어야 한다. 실패할 가능성이 있더라도 말이다.

앞서 말했듯이, 무언가를 향해 달리는 것이 무언가로부터 도망치는 것보다 낫다. 이는 약물 중독에서 회복하는 방법으로도 사용되고 있다. '비결'은 중독자가 된 원인을 찾거나 약물 사용을 억제해서 중독 회로를 끊는 것이 아니다. 약물을 거부할 수 있을 만큼 의지력이 강해지기를 바라는 것도 효과가 없다. 장기적으로 볼 때, 무언가에 대한 끌림은 매번 저항을 이기기 때문이다.

단기적으로는 '아니요'라고 말하는 것으로 충분하지만, 그렇다고 근본적인 뇌 회로가 바뀌는 것은 아니기 때문에 스트레스를 받게 되면 감각은 다시 차단되고 벗어나려고 했던 습관에 또 갇히게 된다. 이러한 약물 사용으로 망가진 보상 회로를 재건하는 데는 감각 찾기가 주요하다.

코카인 중독자의 뇌 보상 회로를 살펴본 결과, 돈과 같은 비약물적 보상에 대한 반응이 감소한 것으로 나타났다.[16] 마약은 돈으로 살 수 있지만, 중독자의 뇌는 중독에 맞춤화된 습관의 집을 갖고 있어 마약과 마약 관련 용품만 보상 회로를 활성화할 수 있다. 다행히 중독자도 건강을 증진하는 습관을 새롭게 형성할 수 있지만 그렇게 하는 데는 시간이 걸린다.[15] 단약 후 한 달이 지나면 메스암페타민 중독자의 보상 영역은 메스를 사용한 적이 없는 사람의 뇌와 비교하면 협응력과 기억력이 침묵에 가까운 상태를 보인다. 그러나 단약 후 1년이 지나면 보상 영역이 활성화되기 시작한다. 긴 겨울이 지나면 땅을 뚫고 올라오는 새싹처럼 새로운 보상 반응이 형성되는 것을 양전자 방출 단층촬영PET에서 볼 수 있다. 이러한 변화는 일상의 안락함에서 다시 의미를 찾는 법을 배우는 사람의 신경 신호이다. 그런데 1년이라니! 유일한 즐거움의 원천을 포기하고 습관의 집을 다시 꾸미기에는 너무 긴 시간이다. 뇌가 회복되기를 기다리는 동안 무엇을 해야 할까?

바로 여기서부터 본격적인 노력이 필요하다. 일단 감각 찾기에 대한 지식을 갖추게 되면, 마지막으로 핵심 가치, 다시 말해, 무엇을 위해 감각 찾기를 할지 선택해야 한다. 이제 삶의 동기가 바뀌는 변화가 시작될 것이다. 다음 연습을 통해 이 과정이 어떻게 이루어지는지 알아보자.

나의 부고 기사 작성하기

당신은 얼마 전에 죽었고 자신이 어떻게 기억되는지 궁금해서 하늘에서 내려다보고 있다. 지금으로부터 몇 년 후가 될 수도 있고, 몇십 년 후가 될 수도 있다. 스스로의 노력과 이 책에서 얻은 통찰로 당신이 인생에서 원하는 것을 이루었다고 가정해보자. 그렇다면 당신의 부고 기사에는 뭐라고 쓰여 있을까?

자신의 부고 기사를 상상해보는 것은 인생이라는 바다의 이정표가 되어줄 수 있다. 당신의 부고 기사는 가족에게 헌신적이었다는 내용인가? 아니면 돈을 많이 벌었다는 내용인가? 영적으로 깊은 사람이라고 얘기하는가? 흥청망청 놀았다는 내용인가? 관대하거나 욕심이 많거나 성취욕이 강하거나 사회 정의에 헌신적인 사람으로 묘사되었는가? 훌륭한 예술 작품을 만드는 데 헌신했는가? 아니면 넷플릭스를 많이 시청했는가?

불확실한 상황에서 망망대해를 항해하는 것은 엄청난 스트레스다. 하지만 자신이 지향하는 가치들과 약속의 별자리에 초점을 맞추면 대부분의 스트레스가 사라진다. 선택한 목적지를 북극성으로 삼고 가다 보면 여정의 의미가 생기고 고난은 덜 힘겨워진다.

이제 10분만 시간을 내어 당신의 부고 기사를 작성해보라.

다른 사람에게 보여줄 필요도 없고, 완벽하게 다듬을 필요도 없다. 무작정 쓰고 다시 한번 읽어보면서 살고 싶은 삶을 묘사할 때 자신이 어떤 가치를 담았는지 살펴보라. 그 가치들이 거친 미지의 바다를 가로질러 자신을 인도하는 북극성이 되어줄 수 있을까? 이때 가치관은 다양한 모습으로 나타날 수 있다는 점을 명심하자. 관대함의 가치를 구현하기 위해 자신의 모든 것을 내어줄 필요는 없다.

극대치에 도달했다면

알프레드 노벨처럼 당신도 살아 있는 동안 삶을 정리해볼 기회를 얻었다. 노벨처럼 당신도 이 경험을 통해 가치관과 이에 대한 의지를 공고히 할 수 있다. 감각 찾기가 그 시작이 될 수 있을 것이다. 감각 찾기에 올바른 방법이나 잘못된 방법은 없다. 중요한 것은 숙달이 아니라 발견이다.

아이러니하게도 처음 감각 찾기를 할 때 상황은 악화될 가능성이 높다. 당신이 샤니스와 같은 상황을 겪었다면, 당신의 습관은 당신이 쇠퇴하기 전까지는 잘 작동했을 것이다. 당신은 어느 순간 익숙한 패턴에 갇혔지만 그동안 학위를 이수했거나 중간 관리자 직책을 맡게 되었거나 만족스러운 관계를 찾았을 수도 있다. 다시 말해 더 이상 개선이 이루어지지 않는 상황에서 최고로 좋아 보이는 지점, 수학자들이 '극대치'라고 부르는 지점에 도달한 것이다.

우리는 이 주제가 대중적인 책과 영화에서 반복적으로 등장하는 것을 볼 수 있다. 잭 니콜슨이 연기한 영화 〈이보다 더 좋을 순 없다〉에서 멜빈 유달과 애니메이션 〈업〉의 칼 할아버지는 외부의 침입으로부터 자신을 보호하기 위해 벽을 쌓지만, 결국 삶이 주는 기회들을 놓치고 있다는 사실을 깨닫게 된다. 두 작품의 등장인물은 안전하고 통제 가능하지만 궁극적으로는 만족스럽지 못한 '국지적 최대치'에 갇힌 이야기를 시작한다.

막연한 위협이 도사리고 있는 예측 불가능한 세상에서 현재에 안주하며 가진 것을 지키려는 행동은 합리적인 듯 보인다. 하지만 이러한 모습 때문에 성장의 기회를 찾는 설렘보다 변화에 대한 불안감이 더 커져 고정된 수준의 행복을 받아들이게 된다. 우리가 국지적 최대치에 갇히는 이유는 변화를 이루는 데는 안정을 포기하는 일이 따르기 때문이다. 나중에 돌아보면 꼭 필요한 변화라 할지라도 말이다. 그럭저럭 작동하는 시스템을 더 나은 것을 찾기 위해 불안정하게 만드는 것은 매슬로의 피라미드에서 몇 걸음 뒤로 내려왔다가 새로운 학습곡선을 따라 다시 올라가는 것과 같다.

자신만의 방법으로 골프 그립을 잡거나 백핸드를 하거나 기타의 목을 잡아도 괜찮은 결과가 나오지만, 방식을 바꾸지 않으면 실력은 크게 향상되지 않는다고 강사는 말한다. 과감히 방식을 바꾸면, 어색한 방법에 익숙해지느라 당장은 실력이 떨어질 것이다. 하지만 며칠이나 몇 주가 지나면 보다 높은 곳으로 향하는 길목에 들어섰다는 사실을 깨닫게 된다. 아무리 미미한 수준이라도 '국지적 최대치'의 '정점'에 도달했다면 주변 골짜기로 내려가지 않고는 높은 곳에 있는 정점에 도달할 수 없다.

국지적 최대치의 개념을 이해했다면, 삶에서 놓치고 있는 것을 찾을 때 닥칠 혼란과 불확실성에 대비할 수 있다. 기존의 경험 법칙이 쓸모가 없어진 상황에서 새로운 가능성을 고려하기 시작하면 익숙한 일상에서는 효율성이 떨어질 수 있다. 하지만 비효율적이라는 것은 새로운 것을 찾아다니고 시도한다는 의미이기도 하다. 지금 당신이 가진 것이 '최고'라고 생각하지 않는다면, 새로운 세상을 발견할 수 있는 유일한 방법은 실험과 탐험이다.

새로운 일을 시도하라

국지적 최대치에 갇혀 벗어나고 싶을 때, 산에서 뛰어내리는 것과 높은 곳으로 가는 새 길을 찾으러 내려오는 것은 큰 차이가 있다. 충동적으로 행동하는 것과 삶을 바꾸기 위해 감각적으로 접근하는 것 사이에도 차이가 있다. 아루니마의 사례를 보자.

아루니마는 초저녁에 걷는 것을 좋아했다. 걷기는 숙면에 도움이 됐고 그녀는 마침 숲이 우거진 공원의 산책로에서 몇 분 떨어진 거리에 살고 있었다. 어느 날 저녁, 상쾌한 외출을 마치고 집으로 돌아가는 길에 시원한 바람이 얼굴을 스치고 지나갔다. 그녀는 길을 걷다가 길가에 버려진 맥주 캔, 테이크아웃 컵을 발견하고, '와, 자기밖에 모르는 사람들이 있네'라고 생각했다.

그녀는 평소 모두가 지역사회를 돌보는 역할을 하나씩만 해도 세상이 나아질 것이라고 믿었다. '이 쓰레기를 주워서 집으로 가져간 다음 재활용 쓰레기통에 버리면 어떨까?'라는 생각이 들었다. 하지만 곧 '사람들이 나를 노숙자나 정신병자라고 생각할 거야'라는 생각이 들어 그렇게 하지 않았다. 그녀의 DMN이 사회적 규범을 어기는 일을 거부한 것이다. 일상적인 습관은 '뚜벅뚜벅' 걸어가는 것이었다. 그러다 문득 '이런 행동이 내가 소중하게 여기는 가치에 반한다면 지금이야말로 뭔가를 할 수 있는 기회야. 하지 말아야 이유가 더 많겠지만, 그냥 지나치는 것은 옳지 않은 일 같아'라는 생각이 들었다.

염려하면서도 확신이 든 그녀는 허리를 굽혀 캔과 컵을 집어들고 집까지 가져간 다음 재활용을 하는 행동으로 자기 자신을 놀라게 했다. 그녀는 '크게 보면 별거 아닐지 몰라도 나는 오늘 작은 변화를 만들어냈어'라고 생각했다.

감각 찾기를 통해 습관에서 벗어나 색다른 길을 걷다 보면, 개인적 성장으로 향하는 여정에서 자신이 혼자가 아니라는 사실을 깨닫게 될 수도 있다.

산책을 마치고 며칠 후, 아루니마는 친구 자흐라에게 허리를 굽혀 쓰레기를 줍고 얼마나 이상한 기분이 들었는지 이야기했다. 그녀는 그냥 지나쳤으면 기분이 더 나빴을 테니 자신의 행동을 후회하지 않았다고 말했다. 놀랍게도 자흐라는 "좋아, 다음에는 나도 같이 갈게"라고 말했다. 아루니마는 미친 짓처럼 보일까 봐 두려워했던 행동이 실은 다른 사람들도 생각했던 행동이며, 그들 역시 누군가는 습관을 깨고 연결과 참여의 장을 만들어주기를 기다리고 있었다는 사실을 알지 못했다. 그렇게 '지구를 살리자'라는 모토의 트래시태그 챌린지가 시작되었다.

2019년, 바이런 로먼은 소셜 미디어에서 쓰레기를 줍는 챌린지를 하며 청소년들에게 지구를 깨끗하게 만드는 지역 활동을 장려했다.[16] 그는 알제리 집 근처 도로를 청소하는 드리시 타니 유네스의 청소 전후 사진을 게시하여 사람들의 관심을 끌었다.[17] 놀랍게도 이 게시물은 페이스북에서 32만 5,000회 공유되고 인스타그램에서는 2만 5,000건 이상의 관련 게시물이 올라왔다. 얼마 지나지 않아 사람들이 비슷한 내용의 활동사진을 올리기 시작했고, 트래시태그 챌린지는 전 세계로 확산되었다. 습

관과의 결별이라는 간단한 결정을 중심으로 활기찬 커뮤니티가 형성된 것이다.[18]

이처럼 사회 운동은 수십만 명의 참여자로부터 시작되는 것이 아니다. 사회 운동은 기꺼이 감각 찾기에 참여하고 자신이 발견한 것을 수용하는 한 사람으로부터 시작된다. 보상은 소셜 미디어 팔로워 수가 아니다. 팔로워가 생기는 것은 올바른 방향으로 슬쩍 밀어주기만 하면 통찰을 얻을 수 있는 사람들이 전 세계에 있다는 사실을 보여준다. 로자 파크스가 버스 앞좌석에 앉기 전까지 그렇게 많은 유색인종이 몽고메리의 인종분리법을 위반하게 될 줄 누가 알았겠는가? 누군가는 습관적인 관습에 맞서 행동하는 최초의 일인이 되는 용기를 내야 한다. 그래야 변화를 위한 가시적인 구심점이 탄생할 수 있다.

감각적인 삶을 산다는 것이 반드시 사회 운동을 주도하는 것은 아니며, 당신의 선택이 널리 알려질 가능성도 적다. 하지만 우리는 당신이 진정성 있게 실천하는 모든 행동이 다른 사람들에게 등대 역할을 할 수 있다고 믿는다. 당신의 행동은 다른 선원들에게 등대가 되고 당신이 속한 공동체를 변화시킬 수 있다. 자신이 가치 있게 여기는 것을 찾다 보면 아이디어뿐만 아니라 같은 것을 찾고 있는 사람들까지 발견할 수 있다. 그러한 사람들을 만나는 일은 장기적으로 당신을 지탱하는 또 다른 원천이 된다.

일상으로 돌아오기

습관의 집에서 벗어난 작은 행동이 준 뜻밖의 만족감은 하루 종일 아루니마에게 남아 있었다. 주말이 되자 그녀는 감각 찾기가 또 어디로 이어질 수 있을지 궁금해졌다. 직장과 가정에서 느낀 감정을 탐구한 지 2주 만에 그녀는 규칙을 따르는 습관적인 틀에서 벗어나는 것이 업무의 맥락에서는 어떤 모습일지 상상해 보았다.

프리랜서 편집자인 그녀는 스스로 근무 시간을 정하고, 재택근무를 하며, 지적으로 자극이 되는 프로젝트를 선택할 수 있었다. 하지만 지난 몇 년 동안 그녀의 분야는 점점 더 자동화되고, 아웃소싱되고, 비인간화되었다. 그녀를 잘 알지도 못하는 관리자들은 그녀에게 일을 더 빨리 끝내라고 하거나, 시급을 낮추거나, 하루 20시간씩 해야 하는 프로젝트를 맡기며 그녀를 몰아붙였다.

그녀는 그저 '받아들이거나' 다른 일을 구하는 것 외에는 선택지가 없다고 생각했다. 그러다가 프로젝트 단위로 일하는 계약직으로 이직을 하는 것은 이전과 똑같은 일을 반복하는 것에 불과하다는 사실을 깨달았다. 정말 변화가 필요한 것은 그녀 자신이었다!

직장을 그만두면 수입이 끊겨 상황이 악화되고 스트레스가 가중된다는 것이 일반적인 통념이다. 하지만 영감을 얻기 위해 감각 찾기를 하던 그녀는 '탈진'이라는 감정을 알아차렸다. 그녀는 일반적인 통념이 자신의 상황에는 적용되지 않는다는 통찰을 얻었다. 그녀는 습관에서 벗어나 야망과 꿈, 열정을 가진 자신의 모습을 되찾기 위해 틀에 얽매이지 않는 지혜를 따르기로 했다. 지금처럼 지쳐버린 상태로는 다른 일을 찾을 의욕조차 생기지 않았다. 그녀는 완전히 그만두기보다는 휴직을 하고 불확실성에 한 발짝 다가서는 중간 길을 택하기로 했다. 현재의 스트레스에서 벗어나 큰 그림을 그릴 수 있는 여유를 갖기로 결심한 것이다. 그러기 위해서는 안정적인 수입이라는 '국지적 최대치'를 포기해야 하지만, 자신의 운명을 바꿀 가능성을 위해 몇 달 동안의 스트레스를 기꺼이 감내하기로 했다.

휴가를 떠나면서 상황이 어떻게 전개될지 전혀 예상할 수 없었지만, 오랜만에 처음으로 미래를 열린 눈으로 보게 되었다는 사실을 깨달았다. 정말 짜릿했다.

지각적 추론이 습관의 집에 서서히 침투하면서 그녀는 애초에 자신이 왜 편집에 뛰어들었는지 떠올리기 시작했다. 위대한 문학 작품을 좋아해서 시작한 일이었지만, 학계에 분리 부정사 사용을 자제할 것을 상기시킨 일밖에 한 일이 없다는 매너리즘에 빠졌다. 불꽃은 사그라들었지만, 그녀는 여전히 위대한 작가들과 함께 작업하고 싶었다. 《더 뉴요커》에서 다시 일할 일은 없겠지만, 자신이 정말 아끼는 것을 향해 삶의 방향을 트는 게 좋겠다는 생각이 들었다.

북극성을 찾기까지 시간은 걸렸지만, 몇 주 만에 그녀는 일상이 앗아갔던 예전의 의욕을 되찾았다. 그녀는 지금까지 했던 기술적인 편집 일보다 창의적인 프로젝트를 찾기 위해 인맥을 쌓기 시작했다. 영화와 텔레비전 쇼의 대본 편집에 도전했고, 시낭송대회 심사위원에 자원했으며, 권위 있는 예술 작품을 대표하는 대형 미술품경매 회사의 카피본 편집을 시작했다. 자신의 목표가 세상의 아름다움에 기여하는 것이라는 사실을 깨닫고 나자, 목표를 달성하기 위한 구체적인 방법은 그다지 중요하지 않게 느껴졌다. 중요한 것은 그 길을 가고 있다는 사실이었다.

이 책의 서두에서 우리는 환불이 보장되는, 예측 가능한 프로그램은 제공하지 않겠다고 했다. 그 대신 당신이 자기만의 방식으로 색다른 일을 하게 만들 것이라고 했다.

갇히는 것을 허용하고 갇혔다는 사실을 알아차려라. 감각 찾기를 시도해서 어떤 것인지 알아보라. 개념 모드와 감각 모드 사이를 전환하며 어떤 일이 펼쳐지는지 보라. 자신의 부고를 써보고 결국 중요한 것은 무엇인지 기록해보라. 평상시와 다른 행동을 하나 해보라.

몇 년이 지나고 나면, 당신의 부고 기사에는 적어도 '무언가에 관심을 가졌고, 그것을 추구하기 위해 용기를 냈다'는 내용이 적힐 것이다.

결국, 그게 감각적인 일 아닐까?

⬤ 스위치 ON

모든 것을 종합하기

우리가 만든 지도를 복습하면서 함께 여정을 마무리하자. 자신만의 여정을 떠나는 일은 미지의 세계를 받아들이는 것이다. 하지만 이 여정에는 당신을 도와줄 표식들이 많이 있다. 함께 복습하자.

1. 감각과 친해진다. 추론을 하거나 변화를 꾀하기보다는 감각에 주의를 기울이고 감각 정보를 받아들이는 '움직임'을 만들고 자신만의 성공 기준을 세운다.

2. 일상적인 업무를 수행하는 중에도 감각과 연결될 수 있는 방법을 찾는다. 기분이 좋을 때나 고요한 공간에 있을 때뿐만 아니라 바쁜 일상 속에서도 붐비는 거리를 걸을 때 자신의 발자국 소리, 바깥에 첫발을 내디딜 때의 바람 소리, 사람들의 얼굴과 목소리 등 감각에 집중하는 연습을 하라. 무엇보다도 몸 안에서 일어나

는 감각, 즉 감정의 구성 요소를 확인하는 데 익숙해져라. 이는 결국 감정으로 인식하게 된다.

3. 예측 가능하고 익숙한 패턴을 형성하는 감각을 알아차린다. 당신이 꼭 알아두었으면 하는 느낌은 바로 갇혀 있는 느낌이다. 갇힌 느낌은 익숙해질 수 있는 감정 중에서도 유쾌하지 않은 감정이지만, 많은 사람들이 하루 중 많은 시간 이 감정을 느낀다. 갇혀 있다는 사실을 인식하고, 그 사실을 알아차린 것을 기분 좋게 느끼는 것이 갇힌 곳에서 벗어나는 첫 번째 단계다.

4. 갇혀 있는 기분일 때는 변화를 위한 감각 찾기를 한다. 스트레스를 받으면 사물은 변한다는 불변의 진리를 잊어버리기 쉽다. 갇혀 있는 기분일 때, 거의 모든 감각 정보가 역동적이고 살아 숨 쉬며 변화하는 세상을 보여준다는 사실에 주목하라. 갇힌 느낌을 유발하는 감각의 집합을 넘어 다른 감각에 주의를 기울일 수 있다면, 그것이 지나치게 익숙하고 불쾌한 감각일 뿐 자신이 진짜 제자리에 갇혀 있는 것은 아니라는 사실을 알 수 있다. 주변과 내면의 변화에 귀 기울이고 스트레스와 갇혀 있는 느낌에 대응하는 데 익숙해져라.

5. 역동적인 감각에 다양한 감정의 톤이 포함되어 있음을 알아차린다.

변화하는 감각이 딱딱거리고, 탁탁거리고, 펑 한다는 사실을 알아차리는 데 익숙해지면, 반복되는 스트레스 속에서도 이러한 감각을 알아차릴 수 있다. 하지만 즐거운 경험을 더 많이 원하거나, 불쾌한 경험을 덜 원하거나, 아무런 행동을 취하지 않는 무관심한 순간에도 온갖 종류의 감정이 공존한다. 이 다양한 감정의 톤에 주목해 한 가지 감정만 작용하는 것이 아니라는 사실을 인식할 수 있는가? 우리가 표면에 드러내기로 선택할 수 있는 감정의 길이 많다는 사실을 알아차릴 수 있는가?

6. 새로운 장소에서 감각 찾기를 하는 게임을 한다. 새로운 장소로 이동하여 평소 같으면 무시할 감각을 찾는 데 익숙해져라. 식료품점에 가면 평소에는 지나치는 식품을 살펴본다. 사람들이 무엇을 사는지 살짝 훔쳐보라. 줄을 서기 전에 계산원의 기분을 파악할 수 있는지 보자. 어디를 가든 경험에서 종종 무시되는 측면을 알아차리는 게임을 해보자.

7. 의도적으로 감각 찾기를 한다. 깊이 자리 잡은 패턴과 습관을 알게 되면, 의도적으로 감각 찾기 활동을 계획해야 한다. 자신이 어떤 기분이나 생각에 얼마나 깊이 빠져 있는지 스스로 알아차리고, 그 지식을 안전한 감각 찾기 활동을 위한 동기로 활용하라. 시간과 장소를 정해보자. 낯설고 어색하더라도 일단 나가서

해보는 것이 가장 중요하다. 이는 새로운 것을 하고 있으며, 올바른 방향으로 나아가고 있다는 신호다!

8. 나만의 접근 지점을 찾는다. 다른 사람이 하는 방식이 효과가 있다고 해서 그대로 따라 할 필요는 없다. 앞서 제안한 다양한 접근 지점을 시도해보거나 이미 즐기고 있는 활동 중 올바른 의도로 감각에 주의를 기울일 때 감각 찾기가 될 만한 활동을 생각해보자. 회복탄력성이 있는 사람은 검증된 요리 레시피를 배우는 것처럼 다양한 접근 지점을 알게 될 것이다. 안도감을 주는 활동이나 통찰력을 키우는 데 도움이 되는 활동, 타인과의 관계를 강화하는 그룹 활동, 건강에 좋은 피트니스 활동 등 부수적인 이점이 있는 활동이 있다.

9. 다시 문제로 전환할 것을 명심한다. 주변에 문제들이 쌓여 있는데, 안도감을 얻기 위한 감각 찾기만 하는 함정에 빠지지 말라. 압도당하는 기분일 때 안도감을 찾는 방법을 배우되, 매주 시간을 내어 통찰을 얻는 것도 잊지 말자. 문제를 해결하고 유레카의 순간을 맞이하기 위해서는 단순히 번아웃으로 가는 길에서 안도감이라는 브레이크를 밟는 것이 아니라 능동적으로 감각 찾기를 하는 것이 필요하다. 개념 모드로 돌아와서 감각 찾기에서 다른 선택지를 발견했는지 확인하고, 그렇지 못했다면 다시

감각 찾기에 몰입한다. 모드 전환에 익숙해지면 감각 찾기를 통해 편안하고 개방적이며 유연한 상태를 유지하는 동시에 삶에서 중요한 것들에 집중할 수 있다.

10. 큰 그림을 생각한다. 감각 찾기와 전환에 더 익숙해지면 단순히 생존이 아닌 큰 그림을 보는 실력이 커지는 것을 느낀다. 개인적으로 싫어서 쓰레기를 치울 수도 있고, 더 깨끗한 세상에서 살고 싶어서 쓰레기를 주울 수도 있다. 이것도 전환의 한 형태이지만, 여건이 된다면 다음과 같은 질문을 던져보라. 지금 하고 있는 것보다 더 큰 도전을 할 수 있을까? 더 큰 문제를 해결할 수 있을까? '아니요'라고 대답할 수도 있다. 하지만 평소 스스로에게 기대하는 것보다 더 많은 것을 할 수 있다는 사실에 놀랄 수도 있다.

감사의 말

학계에는 칸막이가 가득하다. 우울증 치료를 개선하거나 신체 인식의 신경과학을 연구하는 데 평생을 바쳐도 두 연구의 흐름은 교차하지 않을지도 모른다. 둘이 함께 감각의 신비에 이끌려 두 칸막이를 무너뜨린 것은 엄청난 행운이었다. 20년 전, 노만이 중독 및 정신건강센터에 있는 진델의 사무실에 처음 나타났을 때는 우리가 협력자가 되고 궁극적으로 친구이자 공동 저자가 되리라고 누가 생각이나 했을까? 서로 이질적으로 보였던 우리의 세계관이 부분의 합보다 큰 하나의 메시지로 통합된 데 감사한 마음으로 감사의 말을 시작한다.

가교 역할을 해준 사람은 진델이 토론토대학교에서 진행한 강연에 참석하여 우울증 재발 방지를 위한 마음챙김 명상에 fMRI를 활용하는 것에 관심을 보였던 아담 K. 앤더슨 교수였다. 아담의 대학원생이었던 노만은 이 책에서 논의된 최초의 영상 연구를 위해 정기적으로 회의에 참석했다. 연결고리를 만들어준 아담 교수에게 감사를 표한다. 명상처럼 일시적인 것을 다룰 수 있는 폭넓은 시야를 가진 저명한 인지 신경과학자는 많지 않으며, 아담은 도전을 마다하지 않았다.

이 책이 나오는 데는 온 마을이 필요했다. 과학과 명상 수행이 유익하게 결합될 수 있음을 보여준 용기 있는 명상 지도자들과 학자들 덕분에 이 책이 탄생했다. 존 카밧진, 샤론 살츠버그, 조셉 골드스타인, 사티아 나라야나 고엔카, 아잔 아마로, 잭 콘필드, 마티유 리카드, 트루디 굿맨, 달라이 라마와 같은 스승들은 우리의 명상 수행에 의미 있는 기여를 했을 뿐만 아니라 마음과 생명 연구소를 통해 현대 과학자 및 임상의들과의 공식적인 대화에도 많은 공헌을 했다. 마찬가지로 리치 데이비슨, 클리프 사론, 사라 라자르, 캐서린 커, 앙투안 루츠, 울프 묄링과 같은 과학자들은 새로운 명상 과학을 발전시키기 위해 엄격한 방법론을 적용하는 법을 보여주었다. 감각 신경과학 분야에서는 버드 크레이그, 휴고 크리츨리, 헬렌 메이버그, 이베트 셀린이 신체 인식 신경과학에 생명을 불어넣었다. 임상 과학 분야에서 마크 윌리엄스와 존 티즈데일, 소나 디미지안, 신시아 프라이스, 마샤 리네한은 명상 수행을 임상 치료의 영역으로 편입시키기 위한 세속적이고 접근 가능한 수단을 고안하고 검증했다.

토론토대학교의 동료 교수진, 박사후 연구원, 대학원생, 연구조교, 연구실 수습생 등 훌륭한 동료들이 우리가 수년 동안 참여하고 도전하고 성장할 수 있게 도움을 주었다. 효과적인 공론의 장을 열어주었고 우리의 대화 상대가 되어줬고, 우리의 아이디어가 지나치게 사변적이거나 극단적일 때는 제동을 걸어줬으며, 대담해져야 할 때는 용기를 북돋워줬다. 이 외에도 놀랍도록 훌륭하고 관대한 많은 분들이 직접적인 교류나 재정적 지원을 통해 우리에게 도움을 줬다. 어느 분야든 마찬가지지만, 이 분야에서도 우리 모두는 서로 연결되어 있다.

가족과 친구들의 변함없는 지지가 없었다면 이 책을 쓸 공간도, 동기부여도, 호기로움도 없었을 것이다. 노만에게는 파트너인 케이트와 자녀인 쿠엔틴과 피닉스, 진델에게는 아내인 리사와 자녀인 아리엘, 시라, 솔로몬이 모든 것을 가능하게 했던 버팀목이었다.

마지막으로, 감각 찾기에 새롭게 뛰어든 모든 분들에게 놀랍도록 맛있는 미래가 펼쳐지기를 바란다.

주

Chapter 1

1. Eva de Mol et al., "What Makes Entrepreneurs Burn Out?," Harvard Business Review, April 4, 2018, https://hbr.org/2018/04/what-makes -entrepreneurs-burn-out.

2. Ashley Abramson, "Burnout and Stress Are Everywhere," American Psychological Association, January 1, 2022, https://www.apa.org/monitor /2022/01/special-burnout-stress.

3. Kristy Threlkeld, "Employee Burnout Report: COVID-19's Impact and 3 Strategies to Curb It," Indeed for Employers, March 11, 2021, https:// uk.indeed.com/lead/preventing-employee-burnout-report.

4. Melanie Anzidei, "Naomi Osaka's Decision to Step Away from Ten- nis Shines Light on Athlete Burnout," NorthJersey.com, September 11, 2021, https://www.northjersey.com/story/sports/tennis/2021/09/11/naomi-osaka -us-open-2021-loss-leylah-fernandez/8278595002/.

5. Jennifer Berg, "Ipsos U.S. Mental Health 2021 Report," Ipsos, May 21, 2021, https://www.ipsos.com/en-us/news-polls/ipsos-us-mental-health -2021-report.

6. Georgia Wells, Jeff Horwitz, and Deepa Seetharaman, "Facebook Knows Instagram Is Toxic for Teen Girls, Company Documents Show," Wall Street Journal, September 14, 2021, https://www.wsj.com/articles /facebook-knows-instagram-is-toxic-for-teen-girls-company-documents -show-11631620739.

7. P. Fossati et al., "In Search of the Emotional Self: An fMRI Study Using Positive and Negative Emotional Words," American Journal of Psychiatry 160, no. 11 (2003): 1938–1945.

8. Damien Gayle, "Facebook Aware of Instagram's Harmful Effect on Teenage Girls, Leak Reveals," The Guardian, September 14, 2021, https://www.theguardian.com/technology/2021/sep/14/facebook-aware -instagram-harmful-effect-teenage-girls-leak-reveals.

9. F. I. Craik and R. S. Lockhart, "Levels of Processing: A Framework for Memory Research," Journal of Verbal Learning and Verbal Behavior 11, no. 6 (1972): 671–684.

10. N. A. Farb et al., "Attending to the Present: Mindfulness Meditation Reveals Distinct Neural Modes of Self-Reference," Social Cognitive and Affective Neuroscience 2, no. 4 (2007): 313–322.

11. C. G. Davey et al., "Mapping the Self in the Brain's Default Mode Network," NeuroImage 132 (2016): 390–397.

Chapter 2

1. M. E. Raichle et al., "A Default Mode of Brain Function," Proceedings of the National Academy of Sciences 98, no. 2 (2001): 676–682.

2. J. Smallwood and J. W. Schooler, "The Science of Mind Wandering: Empirically Navigating the Stream of Consciousness," Annual Review of Psychology 66 (2015): 487–518.

3. T. J. La Vaque, "The History of EEG Hans Berger: Psychophysiologist; A Historical Vignette," Journal of Neurotherapy 3, no. 2 (1999): 1–9.

4. Blaise Pascal, "Pensées," University of Fribourg (in French). Archived (PDF) from the original on January 24, 2004.

5. L. Sokoloff et al., "The Effect of Mental Arithmetic on Cerebral Circulation and Metabolism," Journal of Clinical Investigation 34, no. 7 (1955): 1101–1108.

6. D. H. Ingvar, "Memory of the Future: An Essay on the Temporal Organization of Conscious Awareness," Human Neurobiology 4, (1985): 127–136.

7. Z. V. Segal et al., "Cognitive Reactivity to Sad Mood Provocation and the Prediction of Depressive Relapse," Archives of General Psychiatry 63, no. 7 (2006): 749–755.

8. Y. I. Sheline et al., "The Default Mode Network and Self-Referential Processes in Depression," Proceedings of the National Academy of Sciences 106, no. 6 (2009): 1942–1947.

Chapter 3

1. Nicola Palomero-Gallagher and Katrin Amunts, "A Short Review on Emotion Processing: A Lateralized Network of Neuronal Networks," Brain Structure and Function 227 (2022): 673–684, https://link.springer.com /article/10.1007/s00429-021-02331-7.

2. N. A. Farb et al., "Minding One's Emotions: Mindfulness Training Alters the Neural Expression of Sadness," Emotion 10, no. 1, (2010): 25.

3. G. Sheppes et al., "Emotion Regulation Choice: A Conceptual Frame- work and Supporting Evidence," Journal of Experimental Psychology: General 143, no. 1 (2014): 163.

Chapter 4

1. N. A. Farb, Z. V. Segal, and A. K. Anderson, "Attentional Modulation of Primary Interoceptive and Exteroceptive Cortices," Cerebral Cortex 23, no. 1 (2013): 114–126.

2. N. A. Farb, Z. V. Segal, and A. K. Anderson, "Mindfulness Meditation Training Alters Cortical Representations of Interoceptive Attention," Social Cognitive and Affective Neuroscience 8, no. 1 (2013): 15–26.

Chapter 5

1. L. F. Barrett, "The Theory of Constructed Emotion: An Active Inference Account of Interoception and Categorization," Social Cognitive Affective Neuroscience 12, no. 1 (2017): 1–23, https://www.ncbi.nlm.nih.gov /pmc/articles/PMC5390700/.

2. M. A. Goodale and A. D. Milner, "Separate Visual Pathways for Perception and Action," Trends in Neurosciences 15, no. 1 (1992): 20–25, https:// doi.org/10.1016/0166-2236(92)90344-8.

3. Link R. Swanson, "The Predictive Processing Paradigm Has Roots in Kant," Frontiers in Systems Neuroscience 10 (2016), https://doi.org/10.3389 /fnsys.2016.00079.

4. Juliet Macur, "Scott Hamilton Was Demoted as an Olympic Broadcaster. Don't Feel Sorry for Him," New York Times, February 18, 2018.

5. N. Farb et al., "Interoception, Contemplative Practice, and Health," in "Interoception, Contemplative Practice, and Health," special issue, Frontiers in Neuroscience 6 (2015).

Chapter 6

1. Z. V. Segal et al., "Practice of Therapy Acquired Regulatory Skills and Depressive

Relapse/Recurrence Prophylaxis following Cognitive Therapy or Mindfulness Based Cognitive Therapy," Journal of Consulting and Clinical Psychology 87, no. 2 (2019): 161.

2. Christine A. Padesky, "Socratic Questioning: Changing Minds or Guiding Discovery?" (keynote address presented at the European Congress of Behaviour and Cognitive Therapies, London, 1993), https://padesky.com /newpad/wp-content/uploads/2012/11/socquest.pdf.

3. N. A. Farb et al., "Static and Treatment-Responsive Brain Biomarkers of Depression Relapse Vulnerability following Prophylactic Psychotherapy: Evidence from a Randomized Control Trial," NeuroImage: Clinical 34 (2022): 102969.

Chapter 7

1. A. Drake et al., "Daily Stressor-Related Negative Mood and Its Associations with Flourishing and Daily Curiosity," Journal of Happiness Studies 23, no. 2 (2022): 423–438.

2. C. J. Burnett et al., "Need-Based Prioritization of Behavior," Elife 8 (2019): e44527.

3. Reporter's Notebook, "Firewalking: Mind Over Matter or a Tool for Personal Growth, or Both?," ABC News, November 5, 2009, https:// abcnews.go.com/Health/firewalking-mind-matter-tool-personal-growth /story?id=9011713.

4. Andrew Weil, foreword to Extreme Spirituality: Radical Approaches to Awakening, by Tolly Burkan (Chicago: Council Oak Books, 2004).

5. Helen S. Mayberg et al., "Deep Brain Stimulation for Treatment-Resistant Depression," Neuron 45, no. 5 (2005): 651–660, https:// www.sciencedirect.com/science/article/pii/S089662730500156X.

Chapter 8

1. J. F. Kelly et al., "How Many Recovery Attempts Does It Take to Successfully Resolve an Alcohol or Drug Problem? Estimates and Correlates from a National Study of Recovering US Adults," Alcoholism: Clinical and Experimental Research 43, no. 7 (2019): 1533–1544, https://doi.org/10.1111 /acer.14067.

2. O. Sacks, Everything in Its Place: First Loves and Last Tales (London: Picador, 2019).

3. Kathryn E. Schertz and Marc G. Berman, "Understanding Nature and Its Cognitive Benefits," Current Directions in Psychological Science 28, no. 5 (2019): 496–502, https://journals.sagepub.com/doi/10.1177 /0963721419854100.

4. Mathew P. White, "Spending at Least 120Minutes a Week in Nature Is Associated with

Good Health and Wellbeing," Scientific Reports 9, no. 7730 (2019), https://www.nature.com/articles/s41598-019-44097-3.

5. C. L. Anderson, M. Monroy, and D. Keltner, "Awe in Nature Heals: Evidence from Military Veterans, At-Risk Youth, and College Stu- dents," Emotion 18, no. 8 (2018): 1195–1202, https://psycnet.apa.org/record /2018-27538-001.

6. Robert Moor, "When Thoreau Went Nuts on Maine's Mt. Katahdin," Sierra, August 19, 2016, https://www.sierraclub.org/sierra/2016-4-july -august/green-life/when-thoreau-went-nuts-maine-s-mt-katahdin.

7. Zhi Cao et al., "Associations of Sedentary Time and Physical Activity with Adverse Health Conditions: Outcome-Wide Analyses Using Isotem- poral Substitution Model," eClinicalMedicine 48 (2022): 101424, https://www .sciencedirect.com/science/article/pii/S2589537022001547.

8. Juan Gregorio Fernández-Bustos et al., "Effect of Physical Activ- ity on Self-Concept: Theoretical Model on the Mediation of Body Image and Physical Self-Concept in Adolescents," Frontiers in Psychology 10 (2019), https://doi.org/10.3389/fpsyg.2019.01537.

9. Qingguo Ding et al., "Sports Augmented Cognitive Benefits: An fMRI Study of Executive Function with Go/NoGo Task," in "Stress- Induced Glial Changes in Neurological Disorders 2021," special issue, Neural Plasticity (2021), https://www.hindawi.com/journals/np/2021/7476717/; E. I. de Bruin, J. E. van der Zwan, and S. M. Bögels, "A RCT Comparing Daily Mindfulness Meditations, Biofeedback Exercises, and Daily Physical Exercise on Attention Control, Executive Functioning, Mindful Awareness, Self-Compassion, and Worrying in Stressed Young Adults," Mindfulness 7 (2016): 1182–1192, https://link.springer.com/article/10.1007 /s12671-016-0561-5.

10. Costas I. Karageorghis, Symeon P. Vlachopoulos, and Peter C. Terry, "Latent Variable Modelling of the Relationship between Flow and Exercise-Induced Feelings: An Intuitive Appraisal Perspective," European Physical Education Review 6, no. 3 (2000): 230–248, https://journals.sagepub .com/doi/abs/10.1177/1356336X000063002.

11. Ernst Pöppel et al., "Sensory Processing of Art as a Unique Window into Cognitive Mechanisms: Evidence from Behavioral Experiments and fMRI Studies," Procedia-Social and Behavioral Sciences 86 (2013): 10–17, https://www.sciencedirect.com/science/article/pii/S1877042813026487.

12. Chun-Chu Chen and James F. Petrick, "Health and Wellness Benefits of Travel Experiences: A Literature Review," Journal of Travel Research 52, no. 6 (2013): 709–

719, https://journals.sagepub.com/doi/full /10.1177/0047287513496477.

13. IpKin Anthony Wong, Zhiwei (CJ) Lin, and IokTeng Esther Kou, "Restoring Hope and Optimism through Staycation Programs: An Application of Psychological Capital Theory," Journal of Sustainable Tourism 31, no. 1 (2023): 91–110, https://www.tandfonline.com/doi/full/10.1080/09669582.2 021.1970172.

14. Catherine I. Andreu et al., "Enhanced Response Inhibition and Reduced Midfrontal Theta Activity in Experienced Vipassana Meditators," Scientific Reports 9, no. 1 (2019): 13215, https://doi.org/10.1038/s41598-019 -49714-9.

15. Online Etymology Dictionary, s.v. "patience," https://www.etymonline.com/search?q=patience.

Chapter 9

1. D. Frye, P. D. Zelazo, and T. Palfai, "Theory of Mind and Rule-Based Reasoning," Cognitive Development 10, no. 4 (1995): 483–527.

2. A. Tymula et al., "Adolescents' Risk-Taking Behavior Is Driven by Tolerance to Ambiguity," Proceedings of the National Academy of Sciences of the United States of America 109, no. 42 (2012): 17135–17140.

3. T. U. Hauser et al., "Cognitive Flexibility in Adolescence: Neural and Behavioral Mechanisms of Reward Prediction Error Processing in Adaptive Decision Making during Development," Neuroimage 104 (2015): 347–354.

4. L. Eiland and R. D. Romeo, "Stress and the Developing Adolescent Brain," Neuroscience 249 (2013): 162–171.

5. W. James et al., The Principles of Psychology, vol. 1, no. 2 (London: Macmillan, 1890).

6. Michael L. Mack, Bradley C. Love, and Alison R. Preston, "Dynamic Updating of Hippocampal Object Representations Reflects New Conceptual Knowledge," Proceedings of the National Academy of Sciences of the United States of America 113, no. 46 (2016): 13203–13208, https://www.pnas.org/doi /full/10.1073/pnas.1614048113.

7. N. A. Farb et al., "Interoceptive Awareness of the Breath Preserves Attention and Language Networks amidst Widespread Cortical Deactiva- tion: A Within-Participant Neuroimaging Study," eNeuro 10, no. 6 (2023).

8. Maïté Delafin, Michael Ford, and Jerry Draper-Rodi, "Interoceptive Sensibility in Professional Dancers Living with or without Pain: A Cross-Sectional Study," Medical Problems of Performing Artists 37, no. 1 (2022): 58-66, https://www.ingentaconnect.

com/content/scimed/mppa/2022 /00000037/00000001/art00008.

9. J. David Creswell et al., "Neural Correlates of Dispositional Mind- fulness during Affect Labeling," Psychosomatic Medicine 69, no. 6 (2007): 560–565, https://doi.org/10.1097/PSY.0b013e3180f6171f.

10. M. D. Lieberman et al., "Putting Feelings into Words: Affect Labeling Disrupts Amygdala Activity to Affective Stimuli," Psychological Science 18 (2007): 421–428.

Chapter 10

1. Lily Martis, "7 Companies with Epic Wellness Programs," Monster Jobs, https://www.monster.com/career-advice/article/companies-good -wellness-programs.

2. Hans Kraus and Ruth P. Hirschland, "Muscular Fitness and Health," Journal of Health, Physical Education, Recreation 24, no. 10 (1953): 17–19. Their findings were also published as "Muscular Fitness and Orthopedic Disability," New York State Journal of Medicine 54 (1954): 212–215; and "Minimum Muscular Fitness Tests in School Children," Research Quarterly 25 (1954): 178–188.

3. Carolyn E. Barlow et al., "Cardiorespiratory Fitness and Long-Term Survival in 'Low-Risk' Adults," Journal of the American Heart Association 1, no. 4 (2012): e001354, https://doi.org/10.1161/JAHA.112.001354.

4. M. Foucault, "Technologies of the Self," in Technologies of the Self: A Seminar with Michel Foucault, vol. 18, edited by Luther H. Martin, Huck Gutman, and Patrick H. Hutton (Amherst: University of Massachusetts Press, 1988).

5. J. Montero-Marin et al., "School-Based Mindfulness Training in Early Adolescence: What Works, for Whom and How in the MYRIAD Trial?," Evidence-Based Mental Health (2022): 1–8, https://doi.org/10.1136 /ebmental-2022-300439.

6. J. L. Andrews, "Evaluating the Effectiveness of a Universal eHealth School-Based Prevention Programme for Depression and Anxiety, and the Moderating Role of Friendship Network Characteristics," Psychological Medicine (2022): 1–10, https://doi.org/10.1017/S0033291722002033; Stephanie Mertens, "The Effectiveness of Nudging: A Meta-Analysis of Choice Architecture Interventions across Behavioral Domains," Proceedings of the National Academy of Sciences of the United States of America 119, no. 1 (2022): e2107346118, https://www.pnas.org/doi/10.1073/pnas.2107346118.

7. "Mental Health: A Young Persons' Perspective," https://donothing.uk/..

8. Shelly McKenzie, Getting Physical: The Rise of Fitness Culture in America (Lawrence: University Press of Kansas, 2013), 38.

9. M. J. Poulin et al., "Minding Your Own Business? Mindfulness Decreases Prosocial Behavior for People with Independent Self-Construals," Psychological Science 32, no. 11 (2021): 1699–1708, https://doi.org/10.1177/09567976211015184.

10. Henry Taylor, "Sometimes, Paying Attention Means We See the World Less Clearly," Psyche, June 16, 2021, https://psyche.co/ideas/sometimes-paying-attention-means-we-see-the-world-less-clearly.

11. Ellen Choi, "What Do People Mean When They Talk about Mindfulness?," Clinical Psychology Review 89 (2021): 102085, https://doi.org/10.1016/j.cpr.2021.102085.

12. Vanessa M. Brown, "Humans Adaptively Resolve the Explore-Exploit Dilemma under Cognitive Constraints: Evidence from a Multi-Armed Bandit Task," Cognition 229 (2022), https://doi.org/10.1016/j.cognition.2022.105233.

13. Madhuleena Roy Chowdhury, "What Is the Mental Health Continuum Model?," Positive Psychology, September 1, 2019, https://positivepsychology.com/mental-health-continuum-model/.

14. I. M. Balodis et al., "Neurofunctional Reward Processing Changes in Cocaine Dependence during Recovery," Neuropsychopharmacology 41, no. 8 (2016): 2112–2121.

15. N. D. Volkow et al., "Loss of Dopamine Transporters in Methamphetamine Abusers Recovers with Protracted Abstinence," Journal of Neuroscience 21, no. 23 (2001): 9414–9418.

16. Rachel E. Greenspan, "Meet the Man Who Popularized the Viral #Trashtag Challenge Getting People Around the World Cleaning Up," Time, March 12, 2019, https://time.com/5549019/trashtag-interview/.

17. Drici Tani Younes, Facebook, https://www.facebook.com/photo?fbid=533669101448516&set=ecnf.100044162917667.

18. You track the work of others at www.trashtag.org or document your daily acts of care on www.cleanups.org.

옮긴이 이윤정

한국외국어대학교와 한동대학교 통번역대학원에서 공부하고 현재 출판 번역 에이전시 유엔제이에서 도서 검토자이자 도서 번역가로 활동하고 있다. 옮긴 책으로는 《인생을 바꾸는 작은 습관들》, 《무의식적 편향》, 《나만의 커피 레시피 북》 등이 있다.

인생을 레벨업하는 감각 스위치를 켜라

1판 1쇄 발행 2024년 5월 27일

지은이 노만 파브·진델 시걸
옮긴이 이윤정
발행인 오영진 김진갑
발행처 토네이도미디어그룹(주)

책임편집 박민희
기획편집 박수진 유인경 박은화
디자인팀 안윤민 김현주 강재준
마케팅 박시현 박준서 김수연
경영지원 이혜선

출판등록 2006년 1월 11일 제313-2006-15호
주소 서울시 마포구 월드컵북로5가길 12 서교빌딩 2층
원고 투고 및 독자 문의 midnightbookstore@naver.com
전화 02-332-3310 팩스 02-332-7741
블로그 blog.naver.com/midnightbookstore
페이스북 www.facebook.com/tornadobook

ISBN 979-11-5851-292-7(03190)